中国文化在世界书系

张西平 ○ 主编

近代外国人与北京文化

周 阅 编著

学苑出版社

图书在版编目（CIP）数据

近代外国人与北京文化 / 周阅编著 . -- 北京：学苑出版社，2020.12

ISBN 978-7-5077-6087-3

Ⅰ . ①近… Ⅱ . ①周… Ⅲ . ①地方文化 - 研究 - 北京 Ⅳ . ① G127.1

中国版本图书馆 CIP 数据核字 (2020) 第 268623 号

责任编辑	杨 雷　张敏娜
出版发行	学苑出版社
社　　址	北京市丰台区南方庄 2 号院 1 号楼
邮政编码	100079
网　　址	www.book001.com
电子邮箱	xueyuanpress@163.com
联系电话	010-67601101（营销部）、010-67603091（总编室）
经　　销	全国新华书店
印 刷 厂	北京建宏印刷有限公司
开本尺寸	787×1092　1/16
印　　张	18.75
字　　数	332 千字
版　　次	2021 年 1 月第 1 版
印　　次	2021 年 1 月第 1 次印刷
定　　价	56.00 元

总序

今天的世界秩序和文明理论都是西方在19世纪建立起来的，在此基础上，形成了近代社会科学的各个学科，这些构成了西方话语权的基础。近代以来，西方文化伴随着工业革命的成功成为一种强势文化，强大起来的西方将其成功归于其文化的支撑，在中国近代最流行的就是"现代与传统，东方与西方"的二元对峙。东方走向现代化只有走西方之路，只有批判自己的文化，学习西方文化。这样的一种西方文化优越论一直桎梏着我们对西方文化的认识和对自身文化的认识。这种认识掩盖了一个基本的历史事实，即东方文化不仅是西方文化之根，同时也长期是西方文化发展的重要动力和精神导师，只是到了19世纪西方取得了世界发展的领导权后，他们开始掩盖这一切，将西方文化说成一个自我成圣的伟大文化，甚至将白种人说成一种优于其他人种的种族。西方中心主义开始盛行。

只有打破19世纪以来的西方话语的权威，从历史上揭示出东方文化的价值，以及东方文化对西方文化的抚育和影响，我们才能从根本上走出百年来对西方文化的迷信，走出西方中心主义。

希腊被誉为西方文明之根。如黑格尔所说："欧洲人只要一提到希腊就自然而然地会产生一种家乡之感。"西方哲学家们都将希腊称为欧洲文化的童年。实际上，希腊文化的形成主要是受到埃及文化、亚述文化等东方文化的影响。希腊历史学之父希罗多德在《历史》中说过："埃及人如何来到伯罗奔尼撒半岛，他们做了什么，使得自己成为希腊那一部分的国王，别的作家已经记载过了；我因此不增加什么东西，而是接着提到几点别人没有讨论过的东西。"① 他还认为，希腊

---

① 希罗多德著，王以铸译《历史》，商务印书馆1959年，第55卷。

的纪念仪式、习俗都是从埃及搬来的。希腊人是从埃及那里学会了"占卜术，并将他在埃及学到的许多东西几乎原封不动地带到了希腊……希腊几乎所有神的名字都来自埃及"①。为何希腊和埃及有如此紧密的关系呢，因为埃及曾经殖民过希腊，这些有着历史学的根据，在希腊悲剧中仍可找到大量的埃及古代语言的残存。实际上，近东的亚述、苏美尔，即古代美索不达米亚的居民创造了世界上最早的辉煌文明。"这一文明对推动人类的进步发挥了巨大的作用。这一地区孕育了许多世界之最：诞生了世界上第一座城市；最早的议会制雏形；最早的国家行政学院；发明了世界上最早的灌溉农业，开展了人类最早的对外贸易，实践了最早的封建租佃制和资本主义生产方式；创造了人类最早的公司形式，最早的职业经理人，最早的股权激励形式；诞生了最早的文字，最早的学校，最早的图书馆；出现了第一次社会改革，第一部法典，第一起法律判例，第一部农人历书，第一部药典；产生了最早的宇宙观，最早的伦理观，最早的人本观，最早的科学知识；流传着最早的史诗与神话，最早的寓言，最早的谚语和格言，最早的爱情诗，最早的《圣经》故事原型，等等。"②

希腊正是从东方的两河流域文明和埃及文明中学习到了文字、文学、艺术、宗教，当然，科学技术也随之成长起来。希腊从巴比伦学到天文学和数学知识，学到巴比伦人发明的水钟、日晷和把一天分成十二部分的方法，学到巴比伦人观测到的黄道和黄道十二宫图，还学到了埃及的几何学、日历和医学。西方一些严肃的学者完全承认这一点，他们认为所谓的西方文明，即欧美文明，"与其说系起源于克里特、希腊、罗马，不如说系起源于近东。因为事实上，雅利安人，并没有创造什么文明，他们的文明系来自巴比伦和埃及"。"希腊文明，为世人所羡，但究其实际，其文明之绝大部分皆系来自近东各城市"，"近东才真正是西方文明的创造者"。为更为清晰地表达东方文化和西方文化的关系，学者们明确地说：巴比伦与亚述文明是西方的祖先，东方是西方文化之根，这才是真实的历史。

只是到了19世纪，西方开始将自己和东方文化分开，将埃及人说成和欧洲人

---

① 转引自贝尔纳《黑色雅典娜：古典文明的亚非之根》，吉林出版集团公司2011年，第84页。
② 于殿利《巴比伦与亚述文明》，北京师范大学出版社2013年，第3页。

一样快活、热爱享乐、孩子气地爱吹牛。他们编造出希腊文化本质上是欧洲的，它和腓尼基人以及亚述、苏美尔文化没有任何关系的谎言。在这个意义上，德国哲学家雅斯贝尔斯提出的"轴心说"都是值得怀疑的。然而，文明的起源是古埃及文明、两河流域的古巴比伦文明、古印度文明和古代中国文明，希腊是进入不了这个圈的。四大古文明早已经实现了文明的突破，希腊文明只是在古巴比伦文明影响下发展起来的。

由于近代以来西方率先走向现代化，在它们强大起来以后，开始慢慢地修改历史，将自己的发展和成就说成是欧洲自身思想发展的结果，与其他文化没有关系。例如欧洲近代进步的起源文艺复兴，但这和东方没有什么关系。

"欧洲并没有从东方汲取什么创造现代科学所不可或缺的东西；另一方面，其借鉴的价值仅仅是因为它被融入了欧洲的理性传统之中，当然，这些理性传统是在（古）希腊创建的。"① 显然，这种说法并不符合历史的实际。希腊的典籍在中世纪后已经很难找到，希腊思想和文化的保存在于阿拉伯的百年译经运动，他们将希腊的文献绝大多数翻译成了阿拉伯文。文艺复兴就是将这些阿拉伯文的希腊文献重新翻译回意大利文等欧洲语言，从中发挥出新的思想。一些欧洲中心论者认为，阿拉伯人并未有多少新的思想，他们只不过是保存了希腊的文献。这种傲慢的态度违背了基本的历史。因为阿拉伯学者并不仅仅翻译了希腊的文献，他们也从波斯、印度（以及中国）吸收了大量的医学、数学、哲学、神学、文学和诗歌方面的成就。"然后，他们在犹太科学家和翻译家的帮助下，创造了一种新的知识体系，这不仅仅是对希腊知识的简单整合，也是对希腊思想的批判继承，同时使它们在新的方向上得到进一步的发展。"② 这个过程说明了这样的事实：巴格达处在全球经济的中心，它不仅接受了新的亚洲思想，而且对其重新改造，然后传播到伊斯兰教的西班牙地区。这点，一些西方学者也是承认的，他们说："西方人发现穆斯林所拥有的缜密思维和渊博学识，远远超过了从古罗马那里所获得的……在人类文明的历史上，可能没有人能够比他们（欧洲人）更安于窃用这些

---

① ［英］约翰·霍布森《西方文明的东方起源》，山东画报出版社2009年，第156页。
② 《西方文明的东方起源》，第157页。

外族遗产了，除非是希腊人在公元前 6 世纪就汲取了这些东方（埃及）文明。"①

文艺复兴和启蒙运动，这是欧洲走向现代化之路的两个重要环节，而这两个西方最重要的文化变革都和东方有着密切的关系。

当来华的耶稣会士将中国经典陆续翻译成欧洲语言，在欧洲各国出版后，在欧洲逐步形成了 18 世纪的中国热。中国热反映出了中国古代文化对欧洲的影响。"这时中国在世界历史上的影响达到了巅峰。……中国在世界历史和世界地理上都引人注目，其哲学、重农思想受到密切的关注，其经验被视为典范。……世界历史上任何一个时期都没有像启蒙时期这样，使得中国的商业贸易相对而言如此重要，世界知识界对中国兴趣如此之大，中国形象在整个世界上如此有影响。"② 在社会生活层面，当时的欧洲上流社会将喝中国茶、穿中国丝绸的衣服、坐中国轿、建中国庭院、讲中国的故事作为一种风尚。Chinoiserie，这个词汇的出现，反映了法国当时对中国的热情。这"突出地反映了这样一个事实：在相当长的时期中，各个阶层的欧洲人普遍关心和喜爱中国，关心发生在中国的事，喜爱来自中国的事物"③。

来华耶稣会士的关于中国的著作在欧洲的不断出版，特别是柏应理《中国哲学家孔子》的出版，在欧洲思想界产生了深刻的影响。来华耶稣会士的这些介绍儒家思想的著作，所翻译的儒家经典引起了欧洲思想界的高度重视。

德国哲学家莱布尼茨是当时欧洲最关心中国的哲学家，从思想而言，他从孔子的哲学中看到自己自然神论的东方版本。在西方宗教的发展中，斯宾诺莎的自然神论开启了解构基督教人格神的神学基础。传统神学将自然神论视为洪水猛兽，从此斯宾诺莎只能生活在阿姆斯特丹，靠磨眼镜片为生。莱布尼茨通过自然神论来调和孔子与基

---

① 《西方文明的东方起源》，第 157 页。

② ［英］S. A. M. 艾兹赫德著，姜智芹译《世界历史中的中国》，上海世纪出版集团 2009 年，第 275—276 页。Berger, Willy R., *China-Bild und China-Mode im Europa der Aujklärung*, Cologne: Böhlau, 1990. Chen Shouyi, "The Chinese Garden in Eighteenth Century England", *T'ien Hsia Monthly* 2 (1936), pp. 321-339; repr. in Adrian Hsia (ed.), *The Vision of China in the English Literature of the Seventeenth and Eighteenth Centuies*, The Chinese University of Hongkong Press, 1998, pp. 339-357.

③ 许明龙《欧洲 18 世纪中国热》，山西教育出版社 1999 年，第 121 页；严建强《18 世纪中国文化在西欧的传播及其反应》，中国美术学院出版社 2002 年。

督教的思想。"在这个意义上，莱布尼茨是当时唯一重要的哲学家，认为中国人拥有一门唯理学说，在某些方面与基督教教义并存。"① 尽管，莱布尼茨的理解有其欧洲自身思想发展的内在逻辑，但他看到孔子学说中非人格神的崇拜是很明确的。②

如果说莱布尼茨从哲学和宗教上论证了孔子学说的合理性，那么伏尔泰则从历史和政治上论证了孔子学说的合理性。卫匡国《中国上古史》《中国哲学家孔子》书中的中国纪年，在欧洲出版后引起了思想界的轰动，中国的这些纪年彻底动摇了中世纪的基督教纪年。③"《风俗论》是伏尔泰的一部重要著作，在这部著作中，伏尔泰第一次把整个中国文明史纳入世界文化史之中，从而打破了以欧洲史代替世界史的'欧洲中心主义'的史学观……他说东方民族早在西方民族形成以前就有自己的历史，我们有什么理由不重视东方呢？'当你以哲学家身份去了解这个世界时，你首先把目光朝向东方，东方是一切艺术的摇篮，东方给了西方一切。'"④ 借助中国，借助孔子，启蒙思想家们吹响了摧毁中世纪思想的号角。而伏尔泰这位18世纪启蒙的领袖是穿着孔子的外套出场的，他的书房叫"孔庙"，他的笔名是"孔庙大住持"。⑤

我们必须看到，这段历史不仅说明"中国的'遗产'与所有其他文明国家的'遗产'已结合起来，显然纳入了一条正在实现世界合作大同的轨道"⑥，从而彰显出了中国古代文化的世界性意义。同时对我们自身来说，"这段历史又告诉我们：中国的传统并不是完全与近现代社会相冲突的，中国宗教和哲学思想并不是与现代思想根本对立的，在我们的传统中，在我们先哲的思想中，有许多同希腊文明一样永恒的东西，有许多观念同基督教文明一样具有普世性。只要我们进行

---

① 艾田蒲著，许钧、钱林森译《中国之欧洲》（上），河南人民出版社1992年，第437页。
② ［德］莱布尼茨《中国近事——为了照亮我们这个时代的历史》，大象出版社2005年；李文潮编《莱布尼茨与中国》，北京：科学出版社，2002年。
③ 吴莉苇《当诺亚方舟遭遇伏羲神农——启蒙时代欧洲的中国上古史论争》，中国人民大学出版社2005年。
④ 张西平《中国和欧洲早期宗教与哲学交流史》，东方出版社2000年，第371页。
⑤ 孟华《伏尔泰与孔子》，张国刚、吴莉苇《欧洲启蒙时期的中国观：一个历史的巡礼与反思》，上海古籍出版社2006年；张西平《中国和欧洲早期宗教与哲学交流史》，东方出版社2000年。
⑥ 潘吉星主编《李约瑟文集》，辽宁科学技术出版社1986年，第54、268页。

创造性的转化，中国传统哲学的精华定会成为中国现代文化的有机内容。东方在世界体系中也并非无足轻重，在西方走向世界时，东方无论在思想上还是在经济上都起着不可取代的作用"①。所以，揭示出启蒙时期思想的实际发展过程，说明欧洲思想不是一个自我成圣的过程，仅仅回到希腊，西方思想家发展不出来近代的启蒙思想观念。

通过历史说明西方文化和东方文化的历史渊源，破除19世纪以来将西方文化说成自我成圣的神话，解除掉西方文化所披覆的神圣光环，将其还原成一个地域性文化，化解那种将西方文化等同于现代化文化的神话，这是我们走向文化自信的第一步。当然，这个过程不是走向东方中心主义，不是否认西方文化对世界文化的贡献，也不是停止学习优秀西方文化的步伐，而是以一种平等的、实事求是的态度，在与西方文化的交流互鉴中发展中国自己的文化。让我们在与包括西方文化在内的各种文化的交流中丰富自己、完善自己、发展自己。

张西平
北京外国语大学比较文明与人文交流高等研究院院长
《国际汉学》主编　国际儒学联合会副会长

---

① 《中国与欧洲早期宗教与哲学交流史》，第492页。

目 录

序章：曾经风流——作为汉学中心的北京 …………………………（1）

第一章　近代北京的中美文人交流活动 …………………………（9）
　第一节　美国汉学家与顾颉刚的交往 ………………………………（9）
　第二节　20世纪30年代美国青年汉学家在北京的出版活动 ………（20）

第二章　近代美国汉学家的北京经历及其著述 …………………（30）
　第一节　卫三畏的北京经历与《汉英韵府》 ………………………（30）
　第二节　阿灵顿的中国戏剧研究与翻译 ……………………………（45）
　第三节　卜德在北京出版的两部译著 ………………………………（58）

第三章　近代英国人与北京文化 …………………………………（77）
　第一节　马戛尔尼访华使团前后的中英信息场 ……………………（77）
　第二节　英国作家艾克敦与北京 ……………………………………（103）

第四章　近代北京的法文出版业及图书馆 ………………………（124）
　第一节　法籍报人那世宝在北京的出版事业 ………………………（124）
　第二节　亨利·魏智及其北京法文图书馆 …………………………（140）

第五章　近代北京的日本僧人及报人活动 ………………………（185）
　第一节　日本僧人小栗栖香顶的北京之行与中国传教构想 ………（185）

第二节　在京报人辻听花的中国戏曲研究 ………………………（203）

第六章　近代日本中国学家与北京文化 ………………………（221）
　　第一节　青木正儿的北京之行与中国学研究 ……………………（221）
　　第二节　竹内好中国情结的原点 …………………………………（234）

第七章　近代日本作家的北京之行与北京认识 ………………（244）
　　第一节　芥川龙之介的北京之行与中国京剧 ……………………（244）
　　第二节　佐藤春夫的北京之行与《北京》 ………………………（255）
　　第三节　中园英助的北京之伤 ……………………………………（266）

参考文献 ……………………………………………………………（277）

后记 …………………………………………………………………（286）

序章：曾经风流——作为汉学中心的北京

1922年9月，担任北京大学研究所国学门主任不久的沈兼士在《国学门建议书》中写下了这样一段话：

> 窃惟东方文化自古以中国为中心，所以整理东方学以贡献于世界，实为中国人今日一种责无旁贷之任务。吾人对于从外国输入之新学，曰我固不如人，犹可说也；此等自己家业，不但无人整理之，研究之，并保存而亦不能，一听其流转散佚，不知顾惜，……以中国古物典籍如此之宏富，国人竟不能发扬光大，于世界学术界中争一立脚地，此非极可痛心之事耶？①

沈兼士的话可以说代表了国学门同人的心声，大家希望通过努力使中国人自家的学问"于世界学术界中争一立脚地"。

20世纪以来，西方汉学和日本东洋学的研究成果逐渐被介绍到中国，以伯希和（Paul Pelliot）为代表的外国汉学家也纷纷造访中国并和中国学者进行交流，这一方面固然开拓了国内学者的视野，但同时更刺痛了他们的民族自豪感。从20世纪20年代开始，把汉学中心夺回中国、夺回北京的呼声此起彼伏。据现有的资料来看，最先提出这一口号的当是陈垣，据他的学生郑天挺回忆，陈垣于1921年在刚刚成立的北大研究所国学门一次集会上说："现在中外学者谈汉学，不是说巴黎如何，就是说西京（按：日本京都）如何，没有提中国的，我们应当把汉学中

---

① 沈兼士著，葛信益、启功整理《沈兼士学术论文集》，中华书局1986年，第362页。

心夺回中国，夺回北京。"① 1928年，傅斯年在《历史语言研究所工作之旨趣》中也高呼："我们要科学的东方学之正统在中国！"② 陈寅恪则用诗句表达了他在这方面的焦虑和期盼，1929年5月，他在《北大学院己巳级史学系毕业生赠言》中写道："群趋东邻受国史，神州士夫羞欲死。田巴鲁仲两无成，要待诸君洗斯耻。"③

这种认为汉学中心不在北京而在巴黎、京都的忧虑不能说毫无道理，但如果我们从另外一个角度——民国时期来北京的美国留学生的角度——来看这一问题，则使我们感觉这种忧虑多少有点杞人忧天。

从20世纪20年代末开始，第一批美国汉学专业研究生陆续来到北京进修，主要有恒慕义（Arthur William Hummel）、孙念礼（Nancy L. Swann）、富路特（L. C. Goodrich）、魏鲁男（James R. Ware）、毕乃德（Knight Biggerstaff）、卜德（Derk Bodde）、宾板桥（Woodbridge Bingham）、顾立雅（Herrlee G. Creel）、毕格（Cyrus H. Peake）、西克曼（Laurence Sickman）、戴德华（George E. Taylor）、韦慕庭（C. M. Wilbur）、费正清（John K. Fairbank）、芮沃寿（Arthur F. Wright）、饶大卫（David N. Rowe）等人。他们回国后分别执教于哈佛大学、哥伦比亚大学、加州大学等著名学府，成为战后美国中国研究的中流砥柱。

20世纪20年代末，当这批年轻的美国学人来到北京时，中国的政治中心已经移师南京，与十里洋场的上海相比，北京也要土气得多。1931年结束北京留学的吉川幸次郎回忆道：

---

① 郑天挺《回忆陈援庵先生四事》，载北京师范大学编《陈垣校长诞生百年纪念文集》，北京师范大学出版社1980年，第12—13页。此后陈垣多次说过类似的话。陈述在《回忆陈援庵老师的治学和教学》一文中总结道："我听援庵先生说此话是1929年在师大，郑（天挺）先生听说是1921年在北大，翁（独健）先生听说是在燕大。可见援庵先生当年曾广泛号召，鼓励青年们要面向国外，和国外的中国史争高低。"（详见陈智超编《励耘书屋问学记：史学家陈垣的治学》，生活·读书·新知三联书店2006年，第127页。）

② 傅斯年《傅斯年全集第3卷》，湖南教育出版社2003年，第12页。

③ 浦江清《清华园日记·西行日记》，生活·读书·新知三联书店1987年，第42页。

留学结束前去南方旅行的第一站是南京，到处有高大的建筑刚刚建成，让人感到是刚刚得到安定的一个国家的首都。……与此相比，北京是非常寂寥，长时间作为国都，而今失去了它应有的地位。因此当时报纸上有议论，要把北京作为"文化城"而发展。北京急剧不景气的结果之一，就是1929年秋人力车夫闹事，在长安街上阻截汽车。①

尽管北京的政治地位下降，经济不景气，但对于想要研究中国文化和学术的留学生们来说，北京却是首选。这里不仅有丰厚的文化遗产，更是首屈一指的文化和学术中心。这里集中了北京大学、清华大学、北京师范大学、燕京大学、辅仁大学等多所高等学府，中央研究院历史语言研究所也曾一度在北海静心斋办公，更有一大批一流学者在这里工作，如陈垣、陈寅恪、胡适、金岳霖、冯友兰、顾颉刚、汤用彤、杨树达、钱穆、梁思成等。北京图书馆、各大学图书馆以及琉璃厂、隆福寺等处的各类旧书肆也提供了其他地方难以企及的学术资源。20世纪30年代在燕京大学、北京大学等校教书的钱穆回忆说："北平如一书海，游其中，诚亦人生一乐事。至少自明清以来，游此书海者，已不知若干人。"② 与钱穆同为江苏人的顾颉刚在说明自己为什么一定要在北京时说："只因北京的学问空气较为浓厚，旧书和古物荟萃于此，要研究中国历史上的问题这确是最适宜的居住地；并且各方面的专家惟有在北京还能找到，要质疑请益也是方便。"③

正因为如此，民国时期的北京吸引了一大批海外的留学生。20世纪30至40年代，居住在北京的德国年轻汉学家有艾锷风（Gustav Ecke）、福华德（Walter Fuchs）、谢礼士（Ernst Schierlitz）、卫德明（Hellmut Wilhelm）、傅吾康（Wolfgang Franke）等。正是在他们的积极参与下，著名的汉学刊物《华裔学志》（*Monumenta Serica*）得以于1935年在北京创办，并连续出版至1948年。

法国留学生在北京的活动则更为活跃，特别是随着1941年9月北京中法汉学

---

① ［日］吉川幸次郎著，钱婉约译《我的留学记》，中华书局2008年，第86—87页。
② 钱穆《八十忆双亲·师友杂忆》，生活·读书·新知三联书店2005年，第181页。
③ 顾颉刚《自序》，载《古史辨》第一册，北平朴社1926年，第56页。

研究所的建立，一批年轻的法国学者为躲避第二次世界大战来到北京进修和从事研究，其中韩百诗（Louis Hambis）、康德谟（Maxime Kaltenmark）、石泰安（Rolf A. Stein）、李嘉乐（Alexis Rygaloff）等回国后均成为各自领域的领军人物。

民国时期来自日本的留学生就更多了，东单牌楼附近甚至出现了"日本人村"。当时执教清华大学的杨树达曾在日记中（1929年7月6日）这样描述来访的仓石武四郎："此君头脑明晰，又极好学，可畏也。"① 其他日本留学生的情况可以推想而知。

对于这批美国留学生来说，北京的时光是他们一生难忘的美好经历。他们可以在汉语还不熟练的情况下和中国学者用英语进行交流，并向他们请教。1911年前后留学欧美的一批中国学人在20世纪30年代已经成为学界的领袖，占据着北京各大高校的要津。洪业曾给来燕京大学进修的饶大卫以悉心的指导；蒋廷黻曾就如何使用《筹办夷务始末》等晚清档案给予费正清很大的提示；卜德则在冯友兰的指导下翻译了冯著《中国哲学史》，奠定了一生的学术基础。

毋庸讳言，巴黎、京都的学者有他们的优势，但并非样样领先。就第二次世界大战前如日中天的法国汉学来说，其优势和局限都是很明显的。曾留学法国的李思纯在1923年总结说：

> 法之治中国学者，其攻中国之事物凡两途；其一探讨古物，而为古物学之搜求；其一探讨政制礼俗，而为社会学之搜求。然决未闻有专咀嚼唐诗宋词以求其神味者。此无他，彼非鄙唐诗宋词为不足道，彼实深知文学为物，有赖于民族之环境遗传者至深，非可一蹴而几也。②

1931年吴宓访问欧洲时曾拜会伯希和，交谈后发现"彼之工夫，纯属有形的研究，难以言精神文艺"③。所以中国学者无须妄自菲薄。实际上，在当时北京的

---

① 杨树达《积微翁回忆录》，北京大学出版社2007年，第29页。
② 李思纯《与友论新诗书》，载《学衡》1923年第19期，"文苑"第5页。
③ 吴学昭《吴宓与陈寅恪》，清华大学出版社1992年，第78页。

学者中，对于自己和本国学术有信心的不乏其人，钱穆就是其中之一。他谈到自己早年的两篇代表作时说：

> 余自撰《刘向歆父子年谱》刊载《燕京学报》后，初去燕大，（顾）颉刚又来索稿，以旧作《关于老子成书年代之一种考察》一文与之，续刊《燕京学报》。曾获欧洲某汉学家来函推崇，谓读余文，乃知中国学术问题需由中国人自加论定，非异邦人所能为力也。①

中国学术问题最终的发言权在中国人那里，这也为一些日本学者所承认。小柳司气太、吉川幸次郎均表示过，无论自己的研究多么精深，都无法超过中国学者。

如果说近代以来北京一直就是汉学中心的话，20世纪30年代它的这一地位则更加巩固。20世纪20年代在把汉学中心夺回北京的时代潮流下，北京大学、清华大学、燕京大学、辅仁大学、中央研究院等高校和研究机构都做出了自己的努力。无论是用科学方法整理国故，还是建立国学院培养学生，或是组织考古挖掘寻找新材料，这些努力都很快收到了明显的效果。考虑到当时内忧外患的国内国际环境，这一努力就更显得可贵，而其效果也更让人赞叹。20世纪30年代成为20世纪中国学术最辉煌的时期，北京则成为风光无限的汉学中心。余英时在回顾这段时期时做出了如下评价：

> 以老一辈而言，如陈寅恪的史学、傅斯年的古代民族史、汤用彤的佛教史、萧公权的政治思想史，都代表了中西融合的学术精品，……又由于西学已普遍传入中国的关系，从中国学术系统中出身的人此时同样可以灵活运用西方的观念和著作方式，……陈垣、柳诒徵、吕思勉、顾颉刚和先师钱穆五位大师可为典范代表。……因此这一期的成绩得到国际汉学界（日本和西方）

---

① 《八十忆双亲·师友杂忆》，第151页。

的高度重视。①

美国留学生大都在 20 世纪 30 年代来到北京进修，可谓躬逢其盛。

从美国留学生的角度来看，北京的汉学中心地位大致体现在三个方面。

第一，北京拥有一批一流学者，美国留学生可以随时向他们请教，不仅在课堂上，也在私人交谈中。顾立雅回忆说：“每当我在研究中遇到一个无法解决的问题时，我就立刻骑上自行车，去找对此问题最有发言权的中国学者，一杯茶的工夫我的问题就迎刃而解了。我常想，他们的帮助为何总是如此慷慨？他们真是我所认识的最亲切的一群人。”② 此外，各种聚会也是讨论学术、互相切磋的重要场合，这种学术性的聚会是当时北京学界的一大特色，美国留学生从中获益良多，也留下了深刻的印象。顾立雅继续回忆说：

> 那时中国学者们经常在饭馆里聚会，听说有些教授将一半的薪水用于宴请，我几乎每周都受到邀请。这类的聚会一般四个小时，八个人左右，很少超过十二个人，大家围坐在一张大圆桌边，边吃边聊。参加的人有历史学家、考古学家、文字学家、艺术史家、文献学家，偶尔也有一两位诗人。他们的闲谈实际上都是学术讨论，语速很快，且常常一语双关，但在远处的人只会听到不时发出的笑声。③

刚到北京时顾立雅几乎听不懂这种"语速很快，且常常一语双关"的谈话，当经过一段时间的刻苦学习和训练终于可以听懂时，他感到自己的留学生活进入了一个全新的阶段。

第二，北京拥有众多高水平的学术刊物，不仅有中文的，也有外文的，前者如《燕京学报》《清华学报》，后者如《中国社会及政治学报》（*Chinese Social and*

---

① 余英时《史学研究经验谈》，上海文艺出版社 2010 年，第 106—107 页。
② H. G. Creel, "On the Birth of *The Birth of China*", *Early China*, No. 12 (1987), p. 3.
③ "On the Birth of *The Birth of China*", *Early China*, p. 3.

Political Science Review）、《华裔学志》等。美国留学生都能以在这些刊物上发表作品为荣，他们的处女作和不少早期作品都发表在这些刊物上，奠定了他们日后学术发展的基石。如卜德留学期间用中文撰写的《左传与国语》一文，经顾颉刚修改后发表于《燕京学报》1934年第16期，是他一生唯一的中文论文，一直为他所珍视。又如费正清的英文论文 The Legalization of the Opium Trade before the Treaties of 1858（《1858年条约前鸦片贸易的合法化》），经蒋廷黻推荐发表于《中国社会及政治学报》1934年第17卷第2期。晚年费正清在回忆这篇学术处女作时还抑制不住自己对蒋廷黻的感激之情。

第三，北京学界能及时追踪最新的国际汉学的发展。就美国留学生来说，他们出版的著作虽然在西方颇受赞扬，但在中国学者看来，其中还是存在不少问题。孙念礼留学北京时完成的博士论文《班昭传》（Pan Chao, Foremost Woman Scholar of China）在美国出版后，《燕京学报》1937年第22期《学术界消息》一栏中发表了齐思和的书评，在表扬的同时也毫不客气地指出了其中的"疏失"：

> 如大家之著作除孙女士所举者外尚有《幽通赋注》，李善《文选注》引之颇详，《后汉书》本传所谓注者殆即指此。严可均《全上古三代魏晋六朝文》所收仅限于文，故未网罗，作者于此注亦未加申论，似属遗漏。又如大家著作，除《女诫》、二疏，及《东征赋》外，俱已亡佚，今所存者皆出自类书征引（惟《针缕赋》见《古文苑》，然《古文苑》固极可疑之书也），只辞片语，残阙不完。如《蝉赋》一篇即系由三处辑出，作者俱谓之短赋，不知汉赋无如此之短者，直至六朝始有此体。又如作者谓大家为中国唯一帝廷女史家，不知女史之职，由来已久，《后汉书·后妃传》叙、章学诚《文史通议·妇学篇》考之甚详。女史例以宫妃充之，大家教育后妃，实是女师而非女史也。《诗·葛覃》："言告师氏，言告言归。"毛传："师，女师也。古者女师教以妇德、妇言、妇容、妇功。"女师之职，由来久矣。又如据本传曹世叔早卒，但按《女诫》大家十四岁归曹氏，作《女诫》时年已将六十，尚有在室之女，而汉时女嫁甚早，年十三四便即适人，则其夫卒时至少已五十左

右，传云早卒殆非，此则前人论之已详，而应于传中述及者。①

此外如雷海宗对富路特《乾隆时期的文字狱》（*Literary Inquisition of Chien-lung*）一书的批评②，周一良对魏鲁男英译《魏书·释老志》（*Wei Shou on Buddhism*）一文的批评③等都切中肯綮。这些一针见血、一锤定音的批评显示北京学人牢牢地掌握了学术的话语权和裁判权。

风水轮流转，第二次世界大战前的美国还处于汉学研究的边缘地位，但今天则无可争议地成为西方汉学的中心。今天世界汉学的中心是在北京，还是在哈佛呢？有目共睹的事实是：美国汉学的研究成果被大量译介，而当代中国学人的著作只有很少几种被美国人主动翻译；就评介机制来看，美国的 SSCI 期刊比国内的 CSSCI 期刊更权威，更能表明学术水准和国际影响力；至于群趋美国受国史，则早在 30 年前就开始了，至今方兴未艾。

20 世纪 30 年代的北京已成过去，但它提供的范例完全可以为今天所借鉴。最关键的一点还是学者自身的努力。北京当年的学术中心地位是靠众多优秀学者支撑的，正如钱穆所观察的那样，那时的北京学者"皆学有专长，意有专情。世局虽艰，而安和黾勉，各自埋首，著述有成，趣味无倦"④。从这些学者那里，美国留学生得到的不仅是汉学知识的教益，更是中国文化精神的感染。20 世纪 30 年代北京的魅力是学术的魅力、精神的魅力。我们今天应该做的正是增强北京（中国）的学术魅力和精神魅力。

---

① 齐思和《评〈班昭传〉》，载《燕京学报》1937 年第 22 期，第 315—316 页。
② 载《清华学报》1935 年第 10 卷第 4 期。
③ 载《史学年报》1937 年第 2 卷第 4 期。
④ 《八十忆双亲·师友杂忆》，第 174 页。

第一章　近代北京的中美文人交流活动

第一节　美国汉学家与顾颉刚的交往

顾颉刚（1893—1980），中国 20 世纪的史学大师，一生交游广阔，其交友范围除了中国学人之外，还有不少外国学人。本文利用《顾颉刚日记》和其他中英文资料探讨 1937 年抗日战争全面爆发前几位在北京进修的美国汉学家与顾颉刚的交往。他们的交往见证了中美之间的学术交流，促进了美国汉学的发展，也成为顾颉刚著作向海外传播的开始。

一、恒慕义

恒慕义（Arthur William Hummel，1884—1975）[①] 在北京进修期间（1924—1927）结识了顾颉刚，是最早接触古史辨运动的西方学者。译介《古史辨》成为他一生学术的起点。

古史辨运动导源于 1920 年胡适与顾颉刚关于整理历代辨伪著作的往返通信，最初公开发表的文字是 1923 年顾颉刚与钱玄同在《努力周报》增刊《读书杂志》上的一系列有关古史的讨论。此后，刘掞藜、胡堇人、丁文江、柳诒徵、魏建功、容庚等纷纷加入了讨论，讨论内容于 1926 年由顾颉刚编辑为《古史辨》第一册出版，立刻在学术界产生了重大影响。到 1941 年，《古史辨》共出版了七册，成为现代中国史学研究最引人瞩目的成果之一。

《古史辨》第一册刚一问世，就引起了当时正在北京进修的恒慕义的高度关注。《古史辨》第一册是 1926 年 6 月 11 日出版的。同年 11 月恒慕义就在《中国

[①] 恒慕义，美国国会图书馆东方部创建人和首任主任（1928—1954）。曾担任 1940—1941 年度美国东方学会主席，1948 年远东学会（后改名为亚洲学会）成立后担任首任主席。

科学美术杂志》(*China Journal of Science and Arts*)第 5 卷第 5 期上撰文予以介绍。① 1929 年，恒慕义又在《美国历史评论》(*The American Historical Review*)上再次撰文，介绍古史辨运动。②

除了介绍，恒慕义还决心把《古史辨》第一册全书译成英文。但后来由于各种原因，只翻译注释了顾颉刚的长篇自序，并于 1931 年作为荷兰莱顿大学《汉学研究书系》(*Sinica Leidensia*)的第一种在荷兰出版。在说起自己的动机时，恒慕义在"译者前言"中写道：

> 1926 年 6 月，顾颉刚先生的《古史辨》出版时，我正在北京，因想将其《自序》译成英文。读了第一册，我觉得它是现代中国学者的工作及态度最好的介绍，中国文化革新的各大问题，西洋科学方法的运用及本国固有成绩的继续，无不叙述尽致。同年 10 月间，胡适博士作了一篇长评，说它"是中国史学界的一部革命的书"(见《现代评论》1926 年 10 月 11 日刊，或《古史辨》第二册，第 334 页)。其实就是百年来中国古史最重要的贡献。胡博士得到我的同意引用我的话，说至少这篇自序应译成英文。因为这篇不独是一位中国史家的自述，亦是过去三十年来风行中国的思潮最好的评述。到现在还没有人做这个工作，所以我得到顾先生的同意着手译出。本想和 1920 至 1925 年间文学革命诸领袖的多篇文章书札订成一书，但自序颇长，又是完整的作品，遂单印了。③

---

① Arthur W. Hummel, "Ku Shih Pien (Discussions in Ancient Chinese History) Volume One", *China Journal of Science and Arts*, Vol. V, No. 5 (1926), pp. 247—249. 此文后收入顾颉刚编著《古史辨》第二册，北平朴社 1930 年，第 364—369 页。

② Arthur W. Hummel, "What Chinese Historians are Doing in Their Own History", *The American Historical Review*, Vol. 34, No. 4 (1929), pp. 715—724. 该文的中译文题为《中国史学家研究中国古史的成绩》(王师韫译)，载《国立中山大学语言历史学研究所周刊》1929 年第 9 集第 101 期，第 8—16 页。后又收入《古史辨》第二册，第 443—454 页。

③ Arthur W. Hummel, "Introduction", *The Autobiography of a Chinese Historian: being the preface to a symposium on ancient Chinese history*, (Leiden: E. J. Brill, 1931), p. v. 该"译者前言"由顾颉刚在燕京大学的学生郑德坤译成中文，题为《近百年来中国史学与古史辨》，载《史学年报》1933 年第 1 卷第 5 期，第 147—161 页。本文引用参考了郑德坤译文。

顾颉刚的自序不仅具有重要的学术价值，而且从文体上来看也别具一格，和西方的同类作品进行比较更是如此。恒慕义在"译者前言"中写道：

> 自序这一类的文章，英文没有相当的名词。自序就是作者自述其家世、教育及其知识之发展，使读者容易明白他思想的来源及其工作的缘由的文章。诚然，我们的博士论文也附有关于作者个人生活的叙述，但是太正经、简略了，一点儿没有生气。我们还有无数的日记自传，但是都不像中国人的自序，目的在说明作品产生的原因。①

胡适在评论《古史辨》第一册时也指出了顾颉刚自序的文学价值："这篇六万多字的自序，是作者的自传，是中国文学史上从来不曾有过的自传。"② 以前人写的自序，无论是司马迁的《史记·太史公自序》、王充的《论衡·自纪篇》，还是刘知几的《史通·自叙》都比较短，不像顾颉刚的自序这样洋洋洒洒、内容丰富。著名汉学家谢理雅（J. K. Shryock）在读了恒译后写下了这样的评论：

> 《自序》的第一部分描述了作者的教育背景，如果一个美国人想要了解中国人的思想，这一部分必须仔细阅读。接下来的部分描述了一个受过良好教育的中国人在文化和价值观念急剧转型时期的思想斗争，引起斗争的原因有时也许很简单，但反映出来的问题却是真实而生动的。顾先生在文章中还提供了有关中国民俗和宗教的大量信息。他向我们展示了一个传统的中国高级知识分子在突然面对西学时的彷徨和转向。读了这篇长文后，我感觉我对顾先生的了解要超过我对不少美国朋友的了解。③

---

① "Introduction", p. vi.
② 《古史辨》第二册，第 335 页。
③ J. K. Shryock, "Review of *The Autobiography of a Chinese Historian*", *Journal of the American Oriental Society*, Vol. 52, No. 1 (1932), p. 100.

恒慕义的翻译工作是1927年底返回美国后完成的，但想法则是在北京期间就早已形成了。在北京的3年中，恒慕义和顾颉刚有比较密切的交往。从《顾颉刚日记》中我们能找到不少证据。除了日常的拜访、吃饭、闲谈之外，还有1926年7月12日的代读论文："到华文学校，备演讲质询。……余前作《秦汉统一的由来及战国人对于世界的想象》一文，承恒慕义先生完全译出，代予诵之。予往，备听者质询耳。"① 华文学校是当时为来华的英美人士提供汉语培训的专门学校，恒慕义是该校的历史教员，负责用英文教授中国历史，同时自己进修中文。

不难想象，恒、顾两人交往中的一个重要话题就是《古史辨》，关于《自序》的翻译，《顾颉刚日记》中有多处记载，值得全部转录：

1926年7月13日：恒慕义先生欲以英文为余译《古史辨》序，日来又为余译《秦汉统一》一文，西洋人方面亦渐知予矣。

1928年1月28日：芝生（按即冯友兰）来信，谓恒慕义君回美国后，拟将《古史辨》译为英文，在美国出版。

1928年2月1日：与恒慕义书，劝其节译《古史辨》，因零碎材料或为欧美人士所不易理解也。

1932年10月17日：德坤来，看其所译恒慕义译《古史辨自序》之序。

1934年1月30日：闻刘毓才君言，印度Rahkit君读恒慕义所译之《古史辨自序》，欲作一文介绍于印度学界。②

从日记中我们可以知道，顾颉刚曾就《自序》的翻译给恒慕义写过信，但这些信件均没有收入已经出版的《顾颉刚书信集》（中华书局2011年），估计在多次动荡中已经丢失，这是十分可惜的，否则我们可以知道两人交往的更多细节。从

---

① 顾颉刚《顾颉刚日记》卷一，中华书局2011年，第767页。此文后刊载于三个刊物：《孔德旬刊》1926年第34期，第1—5页；又《国立中山大学语言历史学研究所周刊》1927年第1集第1期，第2—7页；又《古史辨》第二册上编，第1—9页。收入《古史辨》第二册时顾颉刚在题注中说在华文学校发表演讲的时间是1926年6月1日，与日记所记1926年7月12日有出入。

② 详见《顾颉刚日记》卷一，第768页；卷二，第128、130、699页；卷三，第155页。

上述抄录的日记中我们看到，顾颉刚在 1928 年 2 月 1 日的信中劝恒慕义"节译《古史辨》，因零碎材料或为欧美人士所不易理解也"。这应该也是后来恒慕义只翻译顾颉刚《自序》，而不是整个《古史辨》第一册的一个重要原因。

二、顾立雅①

作为哈佛燕京社派遣的留学生，顾立雅（Herrlee Glessner Creel, 1905—1994）在北京期间（1932—1936）与燕京大学的不少学者都有交往，其中与顾颉刚的关系尤为密切。《顾颉刚日记》中多次提到顾立雅：

> 1934 年 3 月 8 日：今午同席：Sickman、Creel、张东荪、容希白、予（以上客）、博晨光（主）。
>
> 1934 年 5 月 18 日：开哈燕社同学会。……今午同席：Sickman、Bodde、Creel、亮丞、文如、煨莲、希白、东荪、予、博晨光（以上客）、司徒雷登（主）。
>
> 1934 年 5 月 19 日：十时半，上汽车，到西直门车站，乘火车到三家店，遇克利尔夫妇。
>
> 1935 年 1 月 6 日：点顾立雅文，未毕。
>
> 1935 年 2 月 26 日：看顾立雅所作《释天》一文。……写顾立雅信。
>
> 1935 年 6 月 3 日：访顾立雅，亦遇之。
>
> 1935 年 6 月 17 日：到顾立雅处，晤之。……天津女师齐院长来平聘教员，予因以四人荐：闻在宥（国文）、蒙文通（中国史）、顾立雅（西洋史）、顾立雅夫人（音乐）。
>
> 1935 年 7 月 13 日：今午同席：顾立雅夫妇、寇恩慈女士、煨莲、予、元胎、八爱（以上客）、希白夫妇（主）。
>
> 1935 年 10 月 4 日：顾立雅来。

---

① 顾立雅，美国芝加哥大学汉学研究创始人，曾长期（1936—1973）担任该校教授。曾任 1955—1956 年度美国东方学会主席。

1935年10月5日：写齐璧亭快信，为顾立雅事。
1935年10月14日：顾立雅来。
1935年11月3日：到于思泊、王姨母、福开森、顾立雅四家，均遇之。
1935年11月22日：到顾立雅处，晤其夫人。①

从日记中可以得知，顾立雅的《释天》一文是经过顾颉刚审阅后发表于《燕京学报》1935年第18期的。另外，顾颉刚曾推荐顾立雅夫妇去天津任教，但未果，主要原因应该是顾立雅1935年下半年正忙于写作《中国之诞生》(The Birth of China)② 一书。

顾立雅在北京期间亲身感受到了古史辨派的巨大影响，作为该派领袖的顾颉刚成为他经常引用的对象。如在《原道字与彝字之哲学意义》③ 中，他一开始就引用了顾颉刚关于《尚书》28篇中只有13篇可信的观点，这个观点见诸顾颉刚《论今文尚书著作时代书》④ 一文，顾颉刚将《尚书》28篇分为三组，认为只有第一组13篇"在思想上，在文字上，都可信为真"。这13篇是《盘庚》《大诰》《康诰》《酒诰》《梓材》《召诰》《洛诰》《多士》《多方》《吕刑》《文侯之命》《费誓》《秦誓》。⑤ 后来顾颉刚的观点又发生变化，顾立雅有幸亲耳聆听，并记在《释天》一文中："《古史辨》第一集顾颉刚先生谓《盘庚》为商书中之唯一可信者，至于近年，顾氏之意见已与前日不同。顾氏曾与余言，《盘庚》乃周初人所作，至东周以后曾经学者所修改，则《盘庚》亦非商代文字。"⑥

关于顾立雅和顾颉刚的交往，海伦·斯诺（斯诺夫人）的回忆录中有一段记录：

---

① 《顾颉刚日记》卷三，第167、190、294、312、350、356、366、396、397、400、407、412页。
② 《中国之诞生》于1936年正式出版，是西方第一部利用甲骨文和金文对商周史进行综合描述的著作。
③ 载《学衡》1933年第79期。
④ 《古史辨》第一册第47篇。
⑤ 顾颉刚《古史辨》第一册，北平朴社1926年，第201页。
⑥ 顾立雅《释天》，载《燕京学报》1935年第18期，第63页。

> 顾立雅……对古代和孔子十分崇拜。我记得有一天，我请他和顾颉刚一块吃午饭，因而引起一场激烈地争论——顾对研究古代的学术工作毫无敬意。顾颉刚这个批判性的学者是我们在中国结交的最有吸引力的朋友之一，他的思想诚实正直进步——这在中国尤其罕见。①

可见顾立雅和顾颉刚之间也有争论，但学术观点上的争论并不妨碍他们之间的友谊。

三、卜德②

1934年10月14日，顾颉刚在日记中写道：

> 将卜德所著《左传与国语》汉文本重作，一天毕，约四千字。……卜德，哈佛大学派到北平之研究生，来平两年，竟能以汉文作文，其勤学可知。所作《左传与国语》一文，写来已数月，予初托孙海波君改，谢不敏。希白亦谓无办法。予嘱其寄来，今日费一日之力为之，以就稿改削不便，索性猜其意而重作之，居然可用矣。③

这篇由顾颉刚根据卜德（Derk Bodde，1909—2003）意思大加改写而成的论文两个月后即刊发于《燕京学报》第16期④。《燕京学报》第16期本来应该由顾颉刚主编，但因为继母1934年8月去世，顾回杭州奔丧并处理后事，编辑工作交给了燕大国学院同事容庚（希白）。据日记可知，顾颉刚在离开北京前就已收到了卜德的论文，但修改工作一直没能落实，最后只好让容庚把稿子寄到杭州，自己动手来改。

---

① ［美］海伦·斯诺《旅华岁月》，世界知识出版社1985年，第86页。
② 卜德，美国宾夕法尼亚大学汉学研究创始人，长期（1938—1975）担任该校教授。曾当选1968—1969年度美国东方学会主席，1985年获得美国亚洲学会杰出贡献奖。
③ 《顾颉刚日记》卷三，第247—248页。
④ 1934年12月，第161—167页。

替别人改文章是一件难事，更别说是为一个美国人改中文文章，所以即使是容庚、孙海波这样的国学专家也只好敬谢不敏。但会者不难，顾颉刚居然用一天时间就修改完毕，难怪他不无得意，他在这一天日记的最后写道："我真不懂，别人的本领何其小，我的本领何其大？大约此无他，有胆量敢负责任否尔。"① 如果没有顾颉刚的胆量和负责，卜德的这篇论文恐怕就无缘《燕京学报》了。

卜德在北京留学期间（1931—1937）曾写过几篇英文文章，但中文文章则只有《左传与国语》，就笔者所知这也是他一生中所写的唯一一篇中文文章。

关于《左传》与《国语》的关系，康有为在《新学伪经考》中提出过一个大胆的看法：《左传》与《国语》本来是一本书，所谓《左传》是刘歆割裂《国语》而成。晚清以来，支持这一观点的有梁启超、钱玄同等今文学者，反对者则有以章太炎为代表的古文学者。卜德是第一个对此发表见解的美国学者，他的观点是《左传》与《国语》是两本书。

在这篇文章中，卜德首先从语言层面分析了两书的一个明显差异。他指出：

> 《左传》最喜欢引《书经》和《诗经》，《书》，它引过四十六次；《诗》，引过二百零七次。但是那部比了《左传》分量约少一半的《国语》，所引《诗》《书》并不止减少一半，它只引了十二次《书》，二十六次《诗》。这实在太少了！尤其是《诗》的比例，只有八分之一。况且《国语》引《诗》不但只有二十六次，而且在这二十六次之中，有十四次都在一篇里。所以，除了这一篇之外，其余十分之九的书里，只引了十二次《诗经》而已。

对于这个大不相同的情形，卜德认为只有两种解释："一、《左传》和《国语》所根据的材料不同；二、《国语》的作者对于《诗》学没有深研，或者他对于引《诗》的癖好及不上《左传》的作者。"除此之外，卜德又指出另外一个语言上的差异：

---

① 《顾颉刚日记》卷三，第248页。

> 《左传》和《国语》中提到的"天"字，真是多不胜数。然而"帝"或"上帝"两个名词（用作"天"解，不作"皇帝"解），在《左传》中只有八次，而在分量少了一半的《国语》里却已说到十次。"上帝"不单称"帝"，《左传》中只有四次，而在《国语》的十次之中，只有一次单言"帝"，余俱为"上帝"。①

这样的大差别，显然不是偶然的。在分析完语言上的差异后，卜德又分析了两书内容上的差异。

10多年后，顾颉刚仍然没有忘记卜德和他的这篇论文。1947年，顾颉刚出版了《当代中国史学》一书，在论述古书年代考订的一节中他写道：

> 除了《尚书》以外，比较为中外学者所深切注意的，便是《左传》和《国语》的著作时代问题，因为这个问题已为晚清今文家所提出而没有解决。国外学者对于这问题有研究的要算高本汉了，他著有《左传真伪考》，从文法上证明《左传》非鲁人作，而《左传》与《国语》确为用同一方言人所作，但决非一人之作品。此外卜德著有《左传与国语》一文，由二书的引《诗》多寡上及用"帝"与"上帝"的多寡上，证明二书原非一物。国内学者对此问题做考论的很多，冯沅君、童书业、孙海波、杨向奎诸先生对此问题都曾做比较研究。……关于这个问题到现在还没有得到定论，总之，《左传》和《国语》二书决非春秋时代的作品，是可以无疑的了。②

顾颉刚的《当代中国史学》出版后很快成为一部名著，它全面总结了百年（1845—1945）中国历史学的发展，其中直接提到的外国人不多，且多是日本老牌汉学家，卜德是极少数西方学者之一，这对于一个年轻的汉学家来说，不能不说是一个无上的荣誉。

---

① ［美］卜德《左传与国语》，载《燕京学报》1934年第16期，第162—163页。
② 顾颉刚《当代中国史学》，上海世纪出版集团2006年，第123—124页。

顾颉刚在上文中提到的瑞典学者高本汉（Bernhard Karlgren）是20世纪西方最重要的汉学家之一，他的一大贡献就在于创造性地使用纯粹语言学的方法来解决中国古籍的校释、考证和年代等问题。他的《左传真伪考》（On the Authenticity and Nature of the *Tso Chuan*）一文最初发表于1926年的《哥德堡大学年刊》上，1927年由陆侃如翻译成中文于该年10月由上海新月书店出版，胡适曾专门为该译本撰写序言——《〈左传真伪考〉的提要与批评》（后收入《胡适文存三集》），可见中国学者对此文以及高本汉研究方法的重视。卜德在语言层面对《左传》和《国语》的比较并指出两者的差异显然是受到了高本汉的启发，并继续向前迈出了一大步。

除了1934年10月14日有关《左传与国语》一文的记录外，我们还能在《顾颉刚日记》中看到他们两人交往的更多情况：

1933年2月9日：博晨光偕卜德来访。

1934年5月18日：开哈燕社同学会。……今午同席：Sickman、Bodde、Creel、亮丞、文如、煴莲、希白、东荪、予、博晨光（以上客）、司徒雷登（主）。

1935年11月27日：写卜德信。

1936年5月31日：今午同席：毕乃德夫妇、博晨光、海松芬、容八爱、谢强、李瑞德夫妇（先行）、薛瀛伯、起潜叔、卜德、朱士嘉、予（以上客）、邓嗣禹（主）。

1936年6月4日：写卜德信。

1936年6月11日：到西裱褙胡同卜德家吃饭。十时辞出。……今晚同席：福开森、汤用彤、张亮丞、袁同礼、尚有美国人二、予（以上客）、卜德（主）。

1937年3月26日：今午同席：魏道明、富路德、卜德、鞠清远、马乘风、方志澎、予（以上客）、魏特夫（主）。

1937年5月30日：到西大陆春赴卜德宴。……今午又同席：芝生、亮丞、汤用彤、佟晶心、罗文达、尚有西人二人、王继曾、王君、予（以上客）、卜德（主）。

1937年6月16日：到同和居宴客，九时散。……今夜同席：魏特夫夫妇、卜德、刘寿民、汪叔棣、周杲、张铨、林卓园、连士升（以上客）、予（主）。①

除了以上3位外，和顾颉刚有过交往的美国汉学家还有富路特（Luther Carrington Goodrich）和孙念礼（Nancy Lee Swann）。② 富路特在北京进修期间（1930—1932）曾得到顾颉刚的指点。1938年，富路特将顾颉刚《明代文字狱祸考略》翻译成英文出版。顾颉刚的原文发表于《东方杂志》1935年第32卷第14期，译文则刊登在1938年12月出版的《哈佛亚洲学报》第3、4期合刊上。富路特在译文第一个注释中说，他感到"遗憾的是不能将翻译的全文给作者过目，否则他一定会指出不少错误来"③。孙念礼在北京留学期间（1925—1928）曾就自己的博士论文《班昭传》（*Pan Chao, Foremost Woman Scholar of China*，后于1932年出版）向顾颉刚请教。顾颉刚在1926年5—7月的日记中多次提及孙念礼。④

恒慕义、卜德、顾立雅等人是美国第一批专业汉学家，他们都曾在20世纪20—30年代在北京留学，回国后则一起开创了美国汉学的新纪元。⑤ 他们留学的年代正是中国学术的繁荣时代，一大批优秀的中国学者汇聚在北京，其中不少人都曾给予这批美国留学生指点和帮助，也在一定程度上促进了美国专业汉学的产

---

① 《顾颉刚日记》卷三，第13、190、414、480、482、484、623、647、648、655页。
② 富路特（Luther Carrington Goodrich, 1894—1986），美国哥伦比亚大学汉学研究创始人，长期担任该校教授（1927—1961），曾担任1946—1947年度美国东方学会主席、1956—1957年度美国亚洲学会主席。孙念礼（Nancy Lee Swann, 1881—1966）是美国第一位获得汉学博士学位的女学者，长期担任葛思德东方图书馆馆长（1928—1948）。
③ Ku Chieh-Kang and L. Carrington Goodrich, "A Study of Literary Persecution During The Ming", *Harvard Journal of Asiatic Studies*, Vol. 3, No. 3/4（1938），p. 254.
④ 详见《顾颉刚日记》卷一，第745、748、767页。
⑤ 详见顾钧《第一批美国留学生在北京》，载《读书》2010年第4期，第96—101页。

生。顾颉刚与这批留学生的交往无疑是最好的例证。此外，这批美国汉学家关于自己北京留学生活的记录很少，顾颉刚的日记（可惜书信均丢失）恰好填补了这方面的空白。中外学者的密切交往也是民国时期北京（中国）学术繁荣的一个显著特点。

第二节　20世纪30年代美国青年汉学家在北京的出版活动

第二次世界大战之后，西方汉学研究的中心开始从法国向美国转移，这当然大大得益于战后美国政治、经济、军事地位的迅速提升，而同时也和以费正清（John K. Fairbank）为代表的第一代美国专业汉学家的闪亮登场密切相关。考察第一代美国汉学家的学术背景就会发现，他们虽然有着不同的师承和不同的研究领域，但却拥有一段共同的经历——20世纪30年代都曾留学北京，短则一两年，长则五六年。这批人除了费正清之外，主要还有毕乃德（Knight Biggerstaff）、顾立雅、卜德、恒慕义等20多人。他们在北京学习、进修的过程中，陆续发表了一些研究成果，其中大部分刊登在北京的学术刊物上，或由北京的出版机构出版。与他们日后的著作相比，这些早期的作品可能显得有些粗浅和幼稚，但谁能不经过磨炼，一出手就可以"惊风雨""泣鬼神"呢？

一、费正清

费正清在留学北京期间（1932—1935）发表了学术处女作。这篇题为《1858年条约前鸦片贸易的合法化》（*The Legalization of the Opium Trade before the Treaties of 1858*）的论文围绕这样一个中心问题展开：为什么鸦片输入中国为合法这一条款会被写入1858年11月8日中英签订的《通商章程善后条约》？是由于英国的武力逼迫（这是普遍流传的看法），还是有其他原因。

费正清的论文共分六个小节：（一）19世纪50年代的间歇期；（二）英国政府的鸦片政策；（三）中国实施禁烟；（四）中国对鸦片贸易课税的建议；（五）中国

地方当局征收烟税的情况；（六）一点阐释。在文章的开篇，费正清明确指出：

> 鸦片贸易是19世纪的一件大事，历史学家迟早都应该分析其原因、活动和影响。它同中外关系的各个方面——商业、政治和文化关系息息相关，因此它的具体情节迟早也应该通这个时期所有其他方面一样考订出来，并把两者之间的关系阐述清楚。①

他写这篇文章目的在于利用掌握的资料，揭示事实，引起更多学者对这一问题的关注。在文章的第一小节，费正清指出，19世纪50年代随着英美商人想在条约口岸买到更多的丝绸和茶叶，他们也就必须在口岸外销售更多的鸦片，以便筹集必要的资金。"由于中国人不买外国制成品，外国商人购买中国产品最方便的方法，要么像17和18世纪所做的那样，大多使用带来的成船的白银，要么像19世纪初以来日益普遍的做法那样，使用成箱的鸦片。"② 这样，丝、茶贸易和鸦片贸易就像一个连体婴儿那样不可分离，但问题是前者是合法的，而后者是非法的——1842年的《南京条约》没有给予鸦片贸易以法律根据。在接下来的两个小节中，费正清考察了1842—1858年中英双方的政策，中国是厉行禁烟，而英方则采取不予支持和保护，实际是放任自流和纵容的政策。但中方的禁止也不是各地都一样，"禁烟在北方较为得力，特别是京城地区，一直坚持到较后的日子；在南方各省，鸦片输入与日俱增，种植鸦片也已经开始，而镇压措施却越来越少"③。在鸦片泛滥难以禁止的情况下，中国官员开始陆续建议将鸦片作为合法贸易品进行征税。费正清在文章的第四小节对此进行了考察，他指出，头一个建议征收烟税的官员是湖广监察御史汤云松，时间是1851年1月16日，但这位御史的奏疏未见下文。两年后，张炜、吴廷溥两位御史上了同样内容的奏折，

---

① John K. Fairbank, "The Legalization of the Opium Trade before the Treaties of 1858", *Chinese Social and Political Science Review*, No. 7（1933-1934）, p. 14.
② "The Legalization of the Opium Trade before the Treaties of 1858", p. 216.
③ "The Legalization of the Opium Trade before the Treaties of 1858", pp. 225-226.

这次得到了皇帝和军机处的重视，但他们的意见未被采纳，军机大臣们在答复中强调补救的办法不是使鸦片合法化，而是更严厉的镇压。但不久太平军占领了南京（1853年3月）并席卷东南几个最富庶的省份，造成了清政府的财政危机，于是征收烟税的问题再次提出并在一些地区得到了部分的实施。在文章第五节，费正清以上海、宁波、福州、厦门四个口岸为例，具体说明了1855—1858年征收鸦片烟税的情况。1853年以来，尽管北京政府还在强调禁烟，但地方政府为了解决为军队发饷等财政问题已经开始悄悄地向鸦片征税，而福州、厦门则更把征税公开化（1857年），这些都成为在全国范围内将鸦片贸易合法化的前奏。通过以上的分析，费正清在结论部分指出，那种认为1858年英国强迫中国皇帝使鸦片贸易合法化的流行说法是不完全正确的，只说出了一半事实，另一半事实是"中国人希望通过对鸦片贸易全面征税，增加收入"，所以"承认鸦片贸易也是中国内政问题产生的结果"。①

费正清这篇文章的重大突破在于使用了中文资料。在他之前，马士（Hosea B. Morse）在权威性的《中华帝国对外关系史》（*The International Relations of the Chinese Empire*）一书中也讨论过鸦片贸易问题②，但马士完全依靠外文材料，没有直接使用中文资料。费正清论文的一半是讨论1853年到1858年中国地方官员是如何不执行中央政府的禁烟令而自行征收烟税的，这部分内容在马士的书中完全没有。利用原始的中文档案进行近代史研究是费正清的一大特色，这在第一篇文章中就显露无遗。

费正清的处女作完成后，发表在《中国社会及政治学报》1934年第17卷第2期上。中国社会及政治学会是1915年由一批中外人士共同在北京发起建立的。1916年，该会创办了英文会刊《中国社会及政治学报》（*Chinese Social and Political Science Review*），第1期于4月出版，以后每个季度出版1期，4期为1卷，1941年终刊。

---

① "The Legalization of the Opium Trade before the Treaties of 1858"，p. 263.
② 第一卷第八章《鸦片问题》，第二十三章《鸦片，1842—1858》。

二、毕乃德

在《中国社会及政治学报》上发表过论文的还有毕乃德,共两篇,第一篇《同文馆考》载第 18 卷第 3 期,第二篇《中国常驻外交使团的建立》载第 20 卷第 1 期。但毕乃德更看重的是他与中国学者邓嗣禹合作的英文本《中国参考书目解题》(*An Annotated Bibliography of Selected Chinese Reference Works*)一书,1936 年由燕京大学哈佛燕京学社正式出版。

编写这本书的目的,正如前言中所说,"是为了向西方学者初步介绍中国研究领域最为重要的参考书"①。该书将中文参考书分为八大类:书目、类书、辞书、地理著作、传记著作、表格、年鉴、索引,共介绍了近 300 种参考书目。每一种书目都是先介绍作者、主要版本,然后对内容和价值进行简要评述。如综合性书目类中的《书目答问补正》条是这样的:

《书目答问补正》,5 卷。张之洞在缪荃孙的协助下编写,张的序言写于 1875 年(清光绪元年)。范希曾又对之进行了修订、增补。南京国学图书馆 1931 年活字版,2 册。这份精心编选的书目收录了晚清时期依然存在的 2266 种重要书籍。一代鸿儒张之洞于 19 世纪 70 年代编写了这本书,目的是方便初学者查找文献。该书原名《书目答问》,多次印刷。20 世纪 20 年代目录学家范希曾对原书进行了修订增补,他的增补在现在的版本中用"补"字标示。前 4 卷按照传统的经史子集顺序编排,每一种书给出卷数、作者名字、朝代以及编者和修订者所知道的所有不同版本,不少条目还有关于该书内容和价值的简要说明。第 5 卷开列了一些丛书目录,使本书成为中国第一本将丛书单列的书目。另外本书还附有编者认为对初学者而言最为重要的书籍目录以及清朝著述诸家名录。这些著述家被分为 14 类,按照时间先后排列,名字第一次出现时编者也给出了他们的字号和籍贯。本书无疑是《四

---

① Ssu-yu Teng and Knight Biggerstaff, *An Annotated Bibliography of Selected Chinese Reference Works*, The Harvard-Yenching Institute, Yenching University, 1936, p. iii.

库全书总目》之后最为重要和最广泛使用的书目。对于某个领域的专门研究者来说，本书目可能不够完备，但对于想全面了解中国典籍的人说，本书是必不可少的。①

书目是通向学术研究的起点，重要性不言而喻。而对于中国研究来说，则更显得重要。因为中国历史长，文献多，目录学自刘向、刘歆父子以来早已成为专门的学问。因此该书出版后立刻得到了国际汉学界的广泛欢迎，1950年和1971年又出过两个修订版（均由哈佛大学出版社出版），一直被作为中国研究的最优质入门书之一。

三、顾立雅

除了用英文出版著作，留学生们还尝试用中文发表论文。在这方面成绩最突出的是顾立雅，代表作是《释天》②。

顾立雅此文的目的是想探讨中国古代天神观念的起源。从传世文献来看，似乎商人就已经有了天神观念，如"天命玄鸟，降而生商"（《诗经·商颂·玄鸟》）；"惟天监下民，典厥义"（《尚书·商书·高宗肜日》）。顾立雅经过研究后认为其实不然：

> 《商颂》五篇乃西周中叶以后宋国人之所作，此在中国学者已成定谳。《今文尚书·商书》凡五篇，其中天字共见十八次。然吾人细加考察，知此五篇亦周人所作。《汤誓》之文法与西周金文相近，其所函之意义亦与西周人之言论相同。《盘庚》三章之文法则同东周时之金文，其文气甚顺，多用"之"字为连接词，不仅非商人之文，且不能视为西周初年之文。……《古史辨》第一集顾颉刚先生谓《盘庚》为商书中之唯一可信者，至于近年，顾氏之意见已与前日不同。顾氏曾与余言，《盘庚》乃周初人所作，至东周以后曾经学

---

① *An Annotated Bibliography of Selected Chinese Reference Works*, pp. 2-3.
② 载《燕京学报》1935年第18期。

者所修改，则《盘庚》亦非商代文字。《高宗肜日》……如为武丁时作，则祖己对其父所陈说之词，于礼亦不合。如以为在祖庚时作，则是时祖己恐已去世，因其弟祖庚已继位为王。……学者又谓祖己为殷臣，其说又有抵牾。……盖此文为周人所作，因其文法与西周金文相近，其中故事亦周人所杜撰，周人但知祖己之名贸然引用，而不知祖己乃王子而未就位者，故文中措辞屡有失当之处。《西伯戡黎》乃周人对于殷代灭国事之宣传，假殷臣祖伊之言以出之，谓殷社将绝，乃曰"天既讫我殷命"，又曰"殷之即丧"，又曰"今我民罔勿欲丧"。凡此数语，皆非殷臣对天子所应陈述之词。且此处言殷者二次，殷字为周人名商之词，此字甲骨文字中所未见。且文中述祖伊生时之言而称之曰祖，亦可证其出于后人所追述。……《微子》为周人攻击商人更激烈之文字，在《微子》中言商人无一可取，又文中屡用殷字。其所用语辞如"微子若曰""父师若曰"，据金文以证之，"若曰"之词皆出史臣之笔，如此重要言论不能出之史臣，亦可证《微子》非商代之文。①

所以《诗经·商颂》和《尚书·商书》中虽然有天神观念的痕迹，但不能因此说商人已经有天神观念。顾立雅认为，天神观念是周人建立的，在没有打败商朝以前就有了，克商建立周朝后则更加发达。

天是周人的神，那么商人的神是什么呢？顾立雅在研究甲骨文字时发现"帝"字很常见，"殷人言帝或上帝，其见于孙海波氏之《甲骨文编》者有六十三处"，而"天"字则很少见，主要用法也是代"大"字。② 等到两个部落接触特别是周克商以后，"帝"与"天"出现了同化的趋势："此事如希腊之 Hera 与罗马之 Juno 本二神，Aphrodite 及 Venus 亦二神；名虽异，其后二民族日渐同化，皆认为同一之神，'帝'与'天'字之关系亦如是。"③ 顾立雅此文的最终结论是：

---

① ［美］顾立雅《释天》，载《燕京学报》1935 年第 18 期，第 63 页。
② 《释天》，第 60—61 页。
③ 《释天》，第 66—67 页。

天之本谊为大人之象形字，即有地位之贵人。其后即以此名祖先大神，而此天字乃代表多数之祖先大神，执掌生民之事。其后用之既久，因多数之神所造成之集团，亦名为天，而忘其本有多数之义矣。在上之神名之曰天，因是名其所居之地亦曰天：此皆周人克商以前所用之义。及与商人文化相接之后，上帝之于商人，其性质如天之于周人。其后两民族日渐同化，以为上帝与天乃一神之异名。故周人之文字中同言一神，或名为天，或名为上帝：其意义之沿革如是。①

值得注意的是，虽然天与帝逐渐同一，但在西周金文、《诗经》和《尚书》中，"天"用来指称天神的频率还是远远大于"帝"和"上帝"。顾立雅给出了这样一组数字：

　　在《诗经》中所有天字之作天神观念用者凡一百零六次，而帝字作上帝用者只三十八次。《尚书》中有七篇可定为周开国时之作者（《大诰》《康诰》《酒诰》《洛诰》《多士》《君奭》《多方》），在此七篇文字中天字凡见九十七次，帝字只见二十次。金文中可信为西周之作，而见于郭沫若《两周金文辞大系》及吴其昌《金文疑年表》者凡二百十九篇，其中天字共见七十五次，帝与上帝共见四次。②

可见周人在指称天神时还是更偏向于使用自己原有的称谓。

四、卜德③

和顾立雅一样，卜德在北京进修的主要科目也是中国哲学史，他后来把冯友

---

① 《释天》，第71页。顾立雅在《中国之诞生》（英文，1936年，第342—343页）中再次论证了这个观点。
② 《释天》，第65页。
③ 详见本书第二章第三节。

兰的《中国哲学史》译成英文。但随着阅读范围的扩大和生活体验的丰富，卜德逐渐认识到，中国的文化精神是异常丰富的，不仅体现在四书五经和其他经典著作中，也体现在老百姓日常的衣食住行之中。《燕京岁时记》很快进入了他的视野，该书是一部记录北京岁时风物民俗的专书，以新年第一天开始，逐日逐月地介绍各种节日、庙会、食物、游戏以及有关的名胜古迹，生动而全面地展现了老北京的风俗。该书打动卜德的一点就是"书中一次都没有直接提到孔夫子"，他认为由此可以看出，"儒家虽然形塑了统治阶层和知识分子阶层的思想和道德，但对于一般老百姓的影响却相对很小，他们的思想意识更多地体现在日常的节日和习俗中"①。20世纪30年代虽然离敦崇写作《燕京岁时记》的年代（完成于1900年，刊印于1906年）相去不远，但其中记录的一些节日已在淡化或消失。卜德在留学过程中对北京的生活越来越迷恋，他的翻译就个人来说是出于思古之幽情，而从学术上来说则是为了让西方读者更好地了解老北京的生活，从而让他们从社会底层的方面了解中国的思想。

翻译《燕京岁时记》（*Annual Customs and Festivals in Peking*）的一大困难在于其中有太多的专有名词，很难迻译。卜德的做法基本上是直译，遇到个别极难翻译之处则采取意译或部分省略的方法。

卜德的"译者前言"写于1935年9月21日，由此可知他在此前已经完成了翻译工作。译本正式出版是在1936年，出版者是当时在北京十分活跃的法文书店，其老板是热心文化事业的法国人魏智（Henri Vetch），书店的办公室设在北京饭店。

五、恒慕义

留学生在北京期间都忙于自己的学业，但也不是完全"两耳不闻窗外事"。恒慕义的《关于文学革命的几点思考》（Some Thoughts on the Literary Revolution）一文最好地说明了这一点，该文发表在1926年的《新华文》（*The New Mandarin*，北京华文学校校刊）上。

---

① Derk Bodde, *Annual Customs and Festivals in Peking*, Henri Vetch, 1936, p. x.

恒慕义在文章的一开头就指出文学革命"是今天中国最有希望的运动,对中国人思想产生的深远影响远远超过辛亥革命"①。为什么这么说呢?

> 因为中国今天发生的真正变化是在文化方面,而不是政治方面,所以大多数外国人都感受不到它真正的意义,他们一方面对中国文化了解甚少,另一方面习惯于从政治角度衡量所有运动(也是他们最熟悉的角度)。但中国与其说是一个政治体,不如说是一种文明体。所以与其用政治理念来衡量中国的发展,还不如用在广大帝国发挥凝聚和融合力量的文化来衡量。……遵循这样的民族特色,今天最有头脑的中国人关心的首要问题是重估他们的民族文化,而不是我们认为最急迫的问题——宪政、国会、投票。他们可能没有明说,但他们的行动表明辛亥革命是不成熟的。他们知道,政治的重组必须在文化的重建后才能水到渠成。当一个民族还没有统一的国语的时候,期望国会能够有所作为只是空想。当一种文字只有少数人理解而多数人不知所云的时候,全民教育、社会责任、政治民主等等美好的愿望只能是纸上谈兵。不去料理根部只去修理枝叶是不会有任何效果的。②

恒慕义这段话很好地说明了用英文向外国人阐释"文学革命"的重要性,让他们明白,这场由几个文人学者发动的革命比辛亥革命更深刻地影响了中国未来的道路。

在接下来的部分,恒慕义集中笔墨说明了白话取代文言的必然性以及文学革命先驱所做出的贡献。文言对于中国一般的老百姓来说都很难,何况对于外国人呢?恒慕义在文章的最后说:

> 文言的艰深使大部分西方人根本无法掌握中国文明的要义。现在有了这

---

① Arthur W. Hummel, "Some Thoughts on the Literary Revolution", *The New Mandarin*, Vol. 1, No. 3 (1926), p. 8.

② "Some Thoughts on the Literary Revolution", *The New Mandarin*, Vol. 1, p. 11.

个新的，也是简单得多的语言媒介，他们至少能够明白今天的中国人是如何看待他们古老文化的。这对于民族间的相互理解和将来国际的友好相处都将发挥无法测量的影响。①

这是就西方普通民众而言，对于专门研究中国的汉学家来说，文言虽然不是障碍，但白话显然更为明晰，更容易理解。恒慕义在北京期间的一项重要工作，就是将顾颉刚的《古史辨自序》翻译成了英文，这篇洋洋洒洒6万多字的文章不仅具有很高的学术价值，也被认为是现代白话散文的代表作（后曾收入周作人编选《中国新文学大系·散文一集》）。在恒慕义之后，陆续有西方汉学家将中国现代小说、诗歌等翻译成外文并展开研究，他们的目光不再只盯着古代的诗词歌赋。从学术上来讲，文学革命造就了一个全新的研究领域。

---

① "Some Thoughts on the Literary Revolution", p. 12.

第二章　近代美国汉学家的北京经历及其著述

第一节　卫三畏的北京经历与《汉英韵府》

1859年7月27日对于中美关系史来说是个重要的日子，这一天20个美国人在美国公使华若翰（John E. Ward）的带领下进入了北京城。这是1784年中美正式交往以来首批进入北京的美国人。① 卫三畏（Samuel Wells Williams，1812—1884）作为参赞和翻译随同美国使团进入北京并在北京住了两个星期，成为18世纪末中美开始交往以来首批进入北京的美国人之一。此次来京的目的是觐见咸丰皇帝递交美国总统致其的亲笔信，并交换批准的《天津条约》。但由于觐见皇帝的礼仪这一老问题无法解决，使团成员游览北京的愿望也没有能够满足，因为中方的理由是，只有见了皇帝之后，才能安排游览。在北京期间使团被安排住在朝阳门附近的一个王府中，不能随便出入，也不能随便走动，就连向中国人要一张北京地图的愿望也没能实现。这一连串颇为让人失望的结果影响了卫三畏对北京的第一印象，在私人日记和公开发表的《美国使团北京之行纪实》（Narrative of the American Embassy to Peking）② 一文中，卫三畏传递的北京形象是炎热的天气、尘土飞扬的街道、低矮的民房，而清朝官员拖沓的办事风格和出尔反尔的态度更是让他不满。

这样的北京形象与10年前卫三畏在《中国总论》（The Middle Kingdom，1848）中描写的北京形成很大的反差。在这部19世纪美国最重要的汉学著作中，卫三畏对北京古老的历史、独特的建筑风格、浓厚的文化氛围给予了相当正面的

---

① Frederick W. Williams, ed., "The Journal of S. Wells Williams, LL. D.", *Journal of the North China Branch of the Royal Asiatic Society*, Vol. 42（1911），p. 164.

② 1859年10月25日在上海举行的皇家亚洲学会北华支会的会议上宣读，并发表于该学会会刊12月号。

描述。作者对这个首善之区给予了详细的介绍，特别是紫禁城和其他皇家建筑更是他描绘的重点，并附有一幅详尽的地图。在所有建筑中他评价最高的是天坛祈年殿，认为是"全京城——乃至是全国——最卓越的建筑"①。

值得注意的是，卫三畏在《中国总论》1848年版中对北京的描绘篇幅超过对其他城市，甚至是他最熟悉的广州、澳门（在那里他曾工作生活23年，1833—1856）的介绍。其实，当时卫三畏还没有来过北京，他主要是利用前人的作品，如近期到访过北京的荷兰外交官的目击实录，另外就是早在明朝末年就在北京活动的耶稣会士的著作。好在就卫三畏所着意描写的紫禁城以及其他皇家建筑来说，它们在200年间并没有因为朝代的更迭和时光的流逝而发生太多的变化。

1863年后，卫三畏成为最早在北京长期（1863—1876）居住的美国人之一，初到北京，他的首要工作是负责建造公使馆，1866年10月新任公使蒲安臣（Anson Burlingame）到达后便入住了。卫三畏服务于美国使团的20年间，驻华公使换了一个又一个，②而他的职务始终未变——参赞兼翻译。在公使离任的情况下他曾代理公使职务多达9次。其实卫三畏是出任公使最合适的人选，但他几次和这一职务擦肩而过，其中固然有个人谦让等原因，但从更深入的层面来看，在以政党为特征的美国政治格局中，传教士出身的无党派人士很难出任高级职务。卫三畏缺少政治资本，他所依赖的是过硬的语言能力、丰富的中国经验，以及传教士的热情和投入。丁韪良（William A. P. Martin）回忆说，当美国国务卿在被问及为何不任命卫三畏为公使时这样回答："我们认为他作为公使馆参赞是不可替代的。"③ 这句颇为巧妙的回答可以很好地说明卫三畏的工作业绩，以及他与不断走

---

① Samuel Wells Williams, *The Middle Kingdom*, New York：Wiley & Putnam, 1848, Vol. 1, p. 76.
② 他们名字和任期是：列卫廉（William B. Reed），1857—1858；华若翰（John E. Ward），1858—1860；蒲安臣（Anson Burlingame），1861—1867；劳罗斯（J. Ross Browne），1868—1869；镂斐迪（Frederick F. Low），1869—1874；艾忭敏（Benjamin P. Avery），1874—1875；西华（George F. Seward），1876—1880；参见 Tyler Dennett, *Americans in Eastern Asia*, New York：Barnes & Noble, Inc., 1941, pp. 705-706；《清季中外使领年表》，中华书局1985年，第60页。
③ 丁韪良《花甲忆记——一位美国传教士眼中的晚清帝国》，广西师范大学出版社2004年，第10页。

马换将的公使之间的关系。

对于卫三畏来说，在北京期间，最难忘的是1874年11月29日，这一天他陪同美国公使艾忭敏（Benjamin P. Avery）面见同治皇帝并呈交国书。这一在现代外交中常见的礼节在中国却是经过了长期的斗争（甚至是流血的斗争）才实现的。从"怀柔远人"到"平等相待"，清朝后期几位皇帝（从乾隆开始）接见外国使节的过程最好地说明了中国外交（现代意义上的）从无到有的过程。经历过两次鸦片战争的卫三畏自然十分清楚这一过程中傲慢与偏见的对峙、传统与现代的抗衡。10年后，回顾这一重要日子时，他不由想起了另一个重要的日子——来到中国的那一天："1833年我初抵广州后，我和另外两个美国人被作为'番鬼'（洋鬼子）报告给行商经官，并接受他的管理。"① 当时他也许无论如何都不会想到，40年后的一天他会以一个美国外交官的身份站在中国皇帝的面前。在这个对于国际政治和个人生命都意义深刻的日子过去两年后，卫三畏永久地离开了中国，也结束了长达20年的外交生涯。他离开北京的那一天（1876年10月25日），恰好距他到达广州（1833年10月25日）整整43年。

1876年卫三畏离开北京时就萌发了修改旧作的想法。毕竟30年过去了，中国已经发生了很大的变化。另一方面，卫三畏对中国的了解和认识也同样今非昔比。当初他对一些地方的描述（比如长城）是来自书本和耳闻，而现在则可以结合实地的考察。在新版《中国总论》（1883年）中，他对于北京的描述从原先的15页增加到了22页，在原有的北京地图之外又增加了安定门城楼、孔庙和黄寺的插图，另外在上卷的目录之前还附上了一幅天坛的彩色插图。关于圆明园，他在新版中加上了这样一句："但所有这一切景观都在1860年被英法联军摧毁，留下的废墟至今仍然触动着中国官民的排外情绪。"②

1876年离开北京时，卫三畏已成为在中国生活工作时间最长的外国人，从资历上来说超过了其他所有的英美传教士和外交官。1874年《汉英韵府》（*A*

---

① S. W. Williams, "Preface", *The Middle Kingdom*, New York: Charles Scribner's Sons, 1883, p. xiv.

② *The Middle Kingdom* (1883), Vol. 1, p. 80.

Syllabic Dictionary of the Chinese Language）的出版给他带来了极大的声誉，也很好地说明了他的汉语和汉学研究水平已经达到了一个新的层次。

《汉英韵府》脱胎于卫三畏编写的另外一部字典《英华分韵撮要》（*A Tonic Dictionary of the Chinese Language in the Canton Dialect*）。① 在讨论《汉英韵府》之前，我们有必要先了解一下这部字典。

《英华分韵撮要》出版于 1856 年，刚刚印刷完成便发生了中英之间的冲突，冲突造成的火灾使卫三畏寓所中的公私物品损失惨重，《英华分韵撮要》却得以幸存，使卫三畏六年的辛勤劳作没有白费。② 1849 年当卫三畏开始动手时，他只是想为初学者编一本汉英词汇手册，与几年前出版的英汉词汇手册（《英华韵府历阶》）配合使用。但随着工作的进展，他逐渐

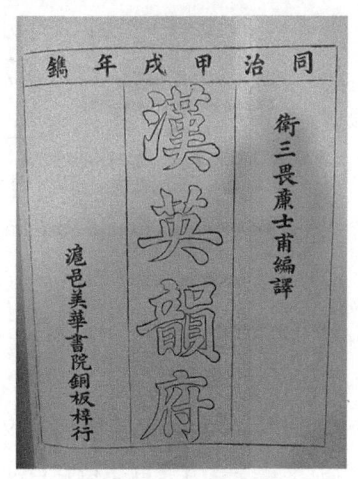

图 1　《汉英韵府》

意识到，编写一本完整的字典是更有价值的。于是他改变了初衷，在原先工作的基础上开始进行全面的增补，同时他找来了当时能够找到的所有的汉外字典，希望在继承前人的基础上有所突破。

当时通行的汉英字典中收字最多的是马礼逊（Robert Morrison）《华英字典》（*A Dictionary of Chinese Language*）的第一部分以及麦都思（W. H. Medhurst）的《汉英字典》（*Chinese and English Dictionary*），均在 4 万字以上。由于有这两部字典的存在，卫三畏觉得没有必要再编写同样部头的大字典，因为这样的字典虽然洋洋大观，但从实际使用的角度来说却不太方便。另外，他也认识到，作为上述

---

①　中文书名页的内容是：" 卫三畏廉士甫编译，《英华分韵撮要》，羊城中和行梓行，咸丰丙辰年镌。" 英文书名页的内容是：" *Ying Wa Fan Wan TsutIu, A Tonic Dictionary of the Chinese Language in the Canton Dialect*, by S. Wells Williams, Canton：Printed at the Office of the Chinese Repository, 1856."

②　*Report of the American Board of Commissioners for Foreign Missions*, Boston, 1857, p. 120.

两部字典基础的《康熙字典》收字固然全面，但"4.44万字中有1.5万左右是异体字和已经废弃的字，而在剩余的3万字当中，有足足2/3是地名、人名，都是一些在阅读中难得一见的字"①。所以他决定删繁就简，而且这样做也并非无先例可寻，马礼逊字典的第二部分和麦都思的《福建土话字典》（*A Dictionary of the Hok-keen Dialect of the Chinese Language*）收字均在1.2万左右，而当时已经出版的其他汉外字典，如小德金（C. L. J. de Guignes）的《汉法拉丁字典》（*Dictionnaire Chinois, Francais et Latin*）、公神甫（J. A. Goncalves）的《汉葡字典》（*Diccionario China-Portuquez*）、加略利（J. G. P. M. Callery）的《汉语百科辞典》（*Dictionaire Encyclopedique de la Langue Chinoise*）都只选常用字，收字数目在1.1万至1.3万之间。卫三畏觉得在这个基础上，还可以进一步精简，他最后选定了7850个汉字，"这样就可以把一本汉语字典的关键部分压缩在一个很小的空间里，使它尽可能既实用又便于随身携带，让使用者在学习常用字时感到方便"②。这是卫三畏的编写目的之一，也是这部字典的汉语名字突出"撮要"两个字的原因。

在关系字典质量的字词释义方面，卫三畏也下了很大的功夫，不仅力求对常见字的释义更为准确，而且在前人比较忽略的生物、医药、法律、诗歌等词汇方面给予了较多的篇幅，这固然有他个人的兴趣在内，但也是为了与前人的著作有所区别。试举马礼逊《华英字典》、麦都思《福建土话字典》、卫三畏《英华分韵的撮要》中的一个条目为例来说明：

鲤 The carp fish. Le yu teaou lung mun 鲤鱼跳龙门 the carp has jumped into the dragon's gate-is applied to literary men who have made rapid advances in rank. Shwang-le 双鲤 a pair of carp, now used to denote a letter, or epistle.③

---

① *A Tonic Dictionary of the Chinese Language in the Canton Dialect*, p. v.
② *A Tonic Dictionary of the Chinese Language in the Canton Dialect*, p. xxxiii.
③ Robert Morrison, *A Dictionary of Chinese Language*, Macao: East Indian Company's Press, 1815, p. 524.

鲤 A kind of carp, the chief of fresh water fish. 河鲤登龙门 The river carp has ascended the dragon's gate (alluding to the success of literary students).①

鲤 The carp (Cyprinidoe), the king of fishes, and fabled to change into a dragon; sheung li (双鲤), a letter; kam li (金鲤), yellow carp, is the most common at Canton; li fa lung (鲤化龙), the carp has become a dragon, met. rapid promotion in office.②

1856年,当《英华分韵撮要》(后文简称《撮要》)出版时,卫三畏的身份已经发生变化,从原先的美部会传教士印刷工转变成美国驻华使团的参赞兼翻译。1863年美国使团正式进驻北京,卫三畏从此开始了在中国最后一个阶段的生活。《汉英韵府》正是完成于这一时期。

新字典的编写工作是在修改《撮要》的基础上展开的。第一步是重新安排《撮要》中的汉字,《撮要》是根据一部已有的广东方言字典《方音》的音节来排列汉字的,而新字典则是根据《五方元音》。卫三畏选择这部韵书作为自己的基础是因为《五方元音》"纯用方音",③ 它记录了17世纪河北的语音系统,与19世纪中叶的北京话大致相同,另外它是按照音节排列汉字,而不是像中国的其他许多韵书那样按照声调排列,如《五车韵府》,前文已经提到,马礼逊在编写《华英字典》第二部分时由于选用了这部韵书而不得不把原书的排列打乱,给自己的工作带来不必要的麻烦。《五方元音》用12韵目(天、人、龙、羊、牛、獒、虎、驼、蛇、马、豺、地)和20字母(梆、匏、木、风、斗、土、鸟、雷、竹、虫、石、日、剪、鹊、系、云、金、桥、火、蛙)来拼读汉字,头绪比较简单(《康熙字典》用36字母)。与常见的韵书《广韵》以"东"(tung)开始不同的是,《五方元音》以"ien"作为第一韵,这样拼读出来的第一个字就是"边"(pien),但

---

① W. H. Medhurst, *A Dictionary of the Hok-keen Dialect of the Chinese Language*, Macao: East Indian Company's Press, 1832, p. 433.

② *A Tonic Dictionary of the Chinese Language in the Canton Dialect*, p. 234.

③ 永瑢等《四库全书总目》,中华书局1965年,第393页。

在卫三畏的字典中，第一个字是"挨"（ai），"边"在第686页，为什么是这样呢？因为《汉英韵府》是以拼音的罗马字母顺序排列的，这样排在最前面的3个音节便是"ai, ang, cha"；按照ABCD……的顺序"pien"当然要排在后面。在这一点上《汉英韵府》和许多按照罗马字母拼音顺序排列的字典是一样的，但在具体每一个汉字的拼读方式上，不同的字典之间存在差异。比如为了表示汉语中类似英语ai的音节，小德金、马礼逊和卫三畏分别使用"ay, ae, ai"。我们发现，在《汉英韵府》中，"挨"（ai）的拼法和我们今天使用的标准拼法是相同的，而"边"（pien）则在声母上存在清浊的差异，但已经颇为接近，大同小异了。《汉英韵府》注音以北京官话作为标准，但同时也提供了每个字在广州话、厦门话和上海话中的发音，并且第一次采用了统一的注音方式，具有整合以前多种方言字典的功能。此外，在收字方面，《汉英韵府》也达到了以前几部大字典的规模（共12527个字），种种迹象表明，《汉英韵府》在原先《撮要》简便实用的基础上走向了全面和综合。

卫三畏之所以要编写这样一本大规模的汉英字典是基于多种考虑的。首先，自从马礼逊《华英字典》问世以来，虽然出现了一些综合性和方言性的字典，如麦都思的《福建土话字典》、裨治文（Elijah C. Bridgman）的《广东方言读本》（*A Chinese Chrestomathy in the Canton Dialect*），但印刷数量都不大，多年之后已经很难得到，而在这多年之中学习汉语的人数则翻了10倍。仍在不断翻印的马礼逊字典，尽管价值不容置疑，但毕竟是半个世纪以前的作品，已经不能完全满足当代的需要。

许多热心的读者都盼望卫三畏的新字典能够早日面世，但卫三畏不可能心无旁骛地从事编写工作。北京的公使馆刚刚建立，他必须花费大量的时间处理公务。另外，由于公使不断走马换将，他不得不经常代理公使的职务，在1869年底的一封信中他写道：

> 我原计划明年在上海继续待一段时间，专心编我的字典，然而劳罗斯（J. R. Browne）先生突然离任，把公使馆的工作又推给了我。十四年前我从马沙利（Humphrey Marshall）手中第一次接管这一工作，如今已是第八次了。

我不得不返回北京料理那边的事务，做些个人力所能及的事情。我独自一人，连个抄写员也找不到，我只有让几位传教士在传教之余替我做些抄写工作。不过我已不再年轻，我只希望还有足够的体力。我在中国已经生活了三十六年，精力与耐力都开始走下坡路了。①

卫三畏开始编写《汉英韵府》时已经年过半百，而完成时则已是花甲之年。如果没有毅力和恒心，特别是坚定的信仰，这一工作是难以完成的。他在为新作所写"前言"的一开头就说起了马礼逊：

五十二年以前，马礼逊博士用这样一句话来结束自己为字典所写的前言，并以此表达得以完成八年辛苦工作的感激之情——"感谢上帝的眷顾，1822年4月9日于广州"。在他本人自存的一部（1834年他的儿子将它赠送给了我）上，他写了这样的话："光荣属于上帝，1828年11月12日，马礼逊"。②

传教士不远万里来到中国，靠的是一种信仰的力量，凭一己之力完成厚达千页的字典靠的仍然是信仰的力量。

马礼逊《华英字典》是六卷本的巨著，共分三部分：第一部分是汉英字典，按照汉字部首排列，三卷；第二部分也是汉英字典，但按照汉字的罗马拼音排列，两卷；第三部分是英汉字典，一卷。这六卷巨制（共计达5000页左右）花费了马礼逊长达8年的时间（1815—1823）才告完成，是他一生最重要的汉学著作。对此卫三畏在1848年版《中国总论》做了这样的评价：

它大大提升了人们对于汉语的知识，对于传教工作的帮助则更要大上数

---

① "S. W. Williams to G. T. Olyphant, 6 Nov. 1869," *Samuel Wells Williams Family Papers*, Series 1, Box 4.

② S. W. Williams, "Preface", *A Syllabic Dictionary of the Chinese Language*, Shanghai：American Presbyterian Mission Press, 1874, p. v.

倍。第二部分今天仍然是最好的汉英字典，如果当初作者对这一部分以及英汉部分多用一些力气，而不去做第一部分，那么就会使它更便于使用，也更便宜，作者的计划过于庞大，超出了一个人的能力范围，这也导致了许多内容的重复。①

尽管有这样那样的问题，马礼逊以一人之力完成了这样大规模的著作，是非常不容易的。

马礼逊《华英字典》第二部分最为流行，影响也最为深远。这一部分（1819—1820年出版）包括两卷，第一卷按照汉字音节的罗马字母顺序排列，包括12680个汉字，它们被归在411个音节下面，从"A"开始，到"Yung"结束。至于在每个音节下汉字的排列顺序，马礼逊则基本遵循了笔画多少和部首先后的原则。第二部分第二卷由六章组成：在第一章中马礼逊列出了214个部首并解释了它们的名称和意义；第二章是第一卷中所有12680个汉字的索引，按照214个部首以及笔画多少（除部首外）顺序排列，每一个字的读音和在第一卷中的页码都被标示出来；第三章是《分类汉字表》，按照每个汉字的笔画数一一排列，其中一部分字不在上述12680个之内，所以它们的读音和意思只能到《华英字典》第一部分中去寻找；第四章是《辨字表》，目的是帮助读者区分字形相似的汉字，少至2个，多至5个，这个表格是从《康熙字典》中抄录的；第五章也是一个表格，列出了按照字母顺序排列的英文单词以及对应的汉字在第一卷中的位置（通过序列号），如"accident"一词对应于第9168个汉字，马礼逊希望这个表格对那些已经有了一些中文基础的学生在说、写汉语时能够起到提示的作用；第六章《同文》列举了同一个汉字的多种不同写法：楷书、行书、草字、隶书、小篆，同样是用表格的形式出现。由此不难看出，这一部分虽然是两卷，但第二卷只起辅助作用，主要内容在第一卷。

对卫三畏来说，马礼逊是自己的精神楷模，他的字典是激励自己前进的动力，

---

① *The Middle Kingdom*（1848），Vol. 2，p. 328.

作为精神楷模的马礼逊是无法超越的，但他的字典毕竟已是50年前的成果，虽然它"将作为勤勉和学识的丰碑而永存"①，但形势的发展和学术的进步都要求对它的超越。马礼逊之后不断有新的字典问世，特别是麦都思、公神甫的字典也曾产生过不小的影响，但最终都因为进步不明显而无法取代马礼逊字典。卫三畏在《撮要》中已经显露出另辟蹊径的尝试，到《汉英韵府》的出现则标志着历时11年的创新努力终于大功告成。《汉英韵府》既是作者在原有字典基础上经过大规模修订和扩充的结果，也是借鉴和超越前人的结果。当年马儒翰（John Robert Morrison）将父亲自存的一部字典送给卫三畏，或许正是期望他有朝一日能够编写出更好的字典。

1874年《汉英韵府》一问世，就立刻受到了热烈的欢迎和高度的评价。伟烈亚力（Alexander Wylie）认为它是"迄今为止最为重要的中文学习指南之一"；梅辉立（W. F. Mayers，时任英国驻华使馆汉务参赞）则认为它超过了以往所有的同类著作，"使它们黯然失色"；哥罗威尔德（W. P. Groeneveldt，时任荷兰驻华使馆汉务参赞）也完全同意梅辉立的看法，并建议"每个学习汉语的人优先购买这本字典，即使有了其他字典，也应该再买一本该字典"。廷得尔（时任海关税务司）认为《汉英韵府》的真正价值在于"它的条分缕析、高质量的定义与释义，以及我们认为是彰显字典编写者水平的言简意赅"。他在评论文章中说：

几乎谁都能用冗长的意译传达出一句中文短语的主旨，而编者却仅用几个英文单词便做出了确切的翻译，这是耐心、细致的工作的结果——有时甚至付出了努力也做不到这一点。两种语言、两种思维方式和表达方式是如此不同，以致许多时候几乎无法用同样短小的英文句子来表述某个简洁的中文短语。这一困难更被汉语中常用的精练的谚语加剧，这些谚语暗指某一历史事件或民间传说，硬译成英语常让人费解。为了展示这种谚语的用法，同时也为了说明新字典定义的恰切，我们选"骑虎之势"为例，在马礼逊的字典

---

① *A Syllabic Dictionary of the Chinese Language*, p. v.

中该短语被如此定义：骑在虎背上的人的状态，跳下来比待在虎背上更危险；卷入坏事过深，退出便会覆灭（the state of a person who rides on a tiger, it is more dangerous to dismount than to remain on its back; to be so involved in a bad cause that retreat is certain ruin）。卫三畏博士的定义为：人骑在虎背上时没有退路（as when one rides a tiger, there's no backing down）马礼逊博士用了35个英文单词，而卫三畏博士只用了11个。每个人都必须承认，准确、到位、简洁是后一种翻译的特点。①

我们还可以再举几个例子，来比较马礼逊《华英字典》、麦都思《福建土话字典》和卫三畏《汉英韵府》在字词解释上的高下：

羽 Birds with long tails; the wings of a bird; feathers; one of the notes in music; a sort of scepter anciently held in the hand by posture-makers. Name of a hill; of a star; of an office. A surname. —毛扇 a feather fan. —纱 camlets. —属 the feathered tribe, birds generally.②

羽 Feathers. 羽翼, wings. 羽毛不丰满者不能高飞, when wings and feathers are not rich and full, it is impossible to fly high.③

羽 Intended to represent the long wing primaries and the large quill feathers of birds; it is the 124th radical of characters relating to plumagery and feathers. Wings, plumes; made of or having feathers; feathered; winged tribes; a banner or signal of feathers; cloth having a rough fell, as bunting; quick, flying; the fifth of

---

① Alexander Wylie, "Review of Syllabic Dictionary", *Missionary Recorder and Journal*, August 1874, p. 226; William F. Mayers, "Dr. Williams' Syllabic Dictionary", *China Review*, Vol. 3 (July 1874-June 1875), p. 139; W. P. Groeneveldt, "Dr. Williams' Dictionary", *China Review*, Vol. 3 (July 1874-June 1875), p. 232; E. C. Taintor, "Review of Syllabic Dictionary", *North China Herald*, 15 October 1874, p. 5.

② *A Dictionary of Chinese Language*, p. 1040.

③ *A Dictionary of the Hok-keen Dialect of the Chinese Language*, p. 166.

the five kinds of musical sounds, mat are made by smacking. —族/—类 the feathered tribes. 党— detachments from a force; foraging or predatory bands. 舞干—a sort of panache used by mummers. —仪 what reflects honor on a ruler, as a good envoy sent by him. —布 bunting. —绸 bombazine. —纱 English camlets. —士 A Taoist priest; he is called —化而登仙 referring to the flight of the soul after death. —林军 the Imperial body-guard of about 300 men. —林天军 a group of 35 stars in Aquarius.①

瑜 A certain stone. A man's name.②

瑜 A beautiful gem, a precious stone. 瑕不掩瑜, a slight flaw does not spoil the gem.③

瑜 Luster of gems; a beautiful stone, like jasper, worn by the sons of noblemen; excellencies, good qualities. 瑕—互见 The defects and excellencies are well contrasted. 批褐怀—Under a plain dress he cherished the highest virtues.④

榆 A tree of which the Chinese distinguish ten varieties, the leaves of all which are alike; said to be the elm. Name of a plant, when chewed, said to be a soporific. 桑— the appearance of evening; and of the evening of life; old age. 白— name of a star.⑤

榆 The name of a tree; whose blossoms fall like pieces of money. 啖—则眠不欲觉 on eating of the je tree, a person sleeps without desiring to awake.⑥

榆 The elm (Ulmus), of which ten sorts are described; one of them is a

---

① *A Syllabic Dictionary of the Chinese Language*, pp. 1124-1125.
② *A Dictionary of Chinese Language*, p. 1041.
③ *A Dictionary of the Hok-keen Dialect of the Chinese Language*, p. 284.
④ *A Syllabic Dictionary of the Chinese Language*, p. 1123.
⑤ *A Dictionary of Chinese Language*, p. 1041.
⑥ *A Dictionary of the Hok-keen Dialect of the Chinese Language*, p. 284.

species of Microptelca, another a kind of hombeam or Curpinus. —钱/—荚 Elm seeds and their winged seed-vessels. 失之东隅收之桑—If I have lost the east plat, I have got my village home. —皮 Slippery elm bark, a tonic medicine. 白—A star which guides the husbandman in his planting. 啖—To take a decoction of elm seeds in order to sleep. 地—Ground elm, the Hypericum or St. John's wort.①

卫三畏不仅力图超越前人，同时也不断地超越自己。新字典在字词的解释上比《撮要》更提高了一步。我们可以用前面列举过的"鲤"字为例来说明：

鲤 The carp (Cyprinidoe), the king of fishes, and fabled to change into a dragon; sheung li (双鲤), a letter; the kam li (金鲤), yellow carp, is the most common at Canton; li fa lung (鲤化龙), the carp has become a dragon, met. Rapid promotion in office.②

鲤 The carp, which includes other kinds of Cyprinidoe, as the bream, sucker, & c.; it is regarded as the king of fish, and is fabled to turn into a dragon. 孔— the name of Confucius' son. 金— the yellow carp. 火— fire or red carp (Cyprinus flammans). 绿— green carp (Cyprinus viridiviolaceus). 塘— the pond carp (Cyprinus rubro-fuscus). 屐— the clog carp (Cyprinus sculponeatus). 黑— the black carp (Cyprinus atrovirens). 双— a letter, so called from the shape it was folded, while others say that anciently a pair of fish was sent with a letter, a trace of which custom is still kept up in Japan. —化龙, —鱼跳龙门 the carp has become a dragon, or has leaped the dragon's gate; —— rapid promotion in getting degrees. 木— a log struck for meals in Buddhist refectories.③

---

① *A Syllabic Dictionary of the Chinese Language*, p. 1123.
② *A Tonic Dictionary of the Chinese Language*, p. 234.
③ *A Syllabic Dictionary of the Chinese Language*, p. 519.

作为一本集大成之作，卫三畏在《汉英韵府》的"前言"中对汉语的特征做了详细的论述，共分8个部分：（1）《五方元音》中的官话；（2）罗马字母拼写汉语；（3）送气音；（4）声调；（5）古音；（6）方言；（7）214部首；（8）1040字根。这篇长达70页的前言代表了卫三畏多年研究汉语的心得，其价值也得到了同行的高度肯定。但汉语这门古老的语言实在太复杂了，卫三畏对汉语的古音问题没有深入的研究，所以"前言"的第五部分他请英国传教士汉学家艾约瑟（Joseph Edkins）代为撰写，表现了一种"知之为知之，不知为不知"的学者态度。艾约瑟对古音素有研究，是最早注意到汉语语音史的西方人，[①] 他在这一部分简要介绍了如何利用《康熙字典》《广韵》和古代的诗韵来推定一个汉字的古音。

最后值得一提的是，《汉英韵府》后来根据英国外交官汉学家威妥玛（T. F. Wade）的拼音法重新编排后又出过修订版。用罗马字母拼写汉字的工作最早始于明末来华的罗明坚（Michel Ruggieri）、利玛窦（Matteo Ricci）、金尼阁（Nicolas Trigault）等人。[②] 19世纪以来这一事业更是方兴未艾，各类著作上百种，各有各的拼写方法，莫衷一是。瑞典汉学家高本汉（Bernhard Karlgren）所著《官话注音读本》（*A Mandarin Phonetic Reader in the Pekinese Dialect*, 1917）中列举了英、法、德、俄几种代表性的拼音法，其中英语著作是英美各一部：威妥玛的《语言自迩集》（*Yuyen Tzu Erhchi*, 1867）和狄考文（C. W. Mateer）的《官话类编》（*A

---

① 王力《中国语言学史》，山西人民出版社1981年，第187页；张世禄认为，艾约瑟"创始了中国语言史的研究，证明中国古音里有破裂的浊音声母，还有收尾的辅音"，参见张世禄《中国音韵学史》下册，商务印书馆1936年，第351页；蒲立本（Edwin G. Pulleyblank）在《欧洲的汉语音韵学研究：第一阶段》（European Studies on Chinese Phonology: The First Phase）一文中指出，艾约瑟1857年出版的《官话口语语法》（*A Grammar of the Chinese Colloquial Language, commonly called Mandarin*）一书第一部分"论语音"（On Sound）"用了很长的篇幅讨论汉语语音史，这段论述在40年后仍被高本汉的业师武尔披齐利（ZenoneVolpicelli）和沙昂克（H. Schaank）作为权威加以引述"，参阅 Ming Wilson & John Cayley, eds., *Europe Studies China: Papers from an International Conference on the History of European Sinology*, London: Han Shan Tang Books, 1995, p. 340。

② 详细论述可参见罗常培《耶稣会士在音韵学上的贡献》，载《中央研究院历史语言研究所集刊》第一本第三部分，1930年；杨福绵《罗明坚、利玛窦的葡汉辞典所记录的明代官话》，载《中国语文学报》1995年第5期。

Course of Mandarin Lessons: Based on Idiom, 1892),① 威妥玛的书先出，他所创立的威妥玛拼写法（Wade System）影响也更大、更流行。1874 年卫三畏的《汉英韵府》出版后，就有人批评他没有采用流行的威妥玛拼写法，可见威氏的影响。但这并没有影响卫三畏的字典以原先的拼写方式又印刷了数次。直到 1909 年，随着威妥玛拼写法影响的进一步扩大和市场对卫三畏字典需求的继续增加，一个将两者结合的工作提上了日程。1909 年，《汉英韵府》修订版问世，与旧版相比内容只字未动，只是将拼音方式改用威氏方案（"前言"中的拼写方式一仍其旧）。比如，在原版本中，妁（choh）、说（shwoh）、朔（shoh）三个字拼法不同，被排列在不同的地方，在修订版中，它们全都被排在 shuo 这个音节之下。当时卫三畏已经去世多年，修订工作由美部会华北教区指派的一个三人委员会来执行。之所以由这个机构来指派人员，是因为"多年前卫三畏博士将字典的所有权赠送给了华北协合书院（North China Union College），而当时该书院在美部会华北教区的全权管理之下"②。威妥玛的拼写法也并非无可取代，就在修订小组即将完成修订的时候，一种新的标准标音方案《官音罗马字韵府》（The Standard System of Mandarin Romanization）出台。为了兼顾这个新的拼写方案，修订版中将之放在每列的底部，与放在顶部的威氏拼写法遥相对应。根据新的拼写法，"妁、说、朔"这三个字的注音方式是"shwoh"。

从 1841 年的《广东方言读本》到 1874 年的《汉英韵府》，美国的汉语研究走过了一条从无到有，从幼稚到成熟的道路。这一时期，或者可以说整个 19 世纪，美国汉学的一大特点正是汉语工具书的大量出现。鸦片战争后，美国各宗教团体纷纷派遣传教士来华，这些新来的传教士的首要任务是学习汉语，在学习的过程中他们编写了大量

---

① 参见罗常培《国语字母演进史》，商务印书馆 1934 年，第 8 页。
② "Preface to the Revised Edition"，*A Syllabic Dictionary of the Chinese Language*，The North China Union College，1909，p. iii. 华北协合书院校舍建设所需的 1.5 万美元中大约有 0.8 万美元是来自销售《汉英韵府》所得，因此校舍被用卫三畏的名字命名（Williams Hall），详见 Roberto Paterno, "Devello Z. Sheffield and the Founding of the North China College", Kwang-Ching Liu, ed., *American Missionaries in China: Papers from Harvard Seminars*, Harvard University Press, 1966, p. 74.

的字典、词典以及各种帮助学习汉语方言（如宁波话、汕头话、福州话）的小册子。① 卫三畏编写的几部工具书，特别是集大成的《汉英韵府》成为他们的案头必备。

第二节　阿灵顿的中国戏剧研究与翻译

美国人阿灵顿（Lewis Charles Arlington，1859—1943）是近代著名的中国通。他1879年来到中国，此后在中国生活长达60年之久。他先后在北洋水师、南洋水师、海关、邮政局服务过，工作之余他热心研究中国文化，特别是对京剧情有独钟。他的专著《中国戏剧史》（*The Chinese Drama from the Earliest Times until Today*，1930）和译著《戏剧之精华》（*Famous Chinese Plays*，1937），对于中国戏剧，特别是京剧的海外传播起到了重要作用。

一、《中国戏剧史》

《中国戏剧史》一书于1930年问世，著名英国汉学家翟理斯（Herbert A. Giles）作序，梅兰芳于扉页题字"艺术津梁"。该书全面、系统、详尽地向西方读者介绍了中国戏曲，内容包括中国戏曲的起源、音乐、后台、戏班、演员、服装等等诸多方面，记录了30部剧目的剧情梗概，并附有大量精美的彩色插图，而且每一幅石板

---

① 比较重要的有以下一些：E. I. Doty, *Anglo-Chinese Manual*, 1853; S. W. Bonney, *Phrases in the Canton Colloquial Dialect*, 1853; S. W. Bonney, *A Vocabulary with Colloquial Phrases*, *of the Canton Dialect*, 1854; Stephen P. Andrews, *Discoveries in Chinese*, 1854; Stanislas Hernisz, *Guide to Conversation in the English and Chinese Languages*, 1855; Pliny E. Chase, *Chinese and Indo-European Roots and Analogues*, 1861; William Gamble, *Two Lists of Selected Characters containing all in the Bible and twenty seven other books*, 1861; William Alexander Parsons Martin, *Analytical Reader*, 1863; William Alexander Parsons Martin, *A Vocabulary of 2,000 Frequent Characters*, 1864; R. S. Maclay & C. C. Baldwin, *An Alphabetic Dictionary of the Chinese Language in the Foochow Dialect*, 1870; M. T. Yates, *First Lessons in Chinese*, 1871; Baldwin, *A Manual of the Foochow Dialect*, 1871; Justus Doolittle, *A Vocabulary and Handbook of the Chinese Languages*, 1872; W. T. Morrison, *An Anglo-Chinese Vocabulary of the Ningpo Dialect*, 1876; Adele M. Fielde, *First Lessons in Swatow Dialect*, 1878; J. S. McIlvaine, *Grammatical Studies in the Colloquial Language of Northern China*, 1880. 参见 Laurence G. Thompson, "American Sinology 1830-1920: A Bibliographical Survey", *Tsing Hua Journal of Chinese Studies*, Vol. 2, No. 2 (1961).

印刷的黑白插图均描绘了一出梅兰芳主演的戏剧，精致程度实为当时之罕见。《中国戏剧史》一书面向外国的学生和普通读者，目的是向外国人普及关于中国戏曲的基本知识。当时的海外学界尚未有权威性的中国戏曲研究著作出现，而阿灵顿的著作则弥补了这一空缺。在序言中，翟理斯表示，能写出一部合格的中国戏剧史，作者需要具备以下三个条件：长期居住在中国、精通汉语、清晰的英文表达。而阿灵顿在中国居住了60年，并且发表过多篇英文学术文章，完全可以胜任这样的一个任务。有评论称，该书"具有里程碑性质。没有其他的外国人像他这样以严肃的和开放公正的态度投身中国戏曲研究。他的批评是毫无顾忌的，但总是积极的、欣赏的，这是他在论述中国的事物的时候能够成功的秘诀"①。

《中国戏剧史》全书共分15章，分别介绍了中国戏剧的起源、音乐、舞台、戏班、脸谱、行当、舞台语言、服装、道具、乐器等，最后一章介绍了30部著名戏剧的内容梗概。

正如翟理斯在序言中提到的，《中国戏剧史》成书之时，阿灵顿已在中国生活了50年之久。阿灵顿在书中讲述："在近五十年的观戏经历中，我经常在戏园两旁从傍晚待到天明。身处演员和观众之中，观察他们的每一个动作……"② 本书的写作并非走马观花式的肤浅观察，而是作者根据自己长时间的实地体验加上自己多年来的深入思考所得。阿灵顿不只看戏，还和戏曲演员及从业者有着密切交往："为了尽可能多了解中国戏剧的知识，我见过许多表演者本人，在过去的四十五年间也常常去后台。面对我不合时宜的各种问题，演员们总是礼貌而热心。"③ 与戏曲演员们的长期接触使阿灵顿了解到许多外人不了解的内幕。民国时期，政府提倡新的社会风气，中国戏曲也自然在改造之列，许多被认为"不得体的、下流的、粗俗的、损害社会道德的"④ 剧目被禁止上演。而作者通过与演员们的交情，得到了40多部被禁演的剧目名单。通过长年的积累，他还总结了66条戏曲演员的行话，这

---

① John. C. Ferguson, "Reviews of *The Chinese Drama*", *China Journal*, Vol. 12 (1930), p. 193.
② L. C. Arlington, *The Chinese Drama from the Earliest Times until Today*, Shanghai: Kelly and Walsh, 1930, p. xxiv.
③ *The Chinese Drama from the Earliest Times until Today*, p. 37.
④ *The Chinese Drama from the Earliest Times until Today*, p. 42.

些都是一般不为外行人所知的。针对其中的一些，阿灵顿对外国读者进行了详尽的解释，以助于补充他们用来欣赏京剧的背景知识。在"神灵·迷信"一章，阿灵顿还提到一个值得注意的现象："尽管中国的基督教徒宣称他们除了上帝不敬别的神，信基督教的戏曲演员却拜明皇。这可不是道听途说，我亲眼见到太多次这种现象了。"① 这对我们研究近代基督教在中国的发展状况也有一定的启示。

作为一本面向外国读者的读物，我们从《中国戏剧史》中可以了解到当时外国人观看京剧的状况和反应：他们对中国戏剧的评价基本上是否定的。在本书第一章开头，阿灵顿就提到了外国人对中国戏曲的态度："多数在中国居住过的外国人，包括仅在中国短暂停留的外国游客，如果不是被更有经验的外国朋友阻止，都至少会应邀去看一次戏。每个去看戏的外国人都会留下这样一种印象：他这辈子从未体验过这样的一片嘈杂——声音可怕、形象怪诞，并在心里默默发誓以后绝不会再来遭受这种折磨。他觉得自己仿佛置身疯人院。"② 对京剧脸谱的评价，也是"怪诞又可憎，除了中国人谁也不会想要这种艺术作品"③。至于京剧的音乐，"大多数外国人觉得中国音乐吵得可怕，惹人讨厌又单调无味"④。就连资深戏迷阿灵顿也觉得"除了鼓、锣、钹、号之外，中国戏曲音乐的其他部分还算可以接受，这是我们能给它最高的评价了"⑤。

与普通的外籍人士或外国游客不同，当时已在中国生活50年的阿灵顿是一个不折不扣的中国通，他对中国文化的了解给了他欣赏、喜爱中国戏剧所必须的基础。阿灵顿对中国戏剧的艺术成就不吝赞美，在他的心目中，"中国戏剧是当今现存同类艺术中艺术形式最完美的"⑥，他认为中国戏剧"除了缺少舞台布景之外，完全可以和我们西方的戏剧匹敌"⑦。中国戏剧的华丽的服装、丰富的道具深深吸引了他：

---

① *The Chinese Drama from the Earliest Times until Today*，p. 57.
② *The Chinese Drama from the Earliest Times until Today*，p. 3.
③ *The Chinese Drama from the Earliest Times until Today*，p. 45.
④ *The Chinese Drama from the Earliest Times until Today*，p. 22.
⑤ *The Chinese Drama from the Earliest Times until Today*，p. 22.
⑥ *The Chinese Drama from the Earliest Times until Today*，p. xxvii.
⑦ *The Chinese Drama from the Earliest Times until Today*，p. 4.

"在大多数情况下,中国戏剧的服装和道具比我们西方所自夸的要好得多。"① "在中国,戏服的设计是一项充满创意的艺术,那些服装在一起简直像一座画廊一样……许多演员拥有的服装价值一万元,梅兰芳的一件衣服据说高达三万元。"② 除此之外,阿灵顿还认为中国戏曲"行当"的设置十分高明,每个人都根据自己的专长来扮演管理者分配的角色,这样就避免了西方演员们为了争夺角色而引发的嫉妒和不满。

作为一个有洞见的学者,阿灵顿也指出了中国戏剧的许多缺点。其中最为重要的一点就是中国戏剧陷入传统过深,过于刻板,发展僵化,失去了生命力。"……没有足够的空间留给创新或者让作为个体的表演者进行纯粹的实践。舞台上的每个场景、每一个唱段,都有固定的刻板模式,稍微偏离模式一点就会被认为离经叛道。在表达角色的情绪之前,演员要确认每一个姿势动作都符合从前的表演方式。任何新的或者与以往不同的东西都会引来观众的非议。不仅对角色的阐释老套,或许中国戏剧本身就是最刻板的东西。""对前辈的盲目崇拜阻碍了中国音乐和中国戏剧的进步。中国戏剧曾远远领先于世界,然而还没等取得巨大的进步,却突然僵化了。热爱祖先的传统是中华民族一个典型的特点,他们觉得经历了时间考验而留存下来的东西一定是真理,不能轻易抛弃。"③ 除了对于缺乏创新的批判,阿灵顿还认为中国戏剧在批评领域很有欠缺:"遗憾的是,中国没有像样的戏剧批评。可能原因之一是批评家们收入太少,仅够温饱。"④ "一个理想的批评家需要的不仅仅是关于人性的知识,他还必须拥有直觉、带有同情却不失公正的判断、对于形式与内容相对重要性的理性认识、能判断风格的审美能力以及说服他人的能力。从这些方面来看,中国的戏剧批评家做得还很不够。他们还不明白,批评的创造性功能,无论对人类精神繁荣判断的艺术还是阐释的艺术,都拥有广泛而崇高的价值。"⑤ 他认为,要提高中国的戏剧水平,亟须诚实、有建设性

---

① *The Chinese Drama from the Earliest Times until Today*, p. xxxi.
② *The Chinese Drama from the Earliest Times until Today*, p. 42.
③ *The Chinese Drama from the Earliest Times until Today*, pp. xxvi-xxvi.
④ *The Chinese Drama from the Earliest Times until Today*, p. xxix.
⑤ *The Chinese Drama from the Earliest Times until Today*, p. 3.

的戏剧批评。在它们出现之前，中国戏剧的改进希望渺茫。此外，阿灵顿还在演员表演、舞台设备等方面提出了批评，如中国演员表演过于夸张，文戏感情矫揉造作；舞台布景和机械设备远落后于西方；讲神仙、传说的戏太多，外国人看起来很滑稽，无法从中了解真正的中国百姓生活，等等。

阿灵顿对于中国戏剧中的道德因素给予了很多关注，他发现，中国戏剧比其他国家的戏剧都要注重现实主义，更注重道德教化："中国戏剧也很少使用超自然的元素。它的目标在于弘扬美德，展示悲悯与滑稽，赞美忠诚和自我牺牲。"① 这也是中国戏剧公开宣称的宗旨。对于一些外国作家在作品中称，中国戏剧中经常有堕落和不文明的成分，阿灵顿表示了明确的反对。他分析，中国的戏剧演员一般都出身低贱，而中国戏剧的道德目的就是让中国人遵循老祖宗的经典和言论，那些出格的戏剧都是会被高尚的中国人所鄙夷的。在戏剧的道德方面，阿灵顿的态度较为保守："所有好的戏剧，不管是中国的还是外国的，都应当是道德的——戏剧应该塑造那些社会上人格高尚、品行端正的人。"② 对于这一点，阿灵顿对中国戏剧极为赞赏，同时批评了西方戏剧在道德方面的堕落："在我们西方的戏剧中，近年来常常描绘思想和行为的放纵，而这在中国的戏剧舞台上是从来看不到的。中国的戏剧不会将恶作为主题，而西方的剧作家们为了博眼球却竞相在我们的戏剧中描写这些东西。我们的戏剧在倒退，而中国的则在进步。"③

阿灵顿是最早研究中国戏剧的外国学者之一，在《中国戏剧史》中，他运用了比较的视野来进行研究。他能把中国戏剧的优点和缺点与欧美国家相对比，得出客观的评价。比如谈到中外戏剧的起源，阿灵顿花了大量篇幅进行叙述，从中可以看出他对中国和欧洲文化丰富的知识和深入的研究。他不但熟悉古希腊和欧洲的戏剧发展，更是对中国的历史、文学、音乐了如指掌。另外，关于中国人的迷信问题，阿灵顿也将中美两国人的不同风俗进行了比较，如，中国演员不允许打开雨伞，因为他们相信这会带来风雨天气，影响戏院生意；而对美国演员来说，

---

① *The Chinese Drama from the Earliest Times until Today*, p. xxvii.
② *The Chinese Drama from the Earliest Times until Today*, p. 30.
③ *The Chinese Drama from the Earliest Times until Today*, p. 30.

他们认为空木桶会带来这种坏运气。虽然他认为中国人过于迷信,却没有对中国给予过多的批评,他同时也对比了美国人的迷信行为,评论道:"整个社会结构都是基于这样的准则:特定的联系是吉利或不吉利的,这种理论简直成了全世界最大的迷信系统,像鬼火一样难以消灭。""我们不应该对别人的缺点过度指责……因为我们自己也都或多或少地有些迷信;而且我们的迷信远没有中国人讲逻辑。"① 对于阿灵顿非常看重的戏剧批评问题,他提出了"比较戏剧研究"的观点,对当时的中国戏剧乃至文学研究都具有极大的意义:"在中国,至今没有亚里士多德(Aristotle)、朗基努斯(Cassius Longinus)或莱辛(Gotthold Ephraim Lessing)这样的人物出现。比较戏剧研究尚未对中国的评论写作产生影响。中国的评论人与古希腊罗马时期的更像,他们都只研究自己国家的作品。而在我们西方,正与之相反,现在有来自世界各国、各个时代的戏剧、史诗和小说,为学生们提供了多种多样又相互联系的资源去构建批评的标准。"②

阿灵顿对中国戏剧研究的专业性还体现在剧学研究方面,并且对中国戏剧未来的发展进行了深刻的思考。他认为,中国戏剧对编剧的重视非常不够,演员和剧作者的名声不高,甚至很多情况下编剧的名字完全不为人知。究其原因,是因为在中国人们尚未把戏剧当成一种文学形式。剧作者们也只是着重于创作人物,在文学风格和文笔上还有很大欠缺。民国以来,中国戏剧进入到一个繁荣的时期,中国戏剧在各个方面发展程度都已很高。阿灵顿对这种新时代的变化给予了肯定,并对未来发展抱有乐观的期望。他在引言中称:"现在,它吸收了外来的艺术性和文学性,或许再过个十年左右,它又会受其他人文学科的影响,发展出创造性的力量。"③ 随着新时代的到来,戏剧演出不再局限于以往的戏班,大学生们也开启了排演新式戏剧的热潮。在这里,没有锣鼓唢呐等"吵闹"的乐器,表演方式和西方如出一辙。然而,阿灵顿却对这种新式戏剧提出了不留情面的批评:"这些戏没有颜色,没有美,没有匀称感,毫无艺术性可言!他们所做的都是糟糕的模仿,

---

① *The Chinese Drama from the Earliest Times until Today*, p. 75.
② *The Chinese Drama from the Earliest Times until Today*, p. xxix.
③ *The Chinese Drama from the Earliest Times until Today*, p. xxx.

既没有中国戏剧的样子,也不是外国戏剧。对于外国人来说这些戏很无聊,对于中国观众来说则毫无意义。"① 阿灵顿断定,新式戏剧不会被广大中国观众接受。在戏院、茶馆听戏本身就是一种融入中国人生活方式的重要消遣,除此之外从传统戏剧中还能了解到很多历史故事,欣赏到不同的戏装、道具,这些都是新式戏剧所无法比拟的。遗憾的是,阿灵顿对中国传统戏曲前途的乐观预测并没有得到历史的验证。随着中国社会经历的一系列巨变,中国传统戏曲的热潮很快衰退了。除了战乱的打击,1949年后"样板戏"的推出又使京剧剧目的多样性遭受破坏。民国以来,官方一直致力于对旧风气的破除,后来,人们的文化生活习惯已有较大改变,去戏院、茶馆听戏也渐渐退出了人们休闲活动的重心。相比之下,受西方影响传入中国的话剧,发展势头却日益壮大,并吸取中国传统戏曲中的营养,从最初对西方戏剧的简单模仿,逐渐摸索出了中国戏剧自己的特色。时至今日,阿灵顿对于现代戏剧与传统戏曲的论断依然有着现实意义。近年来,随着国内保护传统文化意识的增强,不仅是京剧,包括昆曲、越剧在内的传统剧目也开始重新活跃于舞台。中国传统戏曲宝贵的艺术价值正在重新得到重视。

二、《戏剧之精华》

《戏剧之精华》(*Famous Chinese Plays*)将33部流行剧目的剧本译成英文,对中国戏曲剧本如此大规模的翻译在当时并不多见。该书于1937年出版,上海字林西报社印刷,非常精美。内容除了剧本翻译,还配有大量的插图和乐谱资料,对于民国时期京剧状况的研究具有很高的价值。阿灵顿的翻译,在忠于舞台演出的原则下,从普及的角度和以外国人便于理解为目的,做了较大幅

图2 《戏剧之精华》

---

① *The Chinese Drama from the Earliest Times until Today*, p. 38.

度的精简和概括。除了对剧本的翻译，阿灵顿在该书的前言部分还集中表达了自己对中国戏剧的见解，用比较的视野针对中国与西方的戏剧进行了探讨。

从剧目上看，《戏剧之精华》收录了33部中国戏曲：《战宛城》《长坂坡》《击鼓骂曹》《奇双会》《妻党同恶报》《金锁记》《庆顶珠》《九更天》《捉放曹》《珠帘寨》《朱砂痣》《状元谱》《群英会》《法门寺》《汾河湾》《蝴蝶梦》《黄鹤楼》《虹霓关》《一捧雪》《雪杯缘》《牧羊圈》《尼姑思凡》《宝莲灯》《碧玉簪》《打城隍》《貂蝉》《天河配》《翠屏山》《铜网阵》《王华买父》《五花洞》《御碑亭》《玉堂春》。其中多数为传统京剧剧目，也包含少数昆曲和越剧剧目，如《奇双会》《蝴蝶梦》《尼姑思凡》《碧玉簪》《貂蝉》《王华买父》等。根据有关记载，民国初期，《翠屏山》《奇冤报》《长坂坡》是主要戏班经常上演的剧目，而《捉放曹》《朱砂痣》《玉堂春》《汾河湾》和《翠屏山》在当时则是一年上演二百次以上的剧目[①]。此后最流行的剧目包括《玉堂春》《法门寺》《战宛城》《御碑亭》《奇双会》等，仅1934年5月一个月内，在京城四大戏院中和戏院、华乐戏院、吉祥戏院和哈尔飞戏院中就分别上演了四次以上。[②] 其中，《打渔杀家》《奇双会》《尼姑思凡》曾被梅兰芳带到美国、苏联和日本，《虹霓关》《御碑亭》《玉堂春》《汾河湾》多次收入梅兰芳灌制的个人唱片，《虹霓关》更是分别由日本东京宝冢电影公司和苏联导演爱森斯坦（Sergei Mikhailovich Eisenstein）录制了梅兰芳表演的影像。可见《戏剧之精华》中收录的33部剧目，确实为民国时期最为流行的经典剧目。

对于本书的写作目的和翻译策略，在序言的开头作者就进行了明确的交代。从目的上看，这是一部写给外国读者的著作。"我们经常听到外国朋友的抱怨：要是有一部中国戏剧指南就好了，这样就能更好地去理解它们！我们把这句话牢记在心，着手去填补这项空白……"[③] 在序言中，作者还就中国戏曲各个方面的知识向读者进行了详细的介绍，包括中国戏曲的声腔、行当以及其他专业术语，对于那些对中国戏曲完全陌生的外国人来说，序言提供了足够的基础知识，为他们欣赏中国戏剧打下了必要的基础。

---

① 王芷章《中国京剧编年史》，中国戏剧出版社2003年，第810页。
② 陈庚《民国北京戏剧市场研究（1912—1937）》，武汉大学2011年博士论文，第179页。
③ L. C. Arlington, *Famous Chinese Plays*, Peking: H. Vetch, 1937, p. xi.

对于本书中剧目翻译的蓝本，阿灵顿在序言中有所交代。鉴于中国戏剧台词即兴性强的特点，并没有一个固定的剧本原文可以参考。阿灵顿常年生活在中国，有几十年的观戏经验，本书中所翻译的剧目均以他在戏院中实际观赏过的版本综合起来为准。"如果译者只看过一个版本，那么他的翻译是该受到质疑的。"① 足见阿灵顿学术态度之严谨。

在全书33部翻译剧本中，大多数剧目配有当时演员的照片，如《玉堂春》中扮演苏三的梅兰芳和扮演崇公道的萧长华，《击鼓骂曹》中扮演祢衡的马连良，以及程砚秋和俞振飞表演《碧玉簪》的珍贵剧照，等等。此外，《戏剧之精华》还开创性地收录了9段曲谱②，由霍普约翰斯通（John Hope-Johnstone）记录，注有中文唱词及拼音，是非常难得的由外国人记录的中国戏剧音乐资料。在每一部剧本中，译者均给出了戏剧的中文、拼音、英文三种标题，英文基本以直译中文意思为主，没有做过多文学上的发挥。在剧本的开头，阿灵顿会首先注明该剧故事发生的地点、时间以及所用的京剧声腔。他还会对个别剧目的背景进行解释，比如在《玉堂春》开头："由于此剧不经常上演全本，这部戏的名字也因不同部分的名字而不同，如《王公子嫖院》《关帝庙》《女起解》《洪洞县》《三堂会审》《监会》《团圆》。"③ 避免了外国读者因不了解各出戏之间的关系而造成误解。

除了对剧目台词本身的翻译，在每一部剧目的结尾，阿灵顿都会写上一段评论性的文字。在这些评论中，包括了对戏曲演员的评价，如对《牧羊圈》的评论中，他用大量篇幅评论程砚秋的表演："他嗓音的流动和抑扬不仅出于他对伴奏和布景的考虑，很可能也是受到他欧洲之旅的影响——他很少发出尖锐刺耳的声音。他唯一美中不足之处可能就是缺乏变化。他的表演总是准确、端庄，具有早期维多利亚时代的浪漫色彩，因此在表演热烈的场景时候，他显得并不是那么自在。但这只是他唯一的瑕疵，程砚秋可以说是一名完美的青衣。"④ 阿灵顿还对程砚秋

---

① *Famous Chinese Plays*, p. xii.
② 分别属于《击鼓骂曹》《奇双会》《庆顶珠》《法门寺》《汾河湾》《虹霓关》《尼姑思凡》《翠屏山》《玉堂春》。
③ *Famous Chinese Plays*, p. 413.
④ *Famous Chinese Plays*, p. 316.

的表演进行了细致入微的描述,让无法直接看到现场表演的读者可以有身临其境的感受。如此细致的评价还体现在《法门寺》中的小翠花:"对于这部戏,没有一个演员的表演可以超过小翠花,尽管他的鹰钩鼻和粗糙的嗓音有些美中不足。""他穿针引线时灵活的手指,调情时的大胆和羞涩,他试着从媒人的目光中藏起手镯的动作,这些都使他达到了中国戏剧表演的顶峰。"① 阿灵顿还在多部剧目中提到该剧的最佳表演者,以供读者参考,如《长坂坡》中的杨小楼,《九更天》中的马连良、谭富英,《奇双会》中的韩世昌,等等。

在这些篇尾评论中,阿灵顿还屡屡提到中国观众观戏时的反应。在他看来,中国观众看戏是十分投入的。如《击鼓骂曹》中提到,祢衡击鼓的情节让观众感动到流泪。又如《九更天》:"即使是最成熟老练的观众,也会被马义猛烈的步伐所迷住。"② 这些记述增加了侧面了解民国时戏曲观众的研究资料。对于剧中涉及的历史事件或相关文学作品,阿灵顿给出了相应的英文参考文献,如《奇双会》的故事可以参考林语堂翻译的《浮生六记》,《尼姑思凡》的故事则见于林语堂所著的《吾国与吾民》。阿灵顿还将《虹霓关》的故事与熊式一翻译的《西厢记》做了一番对比。足见他阅读之广,对中国文学研究之深。

除此之外,本书对于剧目本身的分析也包含了许多有价值的观点。从文学性的角度,有对角色的解读,也有对剧本的评判。如,阿灵顿以《虹霓关》为例探讨了中国戏剧中轻浮女人这种角色类型,并和西方文学进行了对比。在他看来,无论在中国戏剧还是法国文学中,这都是非常重要的一种文学形象,也是中国戏剧中最幽默、最接近生活的一种人物。再如,阿灵顿批评了《金锁记》后来的各个版本,称其更加无趣、呆板,语言和动作都变得程式化。"女狱卒都是同一种女丑角——甚至台词都和《奇双会》中的狱卒完全一样。"③ 在《汾河湾》中,阿灵顿还提到了中国戏剧中喜剧与悲剧的界限并不明显的特点。作为一种综合性的艺术形式,除了文学角度的探讨,他还对中国戏剧的音乐和表演发表了自己的观点,《尼姑思凡》就是其

---

① *Famous Chinese Plays*, p. 216.
② *Famous Chinese Plays*, p. 131.
③ *Famous Chinese Plays*, p. 100.

中一例。评论中称,外国人觉得中国戏曲的音乐简直称不上是音乐,但是在《尼姑思凡》中情况则有所不同,单靠笛子声就可以营造一种童真的气氛,使一个少女的形象梦幻般地出现在我们眼前。阿灵顿对《尼姑思凡》中的舞蹈表演给予了很高的评价,他认为,这些舞蹈体现出编舞者不凡的艺术功力,没有很深厚的艺术积淀是无法创造出这样的作品的。对梅兰芳和韩世昌的表演,阿灵顿也都给予了很高的评价:"孤独、忧郁、兴高采烈、心神不宁、怀念过去……这些情绪通过某种程度的情感和拟态动作传达给观众,我们西方的芭蕾舞演员看了都会震惊。"①

在这些评论中,除了对于戏剧本身艺术性的看法,阿灵顿还会提到每出戏的看点,以供外国读者参考。他提到《玉堂春》在北京是非常受当地人喜欢的剧目,且比一般的中国戏剧更加注重写实主义。《打城隍》中的台词很多都是演员们在舞台上即兴而为,为翻译成外文造成了一定障碍,但也是外国人学习北京话非常好的材料。即使像《碧玉簪》这种在他看来比较一般的剧目,阿灵顿也交代了将此剧收入本书的理由——程砚秋的精湛表演。本书剧目的选取并没有从单一类型来考虑,收录的作品各有所长,可以让外国读者对中国戏剧有更全面、更完整的了解,也为刚开始欣赏中国戏剧的外国人提供了一个颇为可靠的指南。

从译文的形式来看,《戏剧之精华》全部 33 部剧目中, 27 部是以剧本台词的形式呈现, 6 部②是以记述故事情节的形式呈现。在这 27 部中,有 5 部③的开头附有详细的剧情简介。对于本书的写作目的和翻译策略,在序言的开头阿灵顿就进行了明确的交代:"考虑到外国观众的接受,我们对那些出于歌剧需要的重复段落进行了删改。"④ 这种翻译策略显然是为其向外国读者普及京剧的目的服务的。阿灵顿还在序言中提道:"我们对某些冗余进行了删改,时刻以保持原作精神为目的,而不在于过多文学上的准确性,否则可能会造成译作的单调和质量下滑。"⑤ 与此同时,这

---

① *Famous Chinese Plays*, p. 323.
② 分别为《蝴蝶梦》《天河配》《铜网阵》《王华买父》《貂蝉》《玉堂春》。
③ 分别为《奇双会》《牧羊圈》《翠屏山》《珠帘寨》《一捧雪》。
④ *Famous Chinese Plays*, p. xxx.
⑤ *Famous Chinese Plays*, p. xii.

种删改保持着一定的原则:"译文竭力避免任何对原作本意的改写。"①

为了更好地说明《戏剧之精华》的翻译风格,下文将以《尼姑思凡》为例,比较阿灵顿译文与林语堂在其著作《吾国与吾民》中翻译的版本进行对比。

《尼姑思凡》原是昆曲《孽海记》中一折,后京剧亦常演,多用"吹腔"曲调,犹有昆曲余韵。该戏的主角为小尼姑色空,表现了她不堪寂寞,向往平凡人家少女的生活。《尼姑思凡》是一出独角戏,主要由小尼姑的独白和歌唱构成,身段表演尤为重要。在戏曲界,有"男怕《夜奔》,女怕《思凡》"的说法,可见该戏表演难度之大。京剧大师梅兰芳、昆曲名家韩世昌早期均常演该剧。

1935年,《吾国与吾民》问世,略早于《戏剧之精华》。在《佛教》这一节,林语堂主要谈论中国的宗教问题,提到了讲述佛门弟子生活的《尼姑思凡》,认为它是一部文学价值很高的作品,遂将《尼姑思凡》中小尼姑的独白翻译了出来。与阿灵顿翻译版本有所不同的是,林版的《尼姑思凡》采用了长诗的形式,而阿版虽也是口语体,但按照戏曲剧本本身的形式进行翻译,还注明了哪些句是唱(She sings),哪些句是念白(She speaks),但并未对舞台上戏剧的动作进行描述。

对于思想教化性很强的中国戏剧来说,《尼姑思凡》传达的主题显然有些不同,小尼姑色空身处佛家,却贪恋凡尘,是个有些出格的人物。显然阿灵顿和林语堂都看中了这一点,将其收入了各自的著作当中。阿灵顿认为,"作为一个非常人性化的人,她渴望自由——或者用现在的说法叫'自我表达'。"② 林语堂也认为,像小尼姑色空这样被佛教束缚的女性,内心还是很活跃的。《尼姑思凡》的故事为他探讨僧尼如何处理欲望问题时提供了一个例证。

除了对主题的阐释,两位译者对《尼姑思凡》的文学性评价也很高。阿灵顿在书中称:"本文只是这首充满生气的抒情长诗的梗概……这出独角戏中微妙的隐含意味太多了,观众们必须要反复听才能理解其中的深意。"③ 林语堂也称这首长诗是汉语中的一流作品。然而在具体语言的翻译上,两个版本还是有着很大的不同。以收

---

① *Famous Chinese Plays*, p. xii.
② *Famous Chinese Plays*, p. 319.
③ *Famous Chinese Plays*, p. 322.

录于《缀白裘》中的原本为准，可以看出阿版的翻译正如其序言中所说，非常忠于原文，而林语堂的版本则进行了较大删改。现将两个版本各取一部分进行对比（表1）。

表1 阿版、林版翻译比较表

原文	阿版①	林版②
【接前】绕回廊，散闷则个；绕回廊，散闷则个。呀！你看两旁罗汉塑得来好不庄严也！又则见两旁罗汉塑得来有些傻角。一个儿抱膝舒怀，口儿里念着我；一个儿手托香腮，心儿里想着我；一个儿眼俱眉开，蒙眬的觑着我。惟有那布袋罗汉笑呵呵，他笑我时光错，光阴过，有谁人，有谁人肯娶我这年老婆婆？降龙的，恼着我；伏虎的，恨着我。那长眉大仙愁着我；他愁我老来时有什么结果？佛前灯，做不得洞房花烛；香积厨，做不得玳筵东阁；钟鼓楼，做不得望夫台；草蒲团，当不得芙蓉软褥。我本是女娇娥，又不是男儿汉，为何腰系黄绦，身穿直裰？见人家夫妻们洒乐，一对对着锦穿罗？〔阿呀！天吓！〕不由人心热如火！不由人心热如火！	She trips to the Hall of the Five Hundred Lohans, exclaiming: Oh, Look at the rows of mud-made images! How grave, how pompous all of them appear! Sings and mimes: One of them looks like a silly clown; and one is hugging his knees as if he were wanting to talk to me. And one is even holding his chin as if he were thinking of me. There's only that one of the Linen Bag who seems to be laughing at me. For the spring of my youth is wasting away, and who will marry a shriveled crone? The Lohan vanquishing the Dragon glares at me wrathfully. The Lohan subduing the Tiger shows his antipathy. And the long-browed one closes his eyes and takes no notice of me. When I am old, of what use will I be? She sings: A convent is incompatible with a nuptial chamber, nor are these altar-candles befitted for bridal use. I am a pretty maiden, not a boy. Why should I wear these monastic robes and suffer my waist to be bound with a silken sash? All the young women I have seen are lad in embroidered gauze of red or green. Alas, Almighty Heaven! I cannot quench the flame that laps my heart (bis).	(She comes to the Hall of the Five Hundred Lohan, which are known for their distinctive facial expressions.) Ah, here are the Lohan, What a bunch of silly, amorous souls! Everyone a bearded man! How each his eyes at me rolls! Look at the one hugging his knees! His lips are mumbling my name so! And the one with his cheek in his hand. As though thinking of me so! That one has a pair of dreamy eyes, Dreaming dreams of me so! But the Lohan in sackcloth! What is he after. With his hellish, heathenish laughter? With his roaring, rollicking laughter, Laughing at me so! ——Laughing at me, for When beauty is past and youth is lost, Who will marry an old crone? When beauty is faded and youth is jaded, Who will marry an old, shrivelled cocoon? The one holding a dragon, He is cynical; The one riding a tiger, He looks quizzical; And that long-browed handsome giant, He seems pitiful, For what will become of me when my beauty is gone? These candles of the altar, They are not for my bridal chamber. These long incense-containers, They are not for my bridal parlour. And the straw prayer cushions, They cannot serve as quilt or cover. Oh, God! Whence conies this burning, suffocating ardour? Whence comes this strange, infernal, unearthly ardour?

---

① *Famous Chinese Plays*, p. 326.
② Lin Yutang, *My Country and My People*, New York: Halcyon House, 1935, p. 89.

从上文中的对照来看，可以说两个版本各有所长。从对原文的忠实度来讲，阿版要远高于林版，几乎每一句话都可以和原文相对应。而在这一段的翻译中，林语堂对于原文加了许多自己的阐释，如"你看两旁罗汉塑得来好不庄严也！又则见两旁罗汉塑得来有些傻角"。阿版依照原文译成"grave"（庄严）和"pompous"（浮夸），而林语堂则译成"What a bunch of silly, amorous souls!"（好一群愚蠢、多情的灵魂！）增加了原文并没有的贬义色彩。同样，原文中的"唯有那布袋罗汉笑呵呵"，阿版译作"There's only that one of the Linen Bag who seems to be laughing at me"，而林语堂的版本依然添加了原文没有的含义，将布袋罗汉的笑描绘成"hellish"（地狱般的）、"heathenish"（粗野的）。然而，与增加原文内容的部分相比，林语堂版更多的是对原文进行了删减。"我本是女娇娥，又不是男儿汉，为何腰系黄绦，身穿直裰？见人家夫妻们洒乐，一对对着锦穿罗？"一段，林语堂版直接删掉。在上文选段以外，林版更是大篇幅删掉戏剧开头小尼姑色空对身世背景的交代，直接进入对单调乏味出家生活的抱怨。

虽然林语堂版的忠实度不高，但他的译作在文学性上要优于阿版。这和两位译者的翻译目的不同有关。阿灵顿重在介绍戏剧内容，有意淡化其文学色彩；而林语堂则是为了向读者展现原诗的语言之美而特地做此翻译，故在文字上下了较大功夫。原剧中小尼姑的独白和唱词是一首长诗，林语堂也是以诗歌的形式进行了翻译，在必要的地方进行了语句的重复以符合诗歌的节奏，甚至还注意了押韵的问题。在小尼姑逛回廊的段落，林版采用了和原文一致的排比句式，还运用大量反问句，读起来流畅而有气势，使读者能感受到小尼姑色空内心烦闷幽怨的情绪。而阿版只是用语段的形式以平常的语气叙述，在感情色彩的还原度上要略逊一筹。

第三节　卜德在北京出版的两部译著

卜德是美国著名汉学家，曾长期（1938—1975）执教于宾夕法尼亚大学，他在宾大创立了正规的汉语和汉学课程，并帮助建立了东亚图书馆，为宾大成为美国汉学研究的重镇做出了重大贡献。由于其杰出成就,卜德被选为1968—1969年度美国东方学会主席;1985年获得美国亚洲学会杰出贡献奖,成为首位获此殊荣的学者。卜德早年曾在北京留学了6年(1931—1937),后来作为富布莱特学者又在北京访问了一年(1948—1949),主要是在燕京大学和清华大学。在7年中,他结识了许多中国学者,其中对他影响最大的是当时任教清华大学哲学系的冯友兰,他们成为终身的好友。在北京期间,卜德将冯友兰《中国哲学史》翻译成了英文,此外还出版了《燕京岁时记》英译本。这两部译著成为他一生汉学研究的起点。

一、《燕京岁时记》英译

《燕京岁时记》是一部记录北京岁时风物民俗的专书,以新年第一天开始,逐日逐月地介绍各种节日、庙会、食物、游戏以及有关的名胜古迹,生动而全面地展现了老北京的风俗画卷。该书作者为满族人富察敦崇(礼臣),作品完成于1900年,刊印于1906年。鉴于这部作品的价值,1961年北京出版社根据原刻本重新标点排印出版(与清初潘荣陛的《帝京岁时纪胜》合为一册),这就是我们现在看到的通行版本。该本的《出版说明》称,《燕京岁时记》"这本书曾有过法文和日文的译本"①。据笔者所知,日译本是有的(1941年小野胜年译本),法译本大约并没有,日译本之前有1936年出版的英译本,译者正是卜德。

图3 《燕京岁时记》英译本

卜德在北京进修的主要科目是中国哲学史,特别是儒家哲学,但随着阅读范围的扩大和生活体验的丰富,卜德逐渐认识到,中国的文化精神是异常丰富的,不仅体现在四书五经和其他经典著作中,也体现在老百姓日常的衣食住行之中。

---

① 潘荣陛、富察敦崇《帝京岁时纪胜·燕京岁时记》,北京出版社1961年,第2页。

《燕京岁时记》这本书打动他的一点就是"书中一次都没有直接提到孔夫子",他认为由此可以看出,"儒家虽然形塑了统治阶层和知识分子阶层的思想和道德,但对于一般老百姓的影响却相对很小,他们的思想意识更多地体现在日常的节日和习俗中"。① 20 世纪 30 年代虽然离敦崇写作《燕京岁时记》的年代相去不远,但其中记录的一些节日已在淡化或消失。卜德在留学过程中对北京的生活越来越迷恋,他的翻译就个人来说是出于思古之幽情,而从学术上来说则是为了让西方读者更好地了解老北京的生活,从而让他们从社会底层的方面了解中国的思想。

翻译《燕京岁时记》的一大困难在于其中有太多的专有名词,很难迻译。卜德的做法基本上是直译,遇到个别极难翻译之处则采取意译或部分省略的方法。例如在《灯节》一节中,敦崇列举了多种烟火的名目,卜德一一做了翻译:盒子(small boxes)、花盆(flower pots)、烟火杆子(fire and smoke poles)、线穿牡丹(peonies strung on a thread)、水浇莲(lotus sprinkled with water)、金盘(golden plates)、落月(falling moons)、葡萄架(grape arbors)、旂火(flags of fire)、二踢脚(double-kicking feet)、飞天十响(ten explosions flying to heaven)、五鬼闹判儿(five devils noisily splitting apart)、八角子(eight-cornered rockets)、炮打襄阳城(bombs for attacking the city of Hsiang Yang)、天地灯(lanterns of heaven and earth),如此等等。又如,在《九花山子》一节中敦崇列举的菊花名目多达 133 种,卜德翻译了绝大部分,个别实在难以传达的只好略而未译,如"汉皋解佩""文经武纬""沉香贯珠",对此,卜德在页下的注释中请求读者予以谅解。②

卜德在译文中所做的注释大部分是针对原文中一些西方人不了解的人名和地名。如上文列出的烟火名目中有一种叫"炮打襄阳城",对于"襄阳城"卜德做了如下的注释:"位于湖北省汉水之滨,历来是兵家必争的战略要地。"③ 卜德在两处注释中还指出了原作者的错误。一处是关于清明节,敦崇在这一节开头写道:

---

① Derk Bodde, trans., *Annual Customs and Festivals in Peking*, Peiping: Henri Vetch, 1936, p. x.
② *Annual Customs and Festivals in Peking*, pp. 7, 72-73.
③ *Annual Customs and Festivals in Peking*, p. 72.

"清明即寒食，又曰禁烟节。"① 卜德在注释中说："作者这里说错了，寒食应该在清明前一天，清明节如果用阳历来计算，一般在每年的 4 月 5 日左右。"② 另一处是关于戒台寺，敦崇在原文中写道："寺后有太古、观音、化阳、庞涓、孙膑五洞，寺西五里有极乐峰。"③ 卜德在注释中指出，"化阳乃华阳之讹，华阳是陕西的一个县，曾经一度在芈戎的管辖之下，芈戎是宣太后的弟弟，宣太后则是秦惠文王的夫人。芈戎后来隐居在这个洞中，就用以前管辖的那个县的名字命名自己隐居的这个洞。"④

卜德的注释不仅具有知识性，也具有学术性。上文关于华阳洞的来历就显示了他的历史考据功夫，虽然没有列出参考文献，但熟习中国历史的人都知道，他依据的是《战国策》和《吕氏春秋》。在其他一些注释中，他则引经据典，比如他在解释寒食的时候就引用了《左传》和《史记》中关于晋文公的记载。更为难能可贵的是，卜德还注意到了当代学者的著述。敦崇在描述妙峰山碧霞元君庙时有这样一段文字："庙东有喜神殿、观音殿、伏魔殿，庙北有回香亭。庙无碑碣，其原无可考。然自雍乾以来即有之，惜无记之者耳。"⑤ 针对这段话卜德做了如下注释：

> 妙峰山是北京周边最受人欢迎的进香之地，但现存的记录却如此之少，实在值得关注。容庚在探讨妙峰山香火起源的文章中，全文引用了敦崇的这段话，作为几乎是唯一的详细描述。他同时还提供了另外一条材料，说明妙峰山早在 1629 年就已经香火颇盛，因此其作为进香之地完全可以追溯到明朝。容庚的文章刊载在《妙峰山》一书中，该书由顾颉刚主编，1928 年出版。顾颉刚在收入该书的自己的一篇文章中指出，妙峰山只是在清代才真正受欢迎起来，

---

① 《帝京岁时纪胜·燕京岁时记》，第 54 页。
② *Annual Customs and Festivals in Peking*, p. 26.
③ 《帝京岁时纪胜·燕京岁时记》，第 57 页。
④ *Annual Customs and Festivals in Peking*, p. 34.
⑤ 《帝京岁时纪胜·燕京岁时记》，第 59 页。

在明代人们最常去朝拜的是离北京更近的五座碧霞元君庙，分别位于北顶、南顶、东顶、西顶和中顶。对这五处地方《燕京岁时记》均有记载。①

卜德对于古代和当代材料的熟练掌握和运用，一方面固然是基于他日益深厚的汉学功力，另一方面也得力于中国学者的指点和帮助，这从卜德在"译者前言"最后开列的致谢名单中可以看出，其中引人注目的是著名学者张星烺（时任辅仁大学历史系主任）和洪业（时任燕京大学文科主任）。

卜德的"译者前言"写于1935年9月21日，由此可知他在此前已经完成了翻译工作。译本正式出版是在1936年，出版者是当时在北平十分活跃的法文书店（The French Bookstore），其老板是热心文化事业的法国人魏智（Henri Vetch, 1899—1978），书店的办公室设在北京饭店。1937年卜德英译的冯友兰《中国哲学史》上卷也是由法文书店出版的。误以为《燕京岁时记》有法文译本，也许是由于出版者是法文书店而来。

法文书店是民国时期北平颇有影响的文化机构，它的业务范围主要是两项：一是，图书进出口——将外文书籍引入中国和将中文书籍销往国外；二是，学术出版，著名的出版物如初期的《华裔学志》、爱斯嘉拉（Jean Escarra, 1885—1955）的《中国法制史》（Le Droit Chinois）、阿灵敦（L. C. Arlington, 1859—1942）的《寻找老北京》（In Search of Old Peking）等。法文书店的骄人业绩主要得力于魏智的经营有方。曾长期在北京生活的德国汉学家傅吾康在1939年8月6日的家信中对魏智有这样的描述：

> 他在北京20年，虽然几乎不会说中文，但熟知西山的每一条道路和每一座小木桥。无论是白天还是黑夜，他从不知疲惫，如果和他在一起，总有一些有趣和出乎意料的事儿。魏智很活泼开朗、风趣机智，和他的每一次聊天都令人很兴奋，他总是很友好而且乐于助人，同时也常常喜欢取笑别人。此

---

① *Annual Customs and Festivals in Peking*, p. 39. 卜德提到《妙峰山》（《中山大学民俗学会丛书》第十八种，1928年）一书中的两篇文章分别是顾颉刚的《妙峰山的香会》和容庚的《碧霞元君庙考》。

外，魏智是一个好商人，懂得用自己的图书生意挣钱。他充满幽默，不会因为别人的影射而气恼，我们都非常喜欢他。①

卜德的《燕京岁时记》英译出版后，受到了国际汉学界的广泛好评。戴闻达、魏鲁男、魏理（Arthur Waley，1888—1966）等西方汉学家均发表书评，对卜德的工作表示祝贺和肯定。在表扬的同时，他们也提出了一些商榷意见。戴闻达认为，"压岁钱"翻译成"cash to pass the year"固然可以，但没有能够同时传达出其中所隐含的压"祟"（cash to press down evil influences）的意思。魏理认为将"豆泥骨朵"按照拼音翻译成"tou-ni-ku-to"虽然不错，但很费解，实际上这是一个蒙古语，意思是肉饺（meat dumplings）。魏鲁男认为将"打冰"翻译成"striking ice"过于拘泥于字面，"getting in the ice"在他看来更好一些。②

卜德的英译本在中国国内也不乏关注者，其中最重要的是周作人。他在阅读了英译本和日译本后，于1942年8月19日写了一篇题为《关于〈燕京岁时记〉译本》③ 的文章。此文周作人未编入文集，至近年来始收入《周作人集外文》（海南国际新闻出版中心1995年）和《周作人散文全集》（广西师范大学出版社2009年）二书。

在文章的开头，周作人写道：

敦崇所著《燕京岁时记》是我所喜欢的书籍之一，自从民国九年初次见到，一直如此以至今日。原书刻于光绪丙午，距今才三十六年，市上尚有新印本发售，并不难得，但是我有一本，纸已旧敝，首页有朱文印二，曰铁狮

---

① ［德］傅吾康著，欧阳甦译《为中国着迷———一位汉学家的自传》，社会科学文献出版社2013年，第94页。

② J. J. L. Duyvendak, "Review of *Annual Customs and Festivals in Peking*", *T'oung Pao*, Vol. 33, Livr. 1（1937）, p. 104; Arthur Waley, "Review of *Annual Customs and Festivals in Peking*", *Folklore*, Vol. 47, No. 4（1936）, p. 403; James R. Ware, "Review of *Annual Customs and Festivals in Peking*", *Harvard Journal of Asiatic Studies*, Vol. 2, No. 1（1937）, p. 11.

③ 署名药堂，载《国立华北编译馆馆刊》1942年第1卷第1期。

道人，曰姓富察名敦崇字礼臣，篆刻与印色均不佳，所可重者乃是著者之遗迹耳。寒斋所得此外尚有《紫藤馆诗草》《南行诗草》《都门纪变三十绝句》《画虎集文钞》《芸窗琐记》《湘影历史》等六种，但是最有意思的，还要算这《岁时记》，近七八年中英文日文译本都已出来，即此也可见为有目所共赏了。英译本名 Annual Customs and Festivals in Peking，译者 Derk Bodde，一九三五年（按：应为1936年）北京法文书店发行，价十三元半，但是现售加倍了。日译本名《北京年中行事记》，小野胜年译，昭和十六年岩波书店发行，价金六十钱也。①

接着周作人指出了翻译中的一些错误，就卜德的英译本来说，有以下几条：第一，《端阳》一节中描述粽子有一段话："以竹筒子贮米，投水以祭之，以楝叶塞其上，以彩丝缠之，不为蛟龙所窃。"② 其中卜德将"楝叶"翻译成了"lily leaves"（莲叶）是不对的，应该译为"Persian lilac"。第二，《江南城隍庙》一节最后一句话是："每岁中元及清明、十月一日有庙市，都人迎赛祀孤。"③ 卜德将"祀孤"翻译成"give offerings to these lonely gods"，即以孤为孤神，是误解了原文，"其实这里的神都不孤独，不但城隍皆有夫人，即从神亦犹官衙之吏胥，徒党甚众也"④，所以这里所祭祀的应该是"孤魂"（lonely spirits of the departed）。第三，卜德在译本序言中，根据《紫藤馆诗草》卷首《铁狮道人传》将敦崇的去世系于宣统三年（1911），时年57岁。周作人指出，卜德对这份传记材料存在误读，尤为严重的是忽略了其中的一段话："惟遇隆裕皇太后大事，成服而出，缟素二十七日。"从这段话可知，1913年隆裕皇太后葬礼举行时，敦氏尚在，其年59岁。至于敦崇到底死于何时，周作人认为由于没有确切的材料，可以存疑，但"不如译者所说死于辛亥也明甚"⑤。

---

① 周作人《周作人散文全集》第八卷，广西师范大学出版社2009年，第643页。
② 《帝京岁时纪胜·燕京岁时记》，第62页。
③ 《帝京岁时纪胜·燕京岁时记》，第72页。
④ 《周作人散文全集》第八卷，第645页。
⑤ 《周作人散文全集》第八卷，第644页。

戴闻达、魏鲁男、魏理的书评发表后，卜德很快就看到了，而周作人的文章则是由好友费正清告知后才找来一读。对于中外专家们提出的意见，卜德基本都同意，但要落实这些意见，只有等待修订再版。在初版问世近30年后，香港大学出版社于1965年推出了《燕京岁时记》英译的第二版，其后又于1968年和1987年两次重印这一版本。在为第二版所写的序言中，卜德特别提到了自己早年对于敦崇死期的错误判断，他感谢周作人的指正，同时也很困惑于自己当年为什么竟然会把敦崇"因病请假就医"轻率地理解为一病不起。

　　可能还是由于年轻吧。1935年时的卜德毕竟还只是一名初出茅庐的研究生，犯一点错误在所难免。到1965年，他已是宾夕法尼亚大学汉学教授，著作等身的大学者，但看到自己早年的译著再版仍然抑制不住内心的激动，因为《燕京岁时记》的翻译是他"第一部尝试进入汉学研究领域的著作"（first book-length venture into Chinese scholarship）①。人生的第一次总是让人难忘和激动。这次最初的尝试也影响了卜德日后的研究方向。中国的节日始终是他的一个关注重点，1975年，卜德出版了他的代表作《古代中国的节日》（*Festivals in Classical China*），在该书"前言"的一开头，卜德写道：

　　　　笔者对中国节日这个课题感兴趣已经有40年了。笔者早在1936年就翻译过一本有关北京岁时的著作，该书写于1900年，作者是一位满族人。对该书的翻译成为笔者最早的一本著作。《古代中国的节日》一书的研究对象是2000年前汉代的节日和庆典，这一课题此前还没有人研究过。②

　　当卜德写下这段话的时候，他的脑海中浮现的，一定是自己40年前的留学生活吧。尽管日军即将兵临城下，卜德的翻译进度不减；但战争的爆发无疑影响了《燕京岁时记》英译本初版的发行和销售，卜德对第二版的热情也是希望自己最初

---

① Derk Bodde, trans., *Annual Customs and Festivals in Peking*, Hong Kong: Hong Kong University Press, 1965, p. xvi.

② Derk Bodde, *Festivals in Classical China*, Princeton: Princeton University Press, 1975, p. xi.

的工作能够为更多的人所了解和利用。

二、《中国哲学史》英译

冯友兰的《中国哲学史》是20世纪中国学术史上的一部名著，也是较早被翻译成英文的著作之一。冯友兰晚年在《三松堂自序》中谈到这本代表作时说："听说一直到现在在西方各大学中，讲中国哲学史的，都还以这部书为依据。这是因为一直到现在，还没有新的外文的《中国哲学史》出现。"① 冯友兰说这些话的时候，离《中国哲学史》上册英文本问世（1937）已将近半个世纪了。

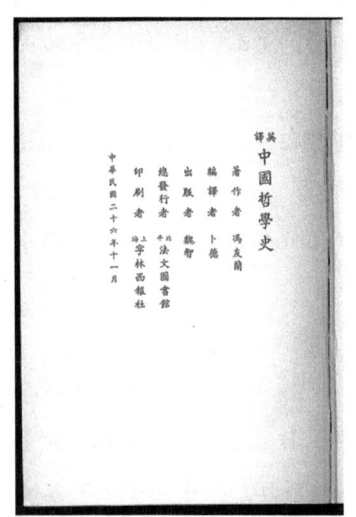

图4 英译《中国哲学史》

冯著《中国哲学史》分上下册，1931年，上册（《子学时代》）由神州国光社出版，1934年，上册（《子学时代》）和下册（《经学时代》）全部由商务印书馆出版。该书出版后受到中国学界的高度评价，被认为"取材谨严，持论精确"②。同时它也引起了海外学者的关注，随着英译本的出现，它逐渐成为西方学者研究中国哲学的必读书。

冯著上册的英译本于1937年由北平的法文书店出版（1952年由普林斯顿大学出版社再版），下册的英译本1953年由普林斯顿大学出版社出版。前后两册的出版时间相隔如此之长，主要是由于战争和动荡的政治局势。这两册均是由卜德翻译的。

卜德在北京留学的6年中，进修的主要科目是中国哲学史。1931年他一到北京就去拜访冯友兰并在清华旁听相关课程。冯友兰回忆说：

---

① 冯友兰《三松堂自序》，三联书店1984年，第230页。
② 陈寅恪1930年代为冯著上下两册所写审查报告中的用语，详见陈寅恪《金明馆丛稿二编》，三联书店2001年，第279、282页。

我在清华讲中国哲学史的时候，有一个荷兰裔的美国人卜德，在燕京大学当研究生。他的名字挂在燕京，但是来清华听我的课。那时候，《中国哲学史》上册已经由神州国光社出版。卜德向我建议说，他打算用英文翻译我的《中国哲学史》，请我看他的翻译稿子。他翻译完一章，就把稿子给我看一章。到1935年左右，他把上册都翻完了。那时候，有一个法国人Henri Vetch（魏智）在北京饭店开了一个贩卖西方新书的书店，名叫"法文书店"。他听到卜德有一部稿子，提议由他用法文书店的名义在北京出版。卜德和我同意了，他拿去于1937年出版。①

卜德的译序写于1937年5月18日，离卢沟桥事变不到两个月。抗日战争全面爆发后，冯友兰随清华向内地迁移，卜德则返回美国，下册的翻译工作只得高高挂起。

抗战胜利后，机会来了。冯友兰回忆说：

到1945年日本投降，我在昆明接到卜德的来信说，他现在美国本薛文尼（宾夕法尼亚）大学，已经向洛氏基金请到一笔款子，算是捐给这个大学。这个大学用这笔款请我于1946年去当个客座教授，讲中国哲学史，主要是同他合作，继续翻译《中国哲学史》的第二部分。我答应了，于1946年9月到本薛文尼（宾夕法尼亚）大学，继续翻译工作。……到1947年暑假，卜德的翻译工作没有完成，但是我的任期已满，不得不离开。②

翻译工作又一次中断。

好在1948年秋卜德获得了富布莱特奖学金，作为访问学者再次来到了北京，下册的翻译工作再一次得以继续。当时中国正处于大变局的时代，冯友兰和卜德

---

① 《三松堂自序》，第229页。
② 《三松堂自序》，第229页。

的合作注定还要经历一番波折。冯友兰继续回忆说：

> 卜德住在北京，经过平津战役，在围城之中，继续他的翻译工作，到朝鲜战争爆发的时候，他已经翻译完毕。他看见中美关系不好，恐怕交通断绝，就带着稿子回美国去了。此后音信不通。一直到1972年邮政通了，我才知道，这部《中国哲学史》英文稿，包括以前在北京出版的那一部分，都已经由普林西顿（普林斯顿）大学出版社于1952年（按：应为1952—1953年）出版。①

冯友兰大约未必知道，其大著的英译本自出版后不断重印，到1973年已经印刷了7版。

"Habentsua fata libelli."这句拉丁文的意思是"书也有命运"。至于人的命运，则更是风云莫测。1978年10月，第一个美国学术代表团访问中国，卜德是成员之一，据代表团团长余英时记载，"自从代表团组建以来，冯友兰就是他最想见的人。尽管我们反复要求，但冯从未露面"②。直到20世纪80年代冯友兰走出"文革"阴影，两位合作者才于隔绝30年后再次见面。

《中国哲学史》本来是为中国学人而写的专著，现在要翻译成英文，内容宜乎有所调整。

为了便于西方读者接受，卜德在征得冯友兰同意后在翻译中对原著做了一些增删。首先是在正文之外增加了5个辅助部分：译者前言、中国哲学家年表、参考书目、索引、战国地图。正文中的增加主要是背景知识，有些直接加在正文中，有些则以译注的形式放在页下。如讲到墨子的时候，卜德有页下注云："墨子的本名是墨翟，放在很多哲学家名字中的这个'子'（Tzu）字——如墨子、庄子等等——并不是他们的名字，而是一种尊称，意思是'墨大师''庄大师'。"③ 在讲

---

① 《三松堂自序》，第230页。
② 余英时《十字路口的中国史学》，上海古籍出版社2004年，第32页。
③ Derk Bodde, trans., *A History of Chinese Philosophy*, Peiping: Henri Vetch, 1937, Vol. 1, p. 76.

到孟子贵王贱霸的思想时，卜德的注释是这样的：

> 周朝的统治衰落后，它的权威被一些强有力的诸侯僭越，这些诸侯凌驾在其他诸侯之上，多次召集联盟会议，就被称为"霸"（Pa）。根据传统的算法，春秋时期共有五霸：齐桓公（公元前685—前643年在位）、秦穆公（公元前659—前621年在位）、宋襄公（公元前650—前637年在位）、晋文公（公元前636—前628年在位）、楚庄公（公元前613—前591年在位）。①

除了这一类介绍背景的文字，卜德也会偶尔就翻译问题出注，例如关于人性问题，告子有一个重要观点"生之谓性"（《孟子·告子上》），卜德将这句话译成"That which at birth is so is what is called nature"，又出一注释道：

> 这句话意思含混，是中国哲学文献中最难确切传达的观点之一，关于对它的多种解释，读者可以参阅理查兹（I. A. Richards）的《孟子论心性》（*Mencius on the Mind*）一书的第二十三至二十八页。告子认为人性无所谓好坏，也不牵涉道德问题。他这句话大概就是说人性就是人生下来的时候所具有的性情，其中不含有孟子所说的那种道德品质。关于告子观点的详细论说，可以参见本书下文第七章《战国时之百家之学》中有关告子的部分。②

直接加在正文中的内容可以举论述孔子的一章为例。为了让不熟悉孔子的西方读者对这位中国圣人的生平有所了解，卜德在第四章《孔子及儒家之初起》的一开头增加了一段介绍文字：

> 我们对于中国早期哲学家的生平一般知道得很少，孔子则相对要多一些，这主要得力于《史记·卷四十七·孔子世家》中的专门记录。根据这一记录，

---

① *A History of Chinese Philosophy*, Vol. 1, p. 112.
② *A History of Chinese Philosophy*, Vol. 1, p. 124.

我们知道孔子生于公元前551年，他是鲁国人，出生地在今天山东省曲阜市附近。他的祖先是宋国（位于鲁国西南，在现在河南省）的宗室，移居至鲁国是在他曾祖的时候，在鲁国他的家族衰落了。孔子和后来几个世纪中出现的不少哲学家和政治家一样，都属于破落贵族阶级。"Confucius"是"孔夫子"的音译，意思是孔大师。他的本名是孔丘、字仲尼。一般认为孔子3岁的时候父亲就去世了，他是由母亲抚养大的。他的父亲是鲁国一个颇有权力的军官。他19岁的时候结婚，也大约在同时他开始任职，一开始负责管理仓库，后来负责管理土地。此后一段时间他的经历（包括在临近的齐国生活了若干年）究竟是怎样的，现在已无法完全确定。可以确定的是，公元前501年，他做了鲁国的宰相——他一生中最高的职位。按照《史记》的记载，他在这个位置上治理鲁国非常成功，引起了临近的齐国的担忧，于是齐国送给鲁国君主一批歌女和舞女，使他耽溺于声色而不问国事。孔子非常失望，辞去了自己的职务，在众多弟子的陪同下，于公元前497年开始周游列国，这段游历前后长达13年，期间经历了不少苦难和危险。最终他回到了故土，在生命的最后3年，他致力于学术研究和教授门徒。他死于公元前479年，葬在曲阜。他的墓直到今天依然存在。[①]

这些增添的背景知识在今天看来都是常识，是稍微对中国文化有所了解的人都知道的。但是在20世纪30年代这样的增添却是必不可少的，因为当时西方人对中国的了解是相当少的，他们所知道的古代哲学和古代文化只局限于希腊和罗马。这也是卜德要翻译冯著的一大原因，他在序言中写下了这样一段话：

尽管现代的各种发明使世界各国之间的接触越来越频繁，但阻碍人们进行思想和精神交流的障碍依然广泛存在。从人类历史来看，精神的交流总是落后于物质的交流，现在物质交流的手段已经越来越多了，从精神层面去理

[①] *A History of Chinese Philosophy*, Vol. 1, p. 43.

解其他民族就变得更为迫切了。即使在今天,我们还是经常听到西方的学者说这样的话:"欧洲的中世纪把全世界带进了文化的谷底。"他们完全不知道,当时中国的唐朝正在呈现人类最灿烂的文化,人类有史以来的第一部印刷品也在九世纪的中国问世。我们很多的西方人至今还像中国道家哲人庄子所谓的井底之蛙一样,以为自己所看到的那一角天空就是全部的风景。许多人死守着希腊罗马的文化遗产,以为这就是所有的文明,而实际上现在我们比以往任何时候都更迫切地需要用一种比较的眼光去看待其他文明,这样做不仅是为了去了解这些异族的文明,也是为了用一种客观的态度来反观我们自己的文明。①

确实,自 18 世纪欧洲"中国热"过去后,一个多世纪以来西方人对中国和中国文化的了解实在是太少了。汉学家有责任为他们的同胞提供最新的知识和信息。

与增添相比,删节是比较少的,最主要的是冯友兰的 3 份序言没有翻译。另外第一章《绪论》中介绍哲学的内容和方法的几节没有翻译。"哲学本一西洋名词"②,正如冯友兰开篇所说,这些内容对西方人来说是常识,就没有翻译的必要了。

冯著的一个重大特点是大量抄录原文,冯友兰说自己这样做是继承了中国以往的学术传统:"中国人所写此类之书几皆为选录式的;如《宋元学案》《明儒学案》,即黄梨洲所著之宋、元、明哲学史;《古文辞类纂》《经史百家杂钞》,即姚鼐、曾国藩所著之中国文学史也。"③ 这样写有它的好处,但也有学者批评冯友兰"直用原料的地方太多"而线索不清,④ 作为译者卜德倒没有这样的感觉,他在译序中写道:

---

① *A History of Chinese Philosophy*, Vol. 1, p. i.
② 冯友兰《中国哲学史》(上),三联书店 2009 年,第 3 页。
③ 《中国哲学史》(上),第 18 页。
④ 张荫麟《评冯友兰〈中国哲学史〉》,载《大公报·文学副刊》1931 年 6 月 8 日。

冯著大量引用原始资料，这使本书不仅成为中国哲学的一个有价值的文献选编，而且让这些古老的文本表达自己的观点，这非常重要，因为关于这些文本的解释往往是多样的。译者尽可能地贴近原文，但也充分利用了已有的西文的翻译，但很少原文照录，而是做了自己的修正，使翻译更加准确。①

根据卜德在文中做的注释和最后列的参考文献，他参考过多种已有的英文翻译，例如就四书五经而言，他的主要参考对象是理雅各的五卷本巨译《中国经典》（*The Chinese Classics*）：第一卷为《论语》《大学》和《中庸》（*Confucian Analects, The Great Learning, and The Doctrine of the Mean*）；第二卷为《孟子》（*The Works of Mencius*）；第三卷为《尚书》（*The Shoo King, or The Book of Historical Documents*）；第四卷为《诗经》（*The She King, or The Book of Poetry*）；第五卷为《春秋左传》（*The Chun Tsew, with the Tso Chuen*）。其他重要参考文献包括：翟理斯的《庄子》译本（*Chuang Tzu*, 1926）、德效骞的《荀子》译本（*The Works of Hsuntze*, 1928）、魏理的《老子》译本（*The Way and Its Power*, 1934）、梅贻宝的《墨子》译本（*The Ethical and Political Works of Motse*, 1929）。至于没有现成译本可以参考的，如《公孙龙子》《韩非子》等等，卜德提供了最早的译文。

理雅各是卜德最为敬重，也是在翻译中借鉴最多的前贤；但仔细对比每一段译文就会发现，卜德都会多多少少做一些修订。试举一例。关于人性善，孟子有一段著名的论述，以"人皆有不忍人之心"开始，最后得出的结论是："恻隐之心，仁之端也；羞恶之心，义之端也；辞让之心，礼之端也；是非之心，智之端也。人之有是四端，犹其有四体也。"（《公孙丑上》）这段话的理雅各译文是：

The feeling of shame and dislike is the principle of righteousness. The feeling of modesty and complaisance is the principle of propriety. The feeling of approving and disapproving is the principle of knowledge. Men have these four principles just as

---

① *A History of Chinese Philosophy*, Vol. 1, pp. xi-xii.

they have their four limbs.①

卜德的译文修订为：

The feeling of commiseration is the beginning of human-heartedness. The feeling of shame and dislike is the beginning of righteousness. The feeling of modesty and yielding is the beginning of propriety. The sense of right and wrong is the beginning of wisdom. Man has these four beginnings just as he has his four limbs.②

对比两份译文，可以看出虽然句式几乎没有变化，但几个关键词的翻译则差异很大，理雅各将"端"译成"principle"，不是十分贴切，卜德译成"beginning"，应该说更好。更重要的是，理雅各把"仁"翻译成"benevolence"，用的是一个现有的英文词，而卜德则使用了一个新生造的词"human-heartedness"。两者孰优孰劣，很难判定，但卜德的修改无疑反映了他的独立思考。

"仁"是孔子思想中最重要的概念之一，如何翻译，不仅牵涉到语言问题，更牵涉到思想问题，所以历来众说纷纭，比较常见的有 morality, virtue, goodness, altruism, humanity, true manhood 等。卜德的译本出版后，像理雅各的 benevolence 和其他"仁"的译法一样，human-heartedness 也遭到了质疑，卜德在《中国哲学史》下册译本中改用了 love 一词，但同样不能让所有人满意。

曾长期在美国教授中国哲学史的陈荣捷在1963年比较了各种译法后认为 humanity 最好，③ 但当代最新的儒学研究者认为，"仁"在不同的语境中意思是不一样的，任何一个固定的译法都无法涵盖所有的语境，所以他们倾向于直接用音译

---

① James Legge, trans., *The Chinese Classics*, Vol. II Second edition, London: N. Trubner & Co., 1869, pp. 173-174.

② *A History of Chinese Philosophy*, Vol. 1, pp. 120-121.

③ Wing-tsit Chan, *A Source Book in Chinese Philosophy*, Princeton: Princeton University Press, 1963, p. 789.

ren 而不是用英语中现有的某个词来对应"仁"。① 这或许不失为一个平息争论的办法。

卜德的译本出版后，受到国际汉学界的广泛好评，上册1937年在北京出版后，著名汉学家魏特夫（Karl A. Wittfogel, 1896—1988）第一时间就读到了，他后来在书评中说："西方学术界应该感谢卜德博士将这样一本书很准确地翻译了过来。他所做的注释、索引以及列出的参考书目也是不可或缺的，对阅读正文起到了很好的帮助作用。"② 魏特夫在书评最后表示非常期望读到下册的英译本。但好事多磨，下册直到1953年才在美国问世。

上下两册出版后，当时旅居美国的胡适很快就看到了，并特别撰文予以评论，他赞扬卜德的翻译是"非常忠实于原著的上乘之作"（most faithful and excellent job），这应该可以看作是最有权威性的评价了。当然，对于其中的一些词语，特别是一些重要概念的翻译，胡适也提出了商榷意见。比如他认为卜德把"灾""异"翻译成"visitations"和"prodigies"是不太恰当的，建议使用"calamities"和"anomalies"。③

在与译者卜德商榷之后，胡适把批评的矛头主要指向了作者冯友兰。胡适认为冯著中给予道教和禅宗的部分过少，与它们在中国思想史上的地位不相适应。造成这一状况固然有篇幅的原因，但更重要的还是由于冯友兰"正统派"的观点——以儒家为中国思想的正统。作为五四健将的胡适显然是反对正统派的，早在冯著中文本上册出版时他就表示过不满，但那时的读者还是中国人，现在英文本出版了，读者扩大到整个西方世界，胡适更加感觉到重申以前观点的必要。

除了学术观点的不同，还存在一个学术话语权的问题。胡适在美国的博士

---

① E. Bruce Brooks and A. Taeko Brooks, *Original Analects: sayings of Confucius and his Successors*, Columbia: Columbia University Press, 1998.

② Karl A. Wittfogel, "Review of *A History of Chinese Philosophy*", *Pacific Affairs*, Vol. 14, No. 4 (1941), p. 483.

③ Hu Shih, "Review of *A History of Chinese Philosophy*", *The American Historical Review*, Vol. 60, No. 4 (1955), pp. 898-900.

论文《先秦名学史》(The Development of Logical Method in Ancient China) 1922年由上海亚东图书馆出版后，作为中国人最早的英文哲学著作，一直是西方汉学家的案头之作。但该书只讨论中国古代哲学方法，时间范围也只与冯著上册相当。冯著上下两册英文本出版后，大有取代胡著之势。① 从胡适这段时期的日记来看，他一直希望把自己计划中的《中国思想史》写完，并出版英文本或英文简本。他所计划中的英文本显然是以冯著为对手的。可惜胡适成名太早，一生受累，长期杂务缠身，直至去世也没有能够完成计划中的中英文本的《中国思想史》。

冯著英文本出版以来，不仅为西方学者广泛使用，也成为中国学者研究和教学的重要参考。历史学家何炳棣在回忆自己早年求学经历时特别提到他对1937年英译本的感激之情：

> 从30年代起，我对英文字汇就相当用心。历史这门学问的字汇要比其他专业的字汇广而多样，但中国哲学、思想方面字汇，英译的工作困难较大，并非历史学人所能胜任。所以七七事变前夕，我以十五元的高价在东安市场买了刚刚出版的卜德英译的冯友兰《中国哲学史》上册，奔波流徙中始终随身携带。没有它，中国哲学史的字汇英文很难"通关"。卜德这部英译"杰作"大有益于我在海外的中国通史教学。②

15元在当时确实价值不菲，但应该说完全是物有所值。何炳棣早在学生时代就听过冯友兰的课，并且一生都很敬重这位老师。

1937年《中国哲学史》上册的英文本现在已经难得一见了，好在就正文来看，1952年的版本并无丝毫的改动。对于1937年版上的印刷错误和其他不足之

---

① 冯著中文本出版后就已经有取代之势了，杨树达1935年9月21日在北京师范大学遇到从美国留学回国的齐思和，齐告诉杨，美国"学哲学者近皆读冯友兰所著书，不复及胡适矣"。详见杨树达《积微翁回忆录》，北京大学出版社2007年，第73页。

② 何炳棣《读史阅世六十年》，广西师范大学出版社2009年，第247页。

处，卜德没有在新版正文上直接改动，而是另外列出了一个"修正和增补表"（Revisions and Additions），放在正文之前。这实在是一个聪明的办法。

值得说明的是，在1953年下册英文本出版前，卜德将翻译好的其中3个章节（下册共16个章节）单独发表在《哈佛亚洲学报》上，具体情况如下：第十三章《朱子》（The Philosophy of Chu Hsi）载1942年第7卷第1期；第十章《道学之初兴及道学中"二氏"之成分》（The Rise of Neo-Confucianism and Its Borrowings from Buddhism and Taoism）载1942年第7卷第2期；第一章《泛论经学时代》（A General Discussion of The Period of Classical Learning）载1947年第9卷第3—4期合刊。此外，冯友兰认为《中国哲学史》中文本下册中关于魏晋的部分比较简略，所以1946—1947年在宾大讲学期间对其做了一点增补，让卜德翻译后直接加入译本中，所以这一部分的中英文本稍有不同。

第三章 近代英国人与北京文化

第一节 马戛尔尼访华使团前后的中英信息场[①]

马戛尔尼使团访华是英国在近代史（西方的概念）上首次与中国当时的政府高层进行直接接触，对于中英关系史有着重大意义。此次使团的使命是设法解决中英贸易关系问题。使团的失败在很大程度上导致了四十余年后中英严重对立的鸦片战争。因此，马戛尔尼使团事件可视作1840年中国近代史开始前的序幕。

总的来说，马戛尔尼使团访华（1793—1794）被认为是一场失败，因为其对清政府提出的所有要求，包括英王乔治三世致乾隆皇帝的国书以及马戛尔尼访华期间以英王名义提出的六点要求，均被驳回。国内外的研究者对于使团失败的原因列出了各种理由。例如，没落的封建制及小农经济与兴起的资本主义与工业革命的矛盾、觐见皇帝的叩头礼仪冲突、腐朽的中华帝国及其朝贡制度，等等。虽然在此问题上中外学者们因立场不同而各抒己见，但有一点似乎达成了共识：中国因其落后于世界潮流并傲慢自狂而应受到谴责。笔者并不准备对以上诸多看法提出挑战，但认为有两个方面值得我们认真思考，即相对于当时英国以及马戛尔尼勋爵有关中国的知识，中国尤其是乾隆对于英国乃至西方的认识，远处于下风；同时，服务于清廷的耶稣会士对于英国致中国及乾隆皇帝重要文件的翻译缺乏基本的忠实度，在客观上产生了误导的作用。本节先论述英国及马戛尔尼对于中国的"前理解"，然后勾勒中国尤其是乾隆皇帝对于英国乃至西方的认识，再进行比较并推导出若干结论，因为在笔者看来，所有对于异国的知识与理解，只有被置

[①] 本文首次面世是在2003年7月在美国洛杉矶召开的世界18世纪研究大会的青年学者研讨会上。后稍加润色以《接触与冲突——马戛尔尼访华使团前后的中英信息场初探》（英文）为标题发表在《比较文学与跨文化研究》（张西平等主编，华东师范大学出版社2015年）。此次是本文首次以中文版面世，笔者在翻译过程中仅稍做必要的增删。近20年来，学术界对于马戛尔尼使团的整体研究以及对于其中翻译问题的探索，已有多种成果面世，但由于时间关系，暂未纳入到本文的研究中。

于比较的视野中去考察并相互印证，才显得更清明透彻。

一、英国及马戛尔尼勋爵对于中国的"前理解"

对于英国人来说，到了 18 世纪，中国已不再是因出于好奇而凭空猜想的对象了。英国人此前从欧洲大陆获得了大量有关中国的知识，尤其是耶稣会士们的著作成了他们重要的信息来源。当时英国的知识界对于以下著作显示出浓厚兴趣：李明（Louis LeComte，1665—1728）《中国近事报道》（Nouveaux Memoirs sur l'Etat Present de la Chine，1696），该书在出版次年即有英译本，名为《最近穿越中华帝国旅行的回忆录与观察记》（Memoirs and Observations Made in a Late Journey Through the Empire of China）；杜赫德（J. B. Du Halde，1674—1743）的《中华帝国全志》（Description Geographique, Historique, Chronologiques, Politique, et Physique de l'Empire de la Chine，1735），这是部两卷本关于中国百科全书式的巨著，在出版次年即有四卷本英文节译本《中国通史》（The General History of China，1736）及译文更为可靠的全译本（又称 Edward Cave 译本，A Description of the Empire of China and Chinese-Tartary，2Vols.，1738、1741）两卷出版；同样由杜赫德及其耶稣会同事编辑的《耶稣会士书简集》（Lettres Edifiante et Curieuses，1702—1776，初版共34卷，其中第 16—26 卷收载由中国寄来的信）也成了后来英国人在自己著作中涉及中国的主要信息来源。除此之外，伏尔泰、孟德斯鸠、卢梭、莱布尼茨等法、德启蒙运动思想家的著作也被译为英文并受到英国知识界读者的欢迎。耶稣会士关于中国的叙述与阐释各式各样，但总体倾向是以正面的形象来呈现中国。于是，欧洲大陆部分因为马可·波罗游记而形成的关于传奇中国的观念逐渐被智慧与德政中国的新形象所取代。然而，在启蒙思想家中，伏尔泰和莱布尼茨认为与中国相关的几乎所有事物均值得赞美，而孟德斯鸠与卢梭却强调中国政府及其民族性格中的缺陷。

在我们接着谈论 17、18 世纪英国的中国游记之前，有必要先谈及两部英国早期的游记选集及其编者。其一是哈克卢特（Richard Hakluyt）编撰的《英格兰民族的重要航海、旅行与发现》（Principal Navigations, Voyages, Traffiques and Discoveries of the English Nation，初版 1589，增订本 1598—1600）。其中，选编、翻译了各种有关中国旅行记的节录。10 多年后,英国再次出版了一部大型的游记选集,即帕切斯(Samuel Purchas)的《帕切斯朝觐记》(Purchashis Pilgrimage, 1613)。这两部书中的部分内容属于大不列颠民族最早选编有关中国旅行记的尝试(大多属于对欧洲大陆作者相关著作的翻译),对于英国读者早期从第一手资料来认识中国弥足珍贵、不可或缺。①

根据本文作者的调查,在马戛尔尼使团访华前,至少有 13 位来华英国人撰写并出版了中国旅行记(部分以日记与回忆录文体面世)。他们中绝大部分以商人的身份或乘坐商船由海路前来,因此其足迹也仅限于澳门、广州、厦门等少数东南沿海城市与岛屿。② 这个阶段仅有 1720 年作为俄国使团医生来华的苏格兰人贝尔(John Bell)从中国北部陆路进入中国并抵达北京,并在其旅华 40 余年后出版了《从俄罗斯的圣彼得堡到亚洲各地的旅行》(Travels from St. Petersburg in Russia, to Various Parts of Asia, 1762),其中关于中国旅行记的部分占据全书大致一半的篇幅。这些旅行记中的大部分是描写作者在中国的所见所闻,事无巨细,力求客观写实。其中安逊的《环球航海记》(A Voyage Round the World, 1748)独树一帜、颇为异类,乃本时期唯一对中国几乎所有方面给予了否定与斥责的著作。

在 18 世纪,英国记述中国的原创性著作已大量增加,但这个数量与欧洲大陆,尤其是法国的出版量相比,还是明显处于劣势。根据中国学者钱锺书与英国中西关系史专家普里查德(Earl H. Pritchard)的研究,在马戛尔尼使团访华前,英国人自己撰写的有关中国的专著已有 20 余种。这些著作,除了部分属于概况类外,大多涉及中国更广阔、更专业的领域。

18 世纪的英国学者与作家,对于以下中国领域情有独钟:园艺、民族性格、

---

① Fan Cunzhong, "The Beginning of the Influence of Chinese Culture in England", *The Vision of China*, Adrian Hsia, ed., Hong Kong: The Chinese University Press, 1998, pp. 72-73.

② 例如,芒迪(Peter Mundy)于 1637 年、丹皮尔(William Dampier)于 1683—1684 年、汉弥尔顿(Alexander Hamilton)于 1693 年、1697 年、1700 年、1703—1704 年、洛克耶(Charles Lockyer)于 1704 年、安逊(George Anson)于 1742 年、1743 年、钱伯斯(William Chambers)于 1742 年、诺伯尔(Charles Frederick Noble)于 1747—1748 年、希基(William Hickey)于 1769 年、金(James King)于 1779 年、基尔伯特(Thomas Gilbert)于 1788 年、米勒斯(John Meares)于 1788 年、1789 年、莫蒂默(George Mortimer)于 1790 年来到中国并出版了涉及中国的旅行记。

语言、诗歌、戏剧和小说（包括翻译、改编与研究，涉及《诗经》《中国孤儿》《好逑传》等）。在此期间，在大不列颠还出现了几部由中国人担任主角的小说。例如，一位名叫李安济·阿尔大基（Lien Chi Altangi）的中国人出现在哥德斯密（Oliver Goldsmith）的《世界公民》（*The Citizen of the World*, 1762）① 中。自此以后，旅居伦敦的"中国哲学家信札"成了18世纪英国文学中的一种时尚文类，至少还有三种同类著作陆续出版，如《中国间谍：北京宫廷密使》（*The Chinese Spy; or Emissary from the Court of Pekin*, by Ange Goudar, 1763）、《朝觐者：中国哲学家致友人系列信函中的生活画像》（*The Pilgrim, or, A Picture of Life, in a Series of Letters Written by a Chinese Philosopher, to His Friend at Quang-Tong*, by Charles Johnstone, 1775）、《中国片段》（*A Chinese Fragment*, by Ely Bates, 1786）等。

在此时期，英国报刊常登载有关中国话题的散文。有些作品在以书的形式面世前，先在这些报刊上连载。除了哥德斯密的《世界公民》外，许多中国故事（译文与假托译文）也是先在报刊连载，这些报刊有《观察家》（*The Spectator*）、《闲谈者》（*Rambler*）、《探险家》（*Adventurer*）、《世界》（*World*）、《鉴赏家》（*Connoisseur*）、《镜子》（*Mirror*）、《休息间》（*Lounger*）、《君子杂志》（*Gentleman's Magazine*）、《历史纪年》（*Historical Chronicle*）、《批评性评论》（*Critical Review*）、《每月评论》（*Monthly Review*）、《哲学学刊》（*Philosophical Transactions*）等。总体而言，在以上报刊上发表的文章，对于当时英国社会流行的"中国风尚"（Chinese vogue or Chinoiserie）持批评态度。

随着英华园林的建造，中国丝绸、瓷器、漆器的大量进口，以及喝茶成了英国人日常生活的重要内容，英国对于中国物品的品位即所谓的中国风尚开始形成了。当然，其在英国的影响广度与深度还无法与法国相提并论。尽管如此，尤其在英国的中产阶级中，中国风尚对中国知识在18世纪英国的传播还是起到了推波助澜的作用。总之，在马戛尔尼使团访华前，英国对于中国已有相当全面的了解，尤其是在知识阶层里。

---

① 该著原以一封封信函的形式于1760—1761年在伦敦的日刊《公簿报》（*Public Ledger*）上连载，后由作者结集出版，共收123函。

然而，从当时的英国出版物以及英国社会出现的中国风尚所反映出来的英国关于中国的知识，是一码事；而马戛尔尼勋爵作为个体与英国的一员，其对中国有多少了解，那又是另一码事。这当然确定无疑。不过，我们也有理由相信，前者为后者提供了一个坚实的知识氛围基础。如果我们结合佩雷菲特（Alain Peyrefitte）对马戛尔尼藏书的实地调查①与克兰默-宾（J. L. Cranmer-Byng）的相关研究②，那么我们就可以断定，以下关于中国的图书与报刊曾受到过马戛尔尼的关注。如果我们对于其藏书进行分类的话，中国内容部分可分为以下五类：

第一，耶稣会士、法国与德国启蒙思想家的著作：杜赫德《中华帝国全志》、《耶稣会士书简集》、《关于埃及人与中国人的哲学研究》（*Recherches Philosophiques sur les Egyptiens et les Chinois*, by Cornelius de Pauw, 1773），伏尔泰与莱布尼茨的著作；

第二，英国旅华游记等：安逊《环球航海记》（*Voyange Round the World*）、库克《南半球航海记》（*Voyage to the Southern Hemisphere*）；

第三，17、18世纪英国作者约翰逊博士，鲍斯维尔（Boswell）[《撒缪尔·约翰逊生平》（*Life of Samuel Johnson*）]，弥尔顿，洛克，切斯特菲尔德（Chesterfield），休姆（Hume）等的著作。以上作者在其著作中均涉及中国，其中部分著作对于中国的涉猎还相当详尽；

第四，各种历史著作；

第五，英国期刊，如《君子杂志》等。根据钱锺书的研究，总的来说，期刊文章仅仅对当时英国兴起的中国风尚略有讥讽。然而，"《君子杂志》却非常严肃地将战争扩大到了敌方阵营，攻击中国本身。诚然，这份杂志……总体而言对于中国人的特性及其文明的态度非常严厉"③。

上述著作与作者对于中国及其文明的态度，既有赞美，也有贬斥。另外，据

---

① Alain Peyrefitte, *The Collision of Two Civilizations*: *The British Expedition to China in* 1792-4, Jon Rothschild, trans., Harvill: An Imprint of HarperCollins Publishers, 1993, p. 24.

② J. L. Cranmer-Byng ed., "An Embassy to China: Lord Macartney's Journal, 1793-1794", *Britain and the China Trade*, Vol. VIII, selected by Patrick Tuck, London and New York: Routledge, 2000, p. 42.

③ Qian Zhongshu, "China in the English Literature of the Eighteenth Century", *The Vision of China*, p. 155.

普里查德的研究，在马戛尔尼勋爵动身前往中国前夕，本次使团的重要赞助者之一英国东印度公司，在交给他的一个包裹里面，有"与中国建立关系的整个过程中，本公司中国文献的详细摘要"①。因此，《停滞的帝国》（*L'Empire Immobile*）作者佩雷菲特称马戛尔尼为"东方专家"（an expert on Orient）并非言过其实。②

虽然18世纪英国的知识界针对"粗俗"的中国风尚发起了攻击，指斥其"败坏了英国品味"，马戛尔尼勋爵却愉快地予以接受，并身体力行，"用中国瓷器茶杯喝中国茶。其漆器中国文房四宝盒上绘有穿着中国服饰人物的祖母绿宝石镶嵌的图片"。③

1786年，马戛尔尼勋爵创作一诗，很好地诠释了那个时代的颂华与中国风尚氛围施加于他的影响：

> 我踏上了中国快乐的海岸，
> 登上了她著名的长城，其艺术性迄今无与伦比，
> 我用惊奇的目光，凝视她山川河海，
> 她的城市、平原，她高山上的岩石与森林。
> 我跨越了她北方的边境并穿越了鞑靼人的旷野，
> 这些爱好探险的英国人从未涉足过的地方。④

从以上可知，马戛尔尼勋爵在出发访华前，对于中国已有了比较全面的了解。我们可以这么认为，此次使团给他提供了验证其"前理解"以及大量收集关于中

---

① Earl H. Pritchard, "The Crucial Years of Early Anglo-Chinese Relations, 1750-1800", *Britain and the China Trade*, Vol. VI, selected by Patrick Tuck, London and New York: Rouotledge, 2000, p. 409; James L. Hevia, *Cherishing Men from Afar*: *Qing Guest Ritual and the Macartney Embassy of 1793*, Durham and London: Duke University Press, 1995, pp. 58-59.（本著中译本：何伟亚著，邓常春译《怀柔远人：马戛尔尼使华德中英礼仪冲突》，社会科学文献出版社2002年。）

② Peyrefitte, op. cit., p. 24.

③ Peyrefitte, op. cit., p. 25.

④ P. J. Marshall, "Britain and China in the Late Eighteenth Century", *Ritual & Diplomacy*: *the Marcartney Mission to China 1792-1794*, Robert A. Bickers, ed., Wellsweep: The British Association for Chinese Studies, 1993, pp. 15-16.

国情报的绝佳良机,因为通过现场观察与直接接触,不仅其先前从书本、"中国风尚"等时代潮流上获得的关于中国的理论知识将直接面对现实,两者鸿沟得以跨越,而且可以难得地身临其境收集到最新的有关中国的第一手信息。无疑,马戛尔尼对于使团访华做足了准备并满怀信心。在此次中英之间的官方高级别接触中,采取主动并扮演情报探察者角色的是英国。那么,作为被观察对象的中国,在18世纪末之前,对于英国有多少认识呢?

二、中国与乾隆皇帝对于英国的认识

1757 年,伦敦出现了一封由中国哲学家撰写的书信——《一封发自驻伦敦的中国哲学家叔和致其在北京的朋友李安济(Lien Chi)的信》。若干年后,一个在伦敦出版的期刊《公簿报》(*Public Ledger*)刊登了同一位哲学家更多的书信。这就是后来哥德斯密(Oliver Goldsmith,1728—1774)于 1762 年出版的书籍《世界公民》(*The Citizen of the World*,1762)。该书被广泛认为是用英文发表的最好的中国故事之一。其实,正如评论者所表明的,该书无非是许多虚构信函的合集,意在让英国人意识到欧洲道德的沦丧。迄今尚无事实表明,确实存在过这样一位曾在英国或欧洲其他任何地方旅行过的中国信函写作者。

然而,根据史料记载,在马戛尔尼使团访华前,确有若干中国人以某种方式抵达过欧洲。其中,至少有四位曾莅临英国。1687 年,首位有名有姓的中国旅行者出现在英国。他就是沈福宗(Michel Shen Fo-Tsoung),南京人氏,由比利时来华耶稣会士柏应理(Philippe Couplet,1623—1693)在同年先带到法国。在其居留牛津期间,沈福宗与当时著名的东方学家托马斯·海德(Thomas Hyde)结识。在 1687 年 1 月 25 日至 1688 年 2 月 1 日期间,他曾多次致信海德。他似乎在牛津受到了非常热情的接待。研究者并不能确认他是否会讲英文,但确定无疑的是他懂得拉丁文,并对牛津大学所提供的一切深感满意。他与海德以及牛津的其他教师的谈话显然是用拉丁文进行的。同时,他与海德的部分通信,以及所撰关于中国文字及娱乐的片段描写,均用拉丁文,迄今还保留在海德的著作《遗书》(*Syntagma*)里。遗憾的是,沈福宗致海德的大部分信函内容均为生活细节,再附带些有关中国语言和中国人玩围棋的简易说明。①

据范存忠先生研究，英国东方学家威廉·琼斯（William Jones，1746—1794）爵士在其于1771年给年轻同行回信时提到过一位当时旅居伦敦的中国人："我劝你探听一个中国人，他现在伦敦，他的住址我记不得了，不过明天或星期六我到伦敦后就可以知道的。"接着，范存忠先生写道：

> 据我所知，在1779年左右的伦敦，大家知道的中国人，至少有两位，而琼斯可能是都认识的。一位叫作谭纪华（Tan Chequa，译音）……是于1769年间从广州来的，……他是一个雕塑家，……这位谭先生还留下一些英文信件，其中有几封是写给牛津的三个女太太的，似通非通，但也有些意思。这就是琼斯所说的住在伦敦的中国人。从他那里，琼斯可能得到一些关于中国的知识，或增加了一些汉语的词汇。此外，还有一位中国人，年龄比较轻些，也是从广州来的，叫作黄阿东（Whang Atong，译音）。他是商人，但据说是秀才出身。在1770年以后，他与琼斯有些来往，后来回到香港，仍与琼斯通信。……从黄先生那里，琼斯可能得到了更多的中国知识。但是，我们不知道黄先生住在伦敦的年代，也无从知道他在伦敦和广州的活动……②

然而，遗憾的是，以上三位赴英的先驱者，无一人留下任何有关英国的记载。他们与英国人交往时所撰不多的信函，也仅仅保留在英人的作品集里，长期不为中国人所知，这与当时英人因各种理由来华后出版了不少根据其中国经验所撰的著作形成鲜明对照。

接着，就是在大约100年后，大致上与马戛尔尼使团访华时间相当，有位中国人踏上了欧洲大陆并最终来到了"英吉利国"（即英格兰，其在西方的旅行时间大概是1782—1796年）。这位中国人叫谢清高（1765—1821），是位广州商人，

---

① Fan, op. cit., p.75. 同时参考范存忠《中国文化在启蒙时期的英国》，上海外语教育出版社1991年，第10页。

② 《中国文化在启蒙时期的英国》，第192—193页。

因在海南岛附近海域遭遇海难，被经过的外国船只搭救，然后随之驶往西方。他在"遍历海中诸国"后回国，并于1820年编撰《海录》（杨炳南整理）出版。这是中国人首次利用亲身体验讲述了英国的地理与习俗，而且更为重要的是，该著指出了英国为一辽阔岛国、人口稀少而富裕、居住楼房且设施先进、善于航海与贸易、好趋利，并有三处"外府"（即殖民地，孟加拉、马德拉斯与孟买），军事力量极为强大，乃世界一霸，等等：

> 英吉利国即红毛番，在佛朗机西南对海……海中独峙，周围数千里。人民稀少而多豪富，房屋皆重楼叠阁。急功尚利，以海舶商贾为生涯。海中有利之区，咸欲争之。贸易者遍海内，以明呀喇（孟加拉）、曼哒喇萨（马德拉斯）、孟买为外府。民十五以上则供役于王，六十以上始止。又养外国人以为卒伍，故国虽小，而强兵十余万，海外诸国多惧之。海口埔头名懒伦，由口入，身行百余里，地名论伦，国中以大市镇也。楼阁连绵，林木葱郁，居人富庶，匹于国都，有大吏镇之。水极清甘，河有三桥，谓之三花桥。桥各为法轮，激水上行，以大锡管接注通流，藏于街巷道路之旁。人家用水俱无烦挑运，各以小铜管接于道旁锡管，藏于墙间。别用小法轮激之，便注于器。王则计户口而收其水税。……工能出一奇物，得专利三十年。他人学作有禁，故制作益精。商有公司，乃国中富人合本银设公局，立头人、理事专擅贸易。凡争据各海港，用兵饷皆出于公司。得一地，公司得收其税三十年，期满始归其国王，故船炮讲求最精，所在窥伺。①

我们必须承认，以上信息比起同一时期或之前中国文人对于英国的神奇般描述要准确得多。然而，遗憾的是，因谢清高回国与出书太迟，乾隆皇帝显然无法知道谢清高关于英国的陈述。其实，即便谢清高返国与书的出版均恰逢其时，我们也无法保证乾隆皇帝能对谢清高及其著作产生任何兴趣，因为这些民间人物及

---

① 谢清高口述，杨炳南笔录，安京校释《海录校释》，商务印书馆2002年，第250—251、254页。

作品在当时均难以登上大雅之堂。

在马戛尔尼使团访华前，中国人旅欧并唯一随后即留下记述的是樊守义（Louis Fan，1682—1753，1708—1720 年旅欧）及其《身见录》（1721）。1707 年，康熙皇帝派遣耶稣会士卫方济（François Noël，1651—1729）、陆若瑟（Arxo，1659—1719）、艾逊爵（Antonio F. G. Provana，1662—1720）赴罗马梵蒂冈，樊守义作为后者的管家（domestique）随行。旅行路线先后为南洋、南美洲、欧洲〔葡萄牙、西班牙、意大利（包括比萨、罗马、那不勒斯、佛罗伦萨、米兰、都灵等地）〕。其回国后即得到康熙帝的觐见并受命撰写有关旅行的报告，即《身见录》。该作非常简洁，仅有数千字的篇幅，而且仅供康熙及宫廷少数达官阅览，并未公开发表。以下是其关于游历葡萄牙的描述：

> 是年八月初，始抵大西洋波尔多勒尔国，进海口，多有筑防守炮台，凡洋物至此，则发号炮查明报知有司，方许入。行五里，即见京城，城有大河一道，从内地出流于海，停泊洋船三四百。是日也，余登岸，居耶稣会院，修士乍见，殷勤如故，即送安顿，银器俱全。视风景，壮丽可观，允称富国，无物不备，地多泉穴，其房俱三四层不一，而公侯王府，更极崇美，若天主堂、圣母堂、圣人堂，纯用石造，奇峻特异，雕饰供器，悉以金银。修道院颇多，而每院修道者凡数百，并设学校，分小学四品、中学二品、大学三品，且有养济院数处，甚广大，更多富贵苑囿。第三日国王召见，其宫殿之崇美，目所未亲见者也，外设兵卫，内侍群僚，王之右有弟三人，王年近二旬，容颜温励亲和，翌日复见王，命朝内游，见红帐覆墙，或锦或绣，若绘画然，夏以瓷器掩下截，玻璃窗、花毡垫、金镶凳，水晶棹，炫耀人目也。……国王之诞，余与往祝其礼，国王上立，旁群臣，仰上鞠躬凡三，躬近王前，亲王手，或问答，或退班，约略如是……及辞行，……过依大利亚国、地中海、南望亚非利加，北眺大西洋，……至蛇奴划国，其属国名格尔西加者，……①

---

① 方豪《中西交通史》下册，岳麓书社 1987 年，第 857—858 页。

以上描述算是在那个时代中国人根据自己的亲身经历所做的能反映欧洲的当前现实且内容又比较详尽的唯一记载。然而，遗憾的是，这些赴英（欧）的先驱及其作品并未受到中国人的重视。这些早期旅英（欧）者，在我们的历史文献里从未有过任何记载。只是到了现代时期，才有若干中外学者在爬梳西方文献时，找到了他们的经历与点点滴滴的文字记述。导致以上现象的原因其实并不难寻：传统上中国人以自我为中心，造成其漠视与鄙视外部世界；以儒家学说为核心的科举考试，使得中国的知识阶层对于儒家经典之外的"雕虫小技"深有偏见。其必然的结果是，上述实地考察西方的中国先驱及其记述完全被忽略。

直到马戛尔尼使团访华，虽然中英之间直接的贸易往来已持续了一个半世纪，但中国对于英国尚所知甚少。在整个 18 世纪，中国未出版一部有关英国的专著，只是在《清朝文献通考》（300 卷，1786 年编定）的卷 298 里有一个约 1400 个汉字的"英吉利"（英国）词条。该词条所提供的信息似乎与当时英国的境况相当同步，因为当时的英王乔治三世（Frederick L. George III，词条里称作"菲立京也治"，在位时期 1760—1820 年）在词条里被提及。词条内容虽然简约，但信息量较大，信息也较准确。该词条涉及英国的以下方面内容：地理、农业、矿产资源、伦敦及其他城市、宗教、社会习俗（包括日常生活、婚姻、葬礼等）、君主立宪制及近代国王、民族性格、中英贸易、产品与出口（纺织品、光学仪器、时钟等）、一处称作"亚齐国"（可能指爱尔兰）的殖民地。词条的最后部分专述英国进口中国丝绸以及雍正朝（1722—1736）与乾隆朝前 29 年的中国对英（商）政策。①

该词条的内容中有一些重要的细节值得关注。例如：第一，诸如钟表等英国产品"无比精巧"；第二，英国有殖民地；第三，英国是个商人的国度，阴险、傲慢；第四，清廷对其采取严厉的贸易政策，诸如务必严格限制丝绸贸易的地点与规模，尤其须严厉惩罚那些与"夷商"勾结的中国商人。显然，第四点内容与以上各点并不匹配，但占据了本词条的三分之一篇幅；而第一、二点对于了解英国在 18 世纪的状况至关重要，本应为重点，却仅占该词条全文的约五分之一：

---

① （清）乾隆官修《清朝文献通考》，浙江古籍出版社 2000 年，第 7471—7472 页。

英吉利一名英圭黎国，居西北方海中。南近荷兰，红毛番种也。距广东界计程五万余里。国中土地平衍，宜麦禾果豆。有一山，名间允，产黑铅。民为开采，输税入官。国人出入处，左有那村，右有加鳌皮申村。皆设立墩台。二村中，皆有大海，驾船往来，海边多产火石。王所居，名兰仑有城，距村各百余里。其俗信奉天主，每七日以礼拜，咏经不食斋，不理事。男女不问年少，长以相悦而成婚姻。或有以媒合者，女率赘男而居，妇亡则更赘于女，不置妾媵。男戴三角帽，具鞋袜，衣制窄小。男下体着裤，女则施裙而已。色以红绿白为吉，青为凶相。见脱帽握手为礼。多佩刀，饮食用金银器，人有丧，即日营殡葬所。亲送葬，相与掩土而归。男女闭户号泣，不设位，断烟火，所亲馈之食则食。七日后，始开门举火。王姓名世系，远者不可考。其近者为弗氏京也治，传子昔斤京也治。传子非立京也治，即今之王也。①

但尽管如此，该信息也理应足以让乾隆皇帝及其廷臣得出关于英国在科技等国家实力上处于世界领先地位的公允结论。然而，事实恐怕并非如此。即便他们批阅过该条目信息，他们也一定是把注意力集中于大清正针对英国商人及其中国帮凶采取更为严厉的防范限制措施，而忽略了其他对于了解英国更为重要的部分。此种在接受外部信息时仅关注与自我的期待视野相吻合部分的偏好，无疑反映了乾隆及其廷臣对于英国乃至西方的态度。

在大清朝，皇帝与朝廷垄断了有关西方的信息。其关于英国的信息主要来源有三：第一，服务于朝廷的耶稣会士。他们是向中国输入西方知识的先驱与重要媒介，但在乾隆朝，数量已屈指可数，同时乾隆显然对于西方文化与科学并不太感兴趣。第二，派往沿海城市尤其是广州的大清官员。他们须定期通过密折向朝廷报告外国商人与旅行者的状况。对于英国人，他们常有负面的报告。② 长期以来，中英之间的商业与文化往来属单向道，即英国采取主动前来中国，中国则对

---

① 《清朝文献通考》，第 7471 页。
② 朱杰勤《中外关系史论文集》，河南人民出版社 1984 年，第 488 页。

此做出正面或负面的反应。总的来说，当时的中国人缺乏机会前往英国并对其发表更为客观而全面的观察记录。因此，中国人对于英国的认识几乎完全基于对其"桀骜不驯"的商人与"惯于作乱"的旅行者的印象。更有甚者，按儒家的标准，不管是多富裕的商人均为末流，而贸易更是低级的职业。这些官员并不可靠的上奏成了乾隆获得英国乃至欧洲信息的最主要渠道。第三，由中国文人撰写的有关英国的作品，这些作品或基于事实或基于想象。然而，这些作品对于皇帝及其廷臣的影响甚微。

总的说来，当时的清政府极少关注外部世界，尤其是西方世界。其对于英国的认识既零碎又不可靠，及至鸦片战争（1839—1842）期间，清廷对于英国还是所知甚少。著名史学家吕思勉先生在其名著《中国通史》（1934）中指出：

> 当时的不通外情，说起来真也可笑。当时（第一次鸦片战争期间）英人进犯鸡笼（即今基隆），因触礁，有若干人为中国所获。总兵达洪阿和兵备道姚莹奏闻。廷寄乃命其将"究竟该国地方，周围几许？所属之国，共有若干？其最为强大，不受该国统束者，共有若干人？英吉利至回疆各部，有无旱路可通？平素有无往来？俄罗斯是否接壤？有无贸易相通？……"逐层密讯，译取明确供词，据实具奏。在今日看起来，真正可笑而又可怜了。①

与18世纪末英国派遣第一次访华使团形成对照的是，中国第一次派员赴欧"开眼看世界"，则要到第二次鸦片战争失败后六年的1866年了。这些开风气之先的中国知识分子均毕业于清政府于1862年开设的外语学校同文馆，他们游历欧洲，期间在英国逗留了一月余。此次欧游成员之一的张德彝（1847—1918）于两年后以大清国访英使团译员的身份再次赴英，该次使团肩负考察其政府及国力的外交使命。在1902—1906年间，他出任驻英公使。张德彝的日记即为对其历史性旅行的记录，是对于当时外部世界投去的难得一瞥，其中许多细节甚至对于那个

---

① 吕思勉《中国通史》，中华书局2019年，第352—353页。

时代受到过良好教育的中国读者来说，都是完全的知识空白点。他写到，过往的地理书虽然内容五花八门，但最多仅有百分之二三十是确有其事的。换句话说，中国具备像马戛尔尼使团的中国报告那样关于欧洲尤其是关于英国的比较全面而精确知识的时间要比英国晚至少一个世纪。①

三、接触与冲突：彼此的理解与译员在其中扮演的角色

1792年10月22日，广东巡抚署两广总督郭世勋（？—1794）与时任粤海关监督盛住，奏报10月18日已收到发自英夷的请求函件，并称，英王已遣贡使远航而来以贺皇上诞辰。② 其实，该请求函件发自英国东印度公司董事长（Chairman of the Court of the Directors of the East India Company），宣布英国访华使团前来。该函件的中文本成了马戛尔尼勋爵使团中文档案的最早文献，时间是1792年4月27日。③ 该函件的拉丁文本由驻京传教士再次译为汉语，并被呈送给皇帝。该信函以相当平等的口气致两广总督，请求总督能将英使前往朝廷的消息告知。除了通常的客套话外，里面有四条信息值得一提：第一，派遣使团的目的在于庆贺乾隆皇帝八十大寿，并期望彼此能缔结友谊、密切联系、交往及函件往来畅通，以及增加与扩大贸易；第二，使团正使马戛尔尼勋爵被称呼为"派往中国的特命全权大使"；第三，正使随身携带着英王赠送给中国皇帝的若干礼物；第四，"皇家舰队"计划直航天津港。该信的中文译文与原件内容一致而风格迥异。

"祝贺（皇帝80大寿）"（congratulate）被译为"叩祝"；"希望"（being desirous of）被译为"恳请施恩"；马戛尔尼勋爵的身份"特命全权大使"（Ambassador Extraordinary and Plenipotentiary）成了"辅国大臣"；"礼物"（present）成了"进贡"。整

---

① Zhang Deyi, *Diary of a Chinese Diplomat*, Simon Johnstone, trans., Beijing: Chinese Literature Press, 1992, pp.7, 10, 11；钟叔河《走向世界：近代中国知识分子考察西方的历史》，中华书局2000年，第60—72页。

② 中国第一历史档案馆编《英使马戛尔尼访华使团档案历料汇编》，国际文化出版公司1996年，第279页。

③ 信函原件有两个版本，英文与拉丁文。根据奏折，两个函件的原件在接到后即由当地通事译为中文。这个档案更合理的入档日期应该是在同年的10月18日到22日之间。

个中文译文读起来似乎是一封来自附属国吁请宗主国施恩的信函。考虑到乾隆及其廷臣缺乏对于英国的基本知识，译文中诸如此类的"本土化"问题在一定程度上误导了大清朝廷对于首个英国使团的态度与判断，让其想当然地认为这些"夷人"乃贡使，驾贡船来给皇帝呈献贡品。这就是为什么乾隆及其廷臣直至英使递交英王国书以及马戛尔尼勋爵以英王名义提出的六项要求前，他们根本未想象到英使此次来京除了给皇帝呈献寿礼外还会有其他的使命。在乾隆看来，英国遣使"纳贡"并贺其寿辰，此事"甚好"。在他阅读了奏折后即予朱批："即刻颁圣旨。"① 来自皇帝的正式答复于1792年12月3日以大学士廷寄的方式下达给直隶、山东、江苏、浙江、福建等沿海诸省的总督与巡抚。廷寄的部分内容如下：

……该国王因前年大皇帝八旬万寿，未及叩祝。今遣使臣马戛尔尼进贡，由海道至天津赴京等语，并译出原禀进呈。阅其情词极为恭顺恳挚，自应准其所请，以遂其航海向化之诚。即在天津进口赴京。②

按照往常惯例，自西方国家来的使团须先抵达广州，并预先将礼物清单及国王国书进呈皇帝。从广东巡抚郭世勋的奏折可知，英国使团的请求与惯例并不相符。然而，乾隆予以了许可，这可看出在使团来京前夕中国皇帝对于该突破常规的做法予以了宽容。另外，在本谕旨里，乾隆还考虑到了一些意外情况，并给英国"贡船"有可能停靠的浙、闽、江苏、山东等沿海省份长官做了吩咐：

该督抚等如遇该国贡船到口，迅速护送进京，毋得稍有迟误。至该国贡船，虽据该夷人禀称，约于明年二三月可到天津，但海船行走，风信靡常。……饬属随时禀报遵照妥办。再该贡船到天津时，若大船难于进口，着穆腾额预备小船，即将贡物拨运起岸，并派员同贡使先行进京。不可因大船

---

① 《英使马戛尔尼访华使团档案历料汇编》，第280页。
② 《英使马戛尔尼访华使团档案历料汇编》，第27页。

难以进口。守候需时,致有耽延也。①

从以上给沿海各省长官发出的事无巨细的谕旨看,乾隆至少在初始阶段对于该使团非常重视。

中国著名清史学家戴逸先生对于当时中西的差异有过精辟的概括:"18世纪的中国和西方存在多方面的差距,这决定了两种文明的不同性质,一个是资本主义的青春,一个是封建主义的迟暮……"② 当时的中国与正在产业革命进程中的英国之间的最大差距是科技的发展。其实,18世纪的西方知识界已经认识到了中国在科技方面已远远地落后于西方。虽然耶稣会士们不惜笔墨地大肆赞美中国,但谈及中国的这个"软肋"时,他们也不得不保持沉默或者承认事实。在其来华前,马戛尔尼勋爵一定是充分意识到了中国的这个弱点。他的这个认识反映在了其对于礼品的选择上。

由正使负责带来的礼物价值达13124英镑,这还不算1788年为卡思卡特使团(Cathcart Embassy)准备的2486英镑的礼物。③ 然而,价值并非是该使团首先考虑的因素。根据使团副使乔治·斯当东(George Staunton)爵士的说法:"只有那些可以呈现欧洲科学与技术的进步,以及向中国皇帝高贵的思想传输某种信息或者那些有着实际用途的物件"④,才能被选入礼物清单。所有礼物可以分为两大类:第一,科学仪器,如浑天仪、地球仪、数学仪器、化学与电学仪器;第二,英国制造与生产的机器与产品,如滑轮、火器、各种纺织产品、枝形吊灯、马车、椅子、马鞍等。显然,英使旨在特别突出这些物品在科学与机械方面的优越性与实际用途。马戛尔尼在其1793年8月23日的日记中很骄傲地指出:"我相信,在此之外的世界上任何一所房子里,绝不可能有如此众多的创造性、实用性与美观

---

① 《英使马戛尔尼访华使团档案历料汇编》,第27页。
② 戴逸《如何理解康雍乾盛世?》,载《中华读书报》2002年7月17日。
③ H. B. Morse, "The Chronicles of the East India Company Trading to China 1635-1934, Vol. II", *Britain and the China Trade*, Vol. II, London and New York: Routledge, 2000, p. 216.
④ Sir George Staunton, *An Authentic Account of an Embassy from the King of Great Britain to the Emperor of China*, London: W. Bulmer and Co., 1797, p. 490.

度都如此出众的物品被集合在了一起。"①

在中国陪同官员的不断催促下,礼品清单终于制作了出来,并由从意大利那不勒斯中国学院招募到的中国译者译成了中文,后由小斯当东(George Thomas Staunton,1781—1859,副使12岁的儿子,跟随使团来华)誊写完成。该件清单内容丰富,有天体运行仪、地球仪、望远镜、帕克透镜、蒸汽机、纺织机、吊灯、座钟、带有减震装置的马车、特种钢制作的刀具和生活用品、油画,等等。除此之外,还有多件现代武器装备,如榴弹炮、迫击炮、卡宾枪、连发手枪、装备有110门火炮的巨型战舰模型,甚至还有热气球。但这份于8月6日递交给朝廷的清单并非是简单的名目,还有对于所包含物品的较详细说明。其中,天体运行仪是清单上的第一件也是最受推崇的礼物。以此为例,我们先来看英方提供的介绍该件礼品的原文(笔者译):

这头一件同时也是最主要的礼物由许多部分组成。它们可以分开独立使用,或者也可以合并使用。它是整个宇宙的模型,其中地球仅仅是一小部分。该作品是欧洲迄今为止天文学与机械技艺的高水准最完美的结合。它根据欧洲天文学家的体系,以极高的清晰度与数学准确性,展示并模仿了地球的若干种转动。同样,还有围绕着其转动的月球的怪异或不规则的转动;同时还有太阳,以及绕着其转动的行星,还有欧洲人称之为木星的独特行星系统,有四个卫星恒定地绕着它转,其表面有长条带;还有土星,带着光环与卫星;同时还有天体的日月食、会合或呈直线。另一部分表示观察时的月份、星期、日期、时与分。该机器建造得很简洁,同时效果却很繁复神奇,如此完美的设备目前在整个欧洲连一台都找不到了。它可以做千年以上的计算,而且将长期成为一个令人肃然起敬的纪念物,让皇帝陛下的德行远播世界上一些最遥远的地方。与本机器紧密相连的是一个奇特而有用的装置,用来观测天空中遥远而极小的天体,以及它们在广袤宇宙的真实移动,而且观测的距离与

---

① Pritchard, op. cit., p. 306.

效果都要比过去好。诸如此类观察的结果，表明了上述的机器模仿那些运动的精确性。那些观测并非通过去直视天体，诸如借助普通的望远镜那样，毕竟这种视力会更为有限，而是通过侧面去观测这种天体在镜面上的反射。这种方法是由伟大的物理学家牛顿发明并得到了优秀的天文学家威廉·赫歇尔（Friedrich W. Herschel, 1738—1822）的改进。上述两人对于科学发现的贡献，值得让他们的名字为中国皇帝所知晓。通过他们的方法，人类的视力以前所未有的程度得到了扩展。由于天文学不仅对于地理学与航海术的发展与完善极为有用，而且从其宏大的目标来说，还能提升人类的思维，因此值得君主们的关注。由于上述的原因，天文学已引发了英王的兴趣，他致力于鼓励这门科学的发展。为达此目的，我们制造了这个有用的仪器，让它被用来解释地球的真实运动，以及与太阳及其他天体的显著运动之间的关系。①

即便从今天的角度来看，以上都是篇有关欧洲天文学及其仪器研制最新进展的好文章，不仅描绘了人类探索未知的努力，还勾勒了制作活灵活现宇宙模型的高超技艺。然而，其以"红毛英吉利国王谨进天朝大皇帝贡件清单第一件"为题的中文译文（为驻京耶稣会士所译）却并未将英文原文如实逐句译出。中文版仅仅是原文的概要，删除了较多的信息，同时也做了些增添（如关于天体运行仪的安装指南与运输注意事项），如下所示：

西洋语布蜡尼大利翁大架壹座。乃天上日月星宿及地球全图。其上地球，照依分量是极小的。所载日月星辰，同地球之像，俱自能行动。效法天地之转运，十分相似。依天文地理规矩，何时应遇日食月食及星辰之愆，俱显著于架上，并有年月日时之指引，及时辰钟历历可观。此件系通晓天文生多年用心推想而成，从古迄今所未有，巧妙独绝、利益甚多。于西洋各国为上等器物，理应进献大皇帝用。又缘此天地图架座高大，洋船不能整件装载，因

---

① Sfaunton, op. cit., pp. 490-491.

此拆散分开，装成十五箱。又令原造工匠跟随贡差进京，以便起载安排，安放妥当，并嘱咐伊等慢慢小心修饰，勿稍勿遽手错损坏。仰求大皇帝，容工匠等多费时候，俾安放妥当，自然无错。同此单相连，别的一样希见架子，名曰来复来柯督尔，能观天上至小及至远的星辰，转运极为显明，又能做所记的架子，名曰布蜡尼大利翁。此镜规不是正看是偏看。是新法，名赫汁尔天文生所造的。将此人名姓一并禀知。①

尽管礼品单的中译文如上述天体运行仪的说明文字那样已属删节版，其语气比原文要"低调"很多，但我们从乾隆8月6日的上谕可知，他为"贡品"的"傲慢"解说所激怒。他严厉地指出："又阅译出单内所载物件，俱不免张大其词。此盖由夷性见小，自为独特之秘，以夸炫其制造之精奇。"② 然后，乾隆要求陪同马戛尔尼使团的长芦盐政徵瑞传话给英国"贡使"，这些"远夷"受到天朝的隆重接待，仅仅是体恤其诚心远航而来"输诚慕化"。另外，嘱咐徵瑞一旦时机合适，即要当面向其强调，表达以下意思："著徵瑞于无意之中向彼闲谈。以大皇帝因尔等航海来朝，涉万里之遥，阅一年之久，情殷祝嘏。是以加恩体恤。至尔国所贡之物，天朝原亦有之。如此明白谕知，庶该使臣等不敢居奇自炫。是亦驾驭远人之道。"③

但实际上，在此小插曲过后，乾隆还是对于"贡品"提出了许多问题，并试图评估其真实价值与重要性。他盼咐负责办理此事的官员向其详细奏报，并为连过数日尚迟迟不报而龙颜大怒。在8月29、30、31日，乾隆给上述官员连发三个谕旨，要求他们奏报安装天体运行仪等礼物装置的方法以及确认中国工匠、太监和传教士们是否已懂得如何操作与拆卸。乾隆还关心这些礼物装置的尺寸大小、天体运行仪搭建后是否可以拆卸并搬离，以及这些天体运行仪与地球仪贡品与皇

---

① 《英使马戛尔尼访华使团档案历料汇编》，第121—122页。该中译文的英文回译可参见 J. L. Cranmer-Byng, "Lord Macartney's Embassy to Peking in 1793, from Official Chinese Documents", *Journal of Oriental Studies*, IV, No. 1 & 2（1957-8），pp. 139-140.

② 《英使马戛尔尼访华使团档案历料汇编》，第39—40页。

③ 《英使马戛尔尼访华使团档案历料汇编》，第40页。

宫中现已有展示的同类仪器相比，其技艺与尺寸有何不同，等等。

在此次使团接待中负责安排放置"贡品"以及"贡使"居住参观的吏部尚书金简，也许是受到了乾隆皇帝对于贡品态度的影响，同时为了投其所好，在其查看了"西洋大表"等使团带来的礼物后，上奏称，恰如皇上所料，英夷完全高估了"贡品"的价值与重要性。接着，他在奏折里说：天体运行仪和地球仪与宫中现有的收藏无甚区别，且后者在装潢及花纹图案上有过之而无不及。吊灯与现悬挂在宫中的玻璃罩灯亦相类似。①

总之，有意或无意地，以天体运行仪为代表的英国礼物所包含的科技含量被严重低估了。作为乾隆皇帝了解这些科学仪器的主要信息来源，专门负责使团礼物安置的金简奏折对于其认识这些"贡品"的真实价值乃至整个英国在科技方面的强势至关重要。但非常遗憾的是，奏折里的信息既不精确也不可靠，由此带来的结果是乾隆皇帝所做出的判断及结论与事实同样相距甚远。不过，这仅仅是情况的一个方面。可能更重要的是，乾隆皇帝此前对于英国及整个西方所知甚少，不足以对其目前的实力与最新的发展做出独立而公允的判断。他仍然坚信中国的优势，甚至在做任何真正的调查前，早已先入为主怀揣着这个结论。在乾隆自热河行宫（即承德）返京后的第三日（9月30日），乾隆倒是确实来到圆明园内的正大光明殿查看英国礼物展。然而，官方安排的参观永远是象征意味远大于真实的观察。根据史书记载，这个代表当时世界上工业最高发展水准的展览，未能给乾隆留下什么重要的印象。倒是两位陪同使团的中国官员，与这些英国仪器、机械及日用品（如马车）有更多的实质性接触并留下了更为深刻的印象。马戛尔尼勋爵在其1793年9月4日的日记中说："在过去的两天时间里，王大人（即通州副将王文雄）与乔大人（即天津道乔人杰）轮流跟我来到马车里，对于其舒适度、便捷性、行驶速度、弹簧的原创性以及用于升降玻璃、窗帘与窗板的装置相当满意并大为惊叹。"② 然而不幸的是，这两位级别不低的中国官员，唯恐与乾隆帝的想法相冲突，均不敢公开表露其观察印象。在该条日记的结尾处，马戛尔尼

---

① 《英使马戛尔尼访华使团档案历料汇编》，第559—560页。
② Cranmer-Byng ed., op. cit., p. 42.

勋爵总结道："……这个朝廷的政策与虚荣交汇，均力图对能显示我们卓越之处的方面视而不见，而对这些优势他们无疑是感觉到了，但尚未学会如何合适地予以利用。"① 也许，马戛尔尼的估计不假。清廷通过这些礼物，确实对于英国在世界上的位置有了更为精确的观念。不过，在笔者看来，这种估计还是远远不足。这从此后大清朝廷并未调整与英国等欧洲国家的外贸政策，以及在 20 余年后对于英国第二次来华使团即阿美士德使团（Lord Amherst's Mission to China）的强硬甚至可以称"蛮横"的态度即可看出。因此，马戛尔尼在做出该结论后又很敏锐地加了一句："让我们感觉泄气的是，朝廷对于我们的科学发现态度冷淡、漠不关心。"②

在马戛尔尼使团的研究方面，英使觐见礼仪或者称"叩首礼"问题无疑是引发最多讨论的一个问题。③ 目前看来，关于此问题在新材料的发现与新观念的提出上，已难有突破性的探索。19 世纪以后的一个多世纪，西方对于中国的"妖魔化"叙述，在一定的程度上与该使团多位成员回国后发表的旅行记、日记与回忆录存在关联，其中关于中英觐见礼的冲突对于西方旧的中国形象的终结与新形象的重建至关重要。实际上，在马戛尔尼勋爵动身前往中国前，已得到了本次使团的主要赞助者英国东印度公司的相关建议："在抵达中国后，要尽可能快地被获准觐见皇帝。要遵照那个朝廷的所有礼仪规定，只要不损害英王的荣誉或降低你本人的尊严，以致对于谈判的成功构成危险。"④ 最终，马戛尔尼拒绝了对乾隆帝行磕头跪拜大礼⑤，这差点让使团访华夭折。我们确信其拒绝遵照中国宫廷礼仪并非出于其本国上司的命令，更非因其对于该礼节的无知，而是向中国传统体制提出了挑战。其态度表明"蛮夷"不再像蛮夷那样行事了。他们要求平等待遇！当然，乾隆皇帝对于英国在西方，尤其是在海洋上的霸主地位并非一无所知。关于在广

---

① Ibid., p.191.
② Ibid., p.191.
③ 详见 *Cherishing Men from Afar: Qing Guest Ritual and the Macartney Embassy of 1793* 中的相关讨论。
④ Morse, op. cit., p.217.
⑤ 对于马戛尔尼是否在觐见乾隆帝时行"三跪九叩"礼，中、英原始文献说法相反，长期以来在学术界存在不同的结论。笔者倾向于认同英方使团人员的普遍说法，即马戛尔尼勋爵在觐见乾隆帝时未行磕头跪拜大礼，仅行类似于在英王前的单腿下跪仰视礼。

州生性好攻击又傲慢的英国船员和商人常挑起事端的上奏，常让乾隆忧心而愤怒。① 然而，他还是错误地将马戛尔尼在礼仪问题上的"不合作态度"归结为蛮夷的无知以及中国官员给予了使团太奢侈的招待。看来，不充分的知识确实是危险的。乾隆显然从未想到现代时期在国际外交舞台上的通行做法。最后同时又颇为重要的是，在使团访华的末期，乾隆对于英王乔治三世国书中的请求以及马戛尔尼以英王的名义提出的六点请求均予以驳回，由此中英之间的第一次最重要的接触落下了帷幕，不久后中英冲突拉开了序幕。

英王乔治三世致中国皇帝国书，由英使马戛尔尼勋爵于1793年9月14日在热河首次觐见乾隆皇帝时呈交。其原文文体特点是18世纪时期典型的富丽堂皇，所涉内容信息及所提若干请求详述如下。

英王国书以并列英王与中国皇帝的称呼开始。英王的称呼为："最神圣的乔治三世陛下，受上帝之恩大不列颠、法兰西及爱尔兰的国王，大洋上至高无上的主宰、信仰及其他的守卫者。"② 随后出现了对于中国皇帝的称呼："至高无上、万寿无疆的中国皇帝乾隆。"③ 显然，对于英王所强调的是其主宰世界上广大地区的权力，而对中国皇帝则仅强调"万岁"，这后者也正是中国官员觐见或子民称呼皇帝时常用的表达法。以上称呼至少表达了以下观念，即两位国君均为伟大的君主，地位相当。然而，在中译文里，英王与中国皇帝的排列位置被颠倒，而且平等的措辞为等级关系所取代，即乾隆皇帝被放到了前面的位置，受到了突出，而原文

---

① 乾隆在其拒绝了英使的所有请求后给各省督抚所发上谕，警告英人可能会挑起事端，须加防范。例如："著长麟（新授两广总督、浙江巡抚）妥办贸易诸事预为防范"（1793年9月23日）、"著长麟等妥办贸易绥靖海洋"（同日）、"著（长麟）妥办贡使回国事"（同日）、"著（长麟等）到广东随时留心防止其籍词生事"（同日）、"著（长麟）与郭世勋妥办夷务预防滋事"（同日）、"寄信山东等省督抚英贡使过境供应不可过于丰厚不得任其籍词逗留"（9月29日）、"……寄长麟等奉上谕英贡使赴粤著沿途妥办预防其载澳与洋人勾结"（10月1日）、"上谕著长麟防范英人载粤借端生事并据实回奏"（10月2日），等等。参见《英使马戛尔尼访华使团档案史料汇编》，第627—628页。

② 英文原文为："His Most Sacred Majesty George the Third, by the Grace of King of Great Britain, France and Ireland, Sovereign of the Seas, Defender of the Faith and so forth." 本国书的英文原文请参见 Morse, op. cit., pp. 244-247。

③ 英文原文为："The Supreme Emperor of China Kien-long worthy to live tens of thousands and tens of thousands Years."

中的一般性用语"(英王)送出问候"(send greetings)被译为由下对上的"敬奏……恭维……"①云云。

英王信中接着说,根据上帝的旨意,一位伟大而仁慈的君主有责任不仅给其子民还要给全人类带来和平、安全与幸福。虽然在此处仅提及"(中国)君王陛下"作为"伟大而仁慈君主"的楷模,但作者绝不意味着仅仅中国及其皇帝才享有该称号并承担此伟业。就在本句之后,有大段描写"我们的君王"用善举善心来对待其敌手。然而,在中译文里这些描写均被忽略,仅有中国"大皇帝"被描写为承担上述责任并获得成功与尊敬的唯一君主。总之,原文中表达的中英两位君王的共同努力及其成就,到了译文中成了仅对乾隆一人的赞美。②

在中文译文中的上述两处改动,忽略了大不列颠的地位,同时对于原文中明显传达出的两位君王地位平等的信息,也视而不见。这个误导人的译法一定是强化了乾隆及其廷臣对于西方蛮夷的先入之见。

接着,英王标榜其政策以及在世界各地进行探索并积累有关人类知识的重要性,尤其是:"(英王)陛下治下的人口众多、幅员辽阔的帝国,那些著名的体制给国家带来了巨大的繁荣,成了相邻民族仰慕的对象。"他同时表达了能从"中国与大不列颠两个伟大而文明的民族的交往中"获益的愿望,这其实正是本次使团访华的重要目的。在此,英王对于中国有很好的评价,但同时也有所保留。他并不因赞美中国而贬低他国,至少是未贬低自己的祖国。在中译文中,"相邻"(surrounding)这个限定词被删除,而且两个同样伟大的民族之间的交往被译成了"越发想念着来向化输诚"。通过译文,大不列颠再次被乾隆皇帝视作是自认的属国。看来,译者的误导对于乾隆皇帝未能客观地看待英国的祸害,并不比那些惯

---

① 该部分的中文译文为:"英吉利国王热沃尔日敬奏大皇帝万万岁。热沃尔日第三世蒙天主恩。英吉利国大红毛及佛朗西依拜尔尼雅国王。海主。恭维大皇帝万万岁。应该坐殿万万年。"(标点为笔者所加,下同)。参见《英使马戛尔尼访华使团档案历料汇编》,第162—164页。

② 该部分的中文译文为:"本国知道中国地方甚大,管的百姓甚多。大皇帝的心里长把天下的事情、各处的人民时时照管。不但中国地方,连外国的地方,都要保护他。他们又都心里悦服,内外安宁,各国所有各样学问,各样技艺,大皇帝恩典都照管他们。叫他们尽心出力,又能长进生发变通精妙。"参见《英使马戛尔尼访华使团档案历料汇编》,第162页。

于献媚大臣的虚报或故意误报所造成的伤害少。①

乔治三世作为一个重商主义国家的国王，自然地强调"商品交换"乃上天对于人类的一个恩赐。他执着于要解决因两国商人的误解而导致的一系列问题。接着，同样自然地，英王提出了第一个请求：两国有必要在彼此的宫廷里互相派驻使节，以便"规范（两国商人的）行为"，减少误解。这条信息被相当忠实地译出，属于该函到目前为止的特例。

关于正使马戛尔尼勋爵与副使斯当东爵士的介绍占据了本函的约三分之一篇幅。其中，大部分细节均能相当准确地译出，唯有马戛尔尼勋爵的称号或当前的身份"特命全权正使"（Ambassador Extraordinary and Plenipotentiary）译文与原文不符，被译为"正贡使"。② 这显然是个严重的误译，因为"特命全权正使"与"正贡使"截然不同，而且英方显然是要以此名号来强调中英之间的地位平等，并非宗属关系。此译文让我们联想到同年8月初乾隆皇帝因看到英方所提供的礼物清单译文中出现"钦差"两字而勃然大怒，斥其傲慢，并于8月6日的谕旨中明确指出：

> 又阅单内有遣钦差来朝等语。该国遣使入贡，安得谓之钦差？此不过该通事仿效天朝称呼，自尊其使臣之词。原不必与之计较。但恐照料委员人等，识见卑鄙，不知轻重。亦称该使臣为钦差。此大不可。着徵瑞豫为饬知。无论该国正副使臣，总称为贡使，以符体制。③

因此，英王信函里的这种"调适性误译"，很有可能是大清宫廷所聘的译者为迎合乾隆的"阅读期待"而选择的"归化法"策略。

在信函的最后部分，英王请求乾隆皇帝能让正副使获取关于其本人的功绩以

---

① 该部分的上奏的中文译文为："如今闻得各处惟有中国大皇帝管得地方，一切风俗礼法比别处更高。至精至妙，实在是头一处。各处也都赞美心服的。故此越发想念着来向化输诚，……趁此时得与中国大皇帝进献表贡，盼望得些好处。"参见《英使马戛尔尼访华使团档案历料汇编》，第163页。

② 整句译文为："这就是此次派的正贡使到大皇帝驾前办事。"参见《英使马戛尔尼访华使团档案历料汇编》，第164页。

③ 参见《英使马戛尔尼访华使团档案历料汇编》，第40页。

及大清朝"非常有效"治理体制的信息。同时,英王主动提出会提供有关欧洲人在"技术、科学与天文观测"方面的情报。在此,英王再次表达了为双方的利益须加强彼此的交流。当然,参与到中国贸易中其国民的利益,永远是他首先要考虑的。他敦促中国政府给予他们人身保护与贸易便利,并特别指出"一人犯罪不应株连他人"。这点在译文中被删除,很可能是因为其不符合大清律例中有关"连坐"的体制。

信函结尾重申了中英两大伟大民族间的"兄弟情"(Brotherly affection),属"君权上的兄弟"(Brethren in Sovereignty)。这些表述当然遭到了删除,因为译者非常清楚,在乾隆皇帝的头脑里,根本不存在与其帝国能平起平坐属对等关系的其他国家,甚至连名义上的都绝不容许!

英王信函于9月14日在马戛尔尼勋爵在热河行宫首次觐见乾隆皇帝时直接递交。然而,许多天过去了,使团始终未收到任何答复,而且在整个访华过程中根本没有机会与乾隆皇帝就其使团使命进行讨论。更有甚者,清廷与使团接触的所有大臣,均对与正使就其所关心事务展开严肃讨论缺乏耐心。在使团限定离京前仅仅四天,马戛尔尼勋爵成功地递交了待谈判的六条请求便函。这六条请求均与中英贸易紧密相连,即开放更多的沿海贸易口岸(如珠山即舟山、宁波与天津港)、允许搭建仓库与住宅区(可选择在北京、珠山的一个岛与广州附近的一个地方)、减免税收,等等。从乾隆皇帝对于六条请求所作答复的中文档案来看,这些请求被相当忠实地译出。① 然而,自认为在世上享有至高无上权力的中国皇帝,是绝不可能在对等的条件下与他所认定的"蛮夷贡使"举行谈判的。10月7日,即在使团离京的同一天,乾隆皇帝的答复以敕令的形式颁布。

上述乾隆答复英王乔治三世所颁的敕令,一般地被认为"也许是1700—1860年间中西关系史研究的最重要中文文献"②。关于该文献,目前的研究已汗牛充栋。我们知道英王的所有请求均被驳回,绝大多数对于乾隆皇帝的有关评论是指

---

① 《英使马戛尔尼访华使团档案历料汇编》,第15、172页。从答复来看,译者似乎节外生枝,私自增添了英使要求清廷允许英国人来华传教。

② Cranmer-Byng, op. cit., p. 137.

责其傲慢，以及乾隆皇帝及其统治下的这个"停滞的帝国"与历史发展背道而驰。① 不过，马戛尔尼及其一个世纪后的同胞哲学家罗素（Bertrand Russell，1872—1970）均告诫英国人"没有比用欧洲的标准去判断中国更荒谬了"②，"直至人们不把这个文件看作是荒谬的，才会理解中国"③。然而即便如此，直至今日，欧洲的标准在评价中国问题上似乎仍然有效，而乾隆皇帝的回复照样被认为是荒谬的。此后大约半个世纪，中国在中英鸦片战争中惨败，并由此开启了中华民族百年间受西方列强入侵与奴役的屈辱史，似乎也在证明"荒谬论"判断不错。不管依照什么标准，有几个事实是毋庸置疑的：第一，乾隆的敕令充满着对于英国的优越感甚至蔑视，如"倾心向化""具见尔国王恭顺之诚""此则与天朝体制不合""所有奉到表贡之正副使""天朝德威远被万国""来王种种贵重之物，梯航毕集，无所不有……并无需尔国制办物件""为此越例，断不可行"等。④ 第二，乾隆皇帝及其大臣从英王的函件、使团精心挑选的礼物与详尽说明的清单以及与英使的直接交往中所获关于英国的信息相当有限，而且基本未予关注。他们还沉浸在天朝无所不能、无所不有的美梦中，丝毫不准备随时代的变化而动，未雨绸缪，着手对千百年来形成的传统体制做出调整。显然，不管是从欧洲的标准还是从中国历史发展规律去看，乾隆皇帝顽固地因循旧体制，将任何革新的建议均以"此则与天朝体制不合""断不可行"驳回都是错误的，而且断送了中国居安思危，迎头赶上世界潮流的一次难得良机，为不久后即将开启的百年屈辱埋下了祸根。相比之下，虽然英使没有从大清朝廷获得任何实质性的贸易利益，但他们通过这次访华，搜集了大量有关现实中国的情报，撰写并出版了大量访华报告、游记与回忆录。从此之后，英国一跃而成为有关中国知识以及西方中国形象建构的中心。马戛尔尼勋爵在其使团访华日记的最后颇有洞察力地指出：

---

① Ibid., p. 134, note 45; Peyrefitte, op. cit.; Marshall, op. cit., pp. 31-42.
② Cranmer-Byng ed., op. cit., p. 218. (entry of 15 Jan., 1794)
③ Bertrand Russell, *The Problem of China*, New York: The Century Co., 1922, p. 48.
④ 参见《英使马戛尔尼访华使团档案历料汇编》，第 165、172、226—227、247—252 页。

中华帝国是一艘古老、疯狂、一流的战舰。在过去的一百五十年里,很幸运地,连续有一批能力卓越又行事审慎的船长设法让其保持在水面上,而且以其体量的庞大与外表的威武而让邻国敬畏。然而,一旦掌舵者换成了昏庸之辈,船上的纪律与安全将荡然无存。她或许不会即刻沉没,还可能像遭遇海难之船般随波逐流一段时间,然后砸向海岸粉身碎骨。无论如何,她将无法以旧船为基础得到重建。①

只要我们对后来的中国历史进程稍做回顾,都会被马戛尔尼勋爵的对于中国问题的远见卓识而惊叹、感慨。显然,在18世纪末的中国,上至专制帝王乾隆与朝廷重臣,下至地方官僚及文人士大夫,均无法找出像英使马戛尔尼这样的对于中国乃至整个世界的过去、现在与未来有着丰富知识与准确判断的"世界公民"。在使团访华时,中英之间关于彼此的"信息场"的认识已远不在一个水平上。而在中英双方千载难逢地进行直接接触的近50天时间里,英国使团成员从中国大量获取各方面的信息,并通过图文等形式予以详细记录并在返回英国后陆续出版,但反观中方的表现,却甚为冷漠且迟缓——前有中国官员与译者的误导误译及对于英方所谓"不合体制"请求与意见的视而不见,后有曾被西方仰慕者冠以"开明君主"称号的乾隆皇帝的抱残守缺,不思改革进取,无忧患意识,缺乏西方知识与世界眼光。于是,以上多种因素合流,乾隆帝及其朝廷做出如此不明智的决策,并在接下的近半个世纪内严格实行一贯制的大清朝未有实质性的躬身反思、居安思危,最终走到不堪一击、丧权辱国的悲惨结局也就可想而知了。

第二节 英国作家艾克敦与北京

20世纪上半叶,尤其是第一次世界大战后到中国抗日战争全面爆发的1937年前,是西方人来华旅行或旅居的黄金时期。笔者曾经调查了1919—1939年间来华

---

① Cranmer-Byng ed., op. cit., pp. 212-213.

英国人的游记,据不完整统计有 70 余部,其中大部分人的足迹都踏进了北京。在此期间,先后来京的西方文化名人有罗素(Bertrand Russell,1872—1970)、杜威(John Dewey,1859—1952)、门罗(Paul Monroe,1869—1947)、理查兹(I. A. Richards,1893—1979)、燕卜荪(William Empson,1906—1984)等人。本节拟重点讲述的英国作家、历史学家艾克敦(Harold Acton,1904—1994),其牛津同窗与挚友奎奈尔(Peter Quennell,1905—1993)、拜伦(Robert Byron,1905—1941)、希特维尔(Osbert Sitwell,1892—1969)也在同一时期先后来华来京,并分别写有《从东京到北京走马观花》(*A Superficial Journey Through Tokyo and Peking*,1932)、《从俄国到西藏》(*From Russia to Tibet*,1933)、《跟我逃离!》(*Escape with Me!*,1939)。艾克敦是其中对北京或者说中国文化最念念不忘或者说最热爱的,其中国之旅给我们留下了一部回忆录《一位爱美者的回忆录》(*Memoirs of an Aesthete*,1948),一本专门描写西方人在北京生活的小说《牡丹与马驹》(*Peonies and Ponies*,1941),大量的信件手稿(目前藏在耶鲁大学),以及四部中国文学作品的译著。

  1932 年 1 月,艾克敦开始了其东方之旅。他从巴黎出发,途经美国东西海岸各地与夏威夷,而后前往日本。由于当时日本军国主义嚣张,同时对日本文化评价不高,兴趣不大,他稍事停留参观古迹、欣赏古典艺术后,便途经朝鲜来到中国。① 他先进入东北即当时的伪满洲国国都沈阳(Mukden),迅即转入关内。他说:"在通往北京的路上,中国古老大地的粉尘一直吹拂着我的全身……无边的平静降临,就像置身于罗马的乡村。非常奇特,我感觉回到了家乡。"且宣称,"看看这个国家(指中国)是我多年的夙愿"。② 1932 年 5 月底,艾克敦在北京小住一段时间后,去南京、上海、广州、澳门、香港等地旅行。他回到北京已是 1932 年的冬天。他是如此描写重回北京后的感受的:"在伦敦,日常生活把某种分裂强加到我的头上。而在此我的日子头尾相连,没有割裂。我不必让自己跃入一种特殊

---

  ① Harold Acton, *Memoirs of an Aesthete*, London: Faber Finds, 2008, p. 255.(引文均为笔者所译)作者在回忆录中直言,是亚瑟·魏理(Arthur Waley)的《源氏物语》与"能剧"译本激发了其对日本文化的兴趣,然而"在日本军队威胁中国之时,我除了领略其历史文化古迹外无意多看日本。其现状让我厌烦。我完全站在中国一边:日本人是挑衅的渊溯"。
  ② Ibid., p. 275.

的心理状态,因为我感觉已与环境融为一体并很容易就安顿下来,如鱼得水。我再一次属于我自己了。"① 显然,艾克敦在北京找到了其精神家园。于是,他就聘请了一位北京本地人教自己北京话。为了免受打扰,他决定要远离那些对中国缺乏热情的欧洲人,搬离使馆区住到恭俭胡同(Kung Hsien Hutong)里去。

艾克敦的东方之旅开始时年仅 28 岁,此时他已从牛津大学毕业(1926),六年前在牛津的基督学院读的是现代经典。在大学里他是位比较活跃的学生,酷爱诗歌并进行创作,创办了前卫期刊《牛津金雀花》(*The Oxford Broom*),曾在寝室的阳台上拿着扩音器绘声绘色地吟诵自己的诗作。② 毕业后到来华前,他来往于巴黎与伦敦之间,做着作家梦,并无固定职业。此时已发表的作品有三部诗集、一部小说、一部寓言故事以及一部历史学译著与一部历史学著作,不过以上作品均不涉及中国。

如果说艾克敦的东方之行是把中国作为其重要的目的地,但他最终选择北京作为其寓居七年的处所则并非预定计划。他说:"我在做出定居于何处并学汉语的决定之前,计划先看看上海、广州及其他城市。"③ 那么,到底是什么吸引着艾克敦寓居北京达七年之久?

一、《一位爱美者的回忆录》:艾克敦仰慕北京文化

《一位爱美者的回忆录》(1948)是艾克敦于 1939 年离京返欧后写就的,从自己

---

① Ibid., p. 323.

② Ibid., p. 119. 据作者的回忆录称,第一部诗集《水族池》(*Aquarium*, 1923)出版后即获成功。关于艾克敦用扩音器朗诵诗歌,根据其本人的回忆:"因为我并不故作谦虚,恰如我在其他方面也从不虚伪,再说我有个好嗓子,所以只要有人让我朗诵这些诗(指《水族池》),我从不退缩,而且还要通过喇叭绘声绘色地给喊出来。"(*Memoirs of an Aesthete*, p. 119) 其友人 John A. Wood 在其《诗人艾克敦》("Harold Acton as a Poet")中基本沿用了艾克敦上述的说法:"这部诗集在艾克敦上牛津一年级时出版,即刻获得成功,诗歌本身以及诗人用扩音器高声朗诵,都是成功的重要保证。"参见 Edward Chaney and Neil Ritchie, eds. *Oxford, China and Italy*: *Writings in Honor of Sir Harold Acton*, London: Thames & Hudson, 1985. 但另一位友人 Christopher Skyes 在其《一位牛津爱美者》("An Oxanian Aesthete")中增加了新的内容:"直至今日,有人还记得,因为他感觉牛津大学里的本科生对艾略特的诗歌重视不够,便在公共场所用扩音器背诵《荒原》。"参见 *Oxford, China and Italy*: *Writings in Honor of Sir Harold Acton*, pp. 61-62。

③ Acton, op. cit., p. 275.

的童年一直写到离京前夕，中国之旅占据该著6个章节。回忆录里记载了艾克敦刚来北京时常去的地方：故宫、城墙外的乡村、西山上的寺庙、经营古玩的琉璃厂。关注的方面有人力车夫、路人、四合院、收藏品、穿无袖高领旗袍的女性，而对外国人集中的、显然生活会更加方便舒适的使馆区（Legation Quarter）却感觉厌倦。

艾克敦说自己进入北京城的感受类似于英国历史学家吉本（Edward Gibbon, 1737—1794）踏进永恒之城罗马："沉浸于迷醉之中达数日后才开始安下心来做冷静仔细的调查。"① 北京的干燥空气让他兴奋，于是他待不住了，即刻动身去参观紫禁城。他赋予了这个帝王宫殿最高的赞赏：

> 除了梵蒂冈之外，凡尔赛宫、皮蒂宫（Pitti）② 以及我能看到或想象的任何宫殿群，在富丽堂皇方面都与这个布满开放庭院和亭台楼阁的大型城市无法比拟。在我们的时代，人类的技术还从未造就过如此庄严而广阔的和谐建筑群。每一个庭院与其周围楼宇的比例在我看来堪称完美。天空难得地成了建筑设计的一部分。金色屋檐的大曲线如同宝石圣餐杯托住了湛蓝天空。虽然建筑物体积硕大——半闪光的屋檐、半圆柱的门廊以及大理石的栏杆，但显得轻盈而优雅。屋檐非但没有让这些建筑往地上沉，反而让它们有飞升的感觉。因此，整个布局具有了一种向上的精神品质。巨大的土墙挡住了外面的世界，其色彩随着一天时间的变换——由淡粉变为深红。③

然而，艾克敦也看到今日的紫禁城已今非昔比。自从末代皇帝被逐出后，许多房屋被封闭了，木结构上的孔雀蓝与绿颜色正在剥落，柱廊上的深红色漆在爆裂。整个紫禁城除了若干位被高大的建筑映衬得非常矮小的守门人外，没有了一点人气。他感叹道："这个曾统治中国的奥林匹斯天国如同沙漠中的金字塔荒废

---

① Ibid., p. 276.
② 指坐落在意大利佛罗伦萨皮蒂宫的艺术长廊及博物馆，又称皮蒂画院。参见陆谷孙主编《英汉大词典》（第二版），上海译文出版社2010年，第1488页。
③ Ibid., p. 276.

着。"他刚看完一个小区域就到了关门的时间了，便决定每天必来，每次看不同的区域。他自称为"无足轻重的入侵者"，为之敬畏而惊叹！

紧接着，他描写了北京的街市与民居（四合院）：

宽阔的大街一望无际。大街上许多古老的商店带有阳台与精心雕琢的门面，上头还插有高大的旗杆，这是皇家特许（经营）的遗存（标志）物。商店的后面是四通八达的胡同，到处是垃圾堆和杂种狗，显得极不整洁。但在红门后却是凉爽的庭院，有树有花有带纸窗的小楼，影壁或雕墙严格地把街市关在门外，并拒绝不速之客入内。①

北京确实有诸多让艾克敦流连忘返的地方。这不止于城内，还有城墙外的广阔天地。在他看来，它们在视觉与神经上给予人们美丽与宁静，其秘密激起了这位来自西方世界年轻人的探索欲，因为他从未有过类似的经历。藏身于西山深处的佛教庙宇，艾克敦认为可视为这种美丽与宁静的代表或缩影：

并非因为这些建筑于西山深山老林里的庙宇藏有伟大的艺术品，亦非因为这些和尚特别神圣，即便是从他们彬彬有礼的态度上可见其已超越了尘世的烦忧与企图，而是这些连绵不断的建筑、庭院、石头砌成的平台与放生池，每一件都能独立成村，其营造效果的统治力要超过许多更精美、宏大的建筑结构：它们释放出我们无法理解的宁静。……我在基督教的信仰场所很少能找到这种宁静。十字架让人联想到受难，死亡与眼泪总是伴随其左右。但在此弥勒佛和罗汉让心灵平静，他们的微笑充满着每个庙宇。②

在艾克敦看来，佛的微笑之光驱散了所有现代思想模式的最显著特点同时也是我们所有人生之孽障——缺乏耐心。佛在菩提树下冥想所彰显的内心文化以及

---

① Ibid., p. 277.
② Ibid., p. 280.

对他人的爱，在每一个庙宇都得到了反映。他认定佛掌握着人类悲伤的神秘之匙，并懂得其来由及治疗之法。他还认为庙宇是体现自控的场所，受此氛围影响，人也能自如地掌控自我。不仅如此，西山景色，从精耕细作的田地到布满山岗的巉岩以及攀援而上的松树，乃至道路上的马车和车夫，都充满着诗情画意。

艾克敦对北大外文系教师张歆海组织的一次妙峰山郊游印象深刻，妙峰山及其香客给他留下了美好的印象：

> （这是）一个供奉着史前女神的早于佛教的寺庙，是一处几乎与泰山齐名的朝拜场所。寺庙海拔大约2500英尺，在蜿蜒曲折许多英里的山道上，各种年龄的朝觐者前行着，有坐着轿子的肥胖的商人，也有裹脚的娇小老妇人踯躅而行，还有从远至河北甚至山东步行而来的看起来只有六岁的娃娃。……富人穷人都朝一个方向流动着，为的是为妙峰山女神还愿。①

从这次郊游的时间以及诸如香火旺、进香者虔诚等部分细节描写看，这次出游很可能是赶上了妙峰山传统的"春香"庙会。② 通过这熙熙攘攘的人流，艾克敦看到并感受到的显然不再是19世纪以来西方游客在类似场合常常有的那种对"异教徒"与穷人的鄙视与不耐烦，而是仰慕：

> 友善与礼节俯拾即是。虽然这是个宗教节日，火热的太阳长时间地直逼而下，但所有人都没有怨言，心平气和，没有丝毫的狂躁；此前我从未感受到大众的魅力。在其他地方，人群总是让我心里充满一种钻心的孤独感与莫名的恐惧，但在此人流中我感觉置身于朋友之间，即便他们中最穷的也活得高贵、和蔼可亲、有自尊。这些人把所有的烦恼驱赶一空，正带着可人的自

---

① Ibid., p. 281. 根据吴效群《妙峰山：北京民间社会的历史变迁》（人民出版社2006年，第33页）："妙峰山金顶的碧霞元君（东岳大帝之女）信仰为（具有浓厚道教色彩的）民间信仰，自康乾时期开始兴盛，晚清时由于政府的大力支持而达到了鼎盛，成为北京地区乃至京津一带的香主。"

② 传统上，妙峰山庙会分春香与秋香，分别于每年农历四月初一至十五以及七月二十五至八月初一举办，以春香最盛。

制力享受着高入云端的攀登。他们的态度具有骑士时代的民主精神。①

艾克敦在此特别看重的是民众的热情与自制力，他觉得只有在北京乃至中国才能一睹其风采。

作为"爱美者"，北京专营古董与艺术品的琉璃厂自然是艾克敦常光顾的地方。他对这里经营者的待客习惯与生意经似乎已了如指掌：

> 店堂的昏暗朴素与其所藏的珍品形成反差。最有价值的物品一般不予陈列，似乎稀世珍宝一旦公之于众就失去其部分价值；而且他们仅仅把罕见的青铜器、玉雕或瓷瓶的真容展示给真正的收藏者或学者，而非商人或游客。对于他们的经营之道随着时间的推移我愈加熟悉，同时我也为他们既沉默寡言又亲切有礼的态度所吸引。他们并不急于成交，耐心地等待合适的买家到来。他们乐于跟你喝茶聊些一般的话题，但同时又在琢磨你的品位。如果你们之间的品位相同，他们就会与你热聊这个话题。即刻你就会注意到他们眼中的热情之光，敏感的手指还会震颤……随后，他们会把你引入房屋里间，向你展示橱柜上精美的物品。②

艾克敦对于中国的艺术品有自己独特的看法与异于常人的偏好：

> 西蒙对于展示给他的大量卷轴已显倦怠，而我对陈列眼前的书法与图画却津津有味地端详着。甚至其中最平庸的作品也比大多数的西洋画令人赏心悦目。西蒙因中国画题材狭窄技法简单而厌倦，指斥其单调乏味。在我看来，他们的传统性让人愉悦。一种高贵文化的演变，及其外显统一内涵纷呈的特性，比起西洋画布上用油彩制作而成的风景、裸女和静物更具敏感性与原创

---

① Ibid., pp. 281-282.
② Ibid., p. 285.

力。这无疑是个性情问题。我对于西洋画已因过度接触而厌烦。每当古玩商在我面前展开一个个卷轴，我总是惊讶于其中无处不在的鸟儿、鲜花、仙女和圣人，均源自于其文化的本质。这些画是手也是精神的产物，而且其精神总是充满诗意。这就是它们对我的吸引力之所在。虽然西蒙提醒我将会为花太多钱去购置无名作品而非杰作而后悔，但我无力抗拒。我并不考虑杰作——我考虑的是诗意。①

在评估中国艺术的终极价值时，艾克敦与这位旅居于北京使馆区的西方人西蒙有非常不同的标准。这一方面体现了艾克敦在艺术品位上的个性，另一方面我们也发现他对于异文化的态度类似于19、20世纪之交来华的法国人谢阁兰（Victor Segalen，1878—1919）所崇尚的"多元之美"（Esthètique du divers）。他作为一个世界公民，不再仅仅从欧洲乃至西方的艺术标准出发，而更多的是从该作品所根植的母文化的本质出发去评判其内涵与价值。

二、艾克敦与北京文化学术圈的交往及在北大任教

1932年春，艾克敦初来北京，就开始与当地的文人与艺术家圈子交往，其中有原慈禧太后的女官、著名的舞蹈家容龄公主，活跃于旅京西方人圈子的社会名媛Rose Feng，北大英国文学教师张歆海博士夫妇②等。这些人都有一些共同的特点——懂外文，有多种文化的修养。张歆海博士希望艾克敦能来北大教课，同时也正是他把艾克敦带入了北大知识分子的圈子里。据艾克敦的中国朋友萧乾回忆，在20世纪30年代，"我常在著名美学家朱光潜等（北大、清华）教授以及作家林徽因等人家里举行的沙龙与茶会上遇见哈罗德·艾克敦爵士"③。通过张歆海组织

---

① Ibid., pp. 285-286.
② 张歆海、韩湘眉夫妇随后不久即到南京的中央大学外文系任教，其名字出现在该系1932年秋季学期的课程表上。见沈卫威《大学张力：校长、刊物与课程》，http://www.njucml.com/news_detail.asp?id=901［2013-11-02］。
③ 萧乾著，文洁若编选，"In Memory of Sir Harold Acton: The Passing of an Aesthete"，载《萧乾英文作品选》，北京语言文化大学出版社2001年，第393—394页。

的妙峰山郊游，艾克敦认识了北京大学的梁宗岱与杨宗翰（Yang Ts'ung-han）①。他说两人的英文都讲得非常棒，并指出梁宗岱好与人争论，对英国文学极为蔑视，使得艾克敦觉得有责任坚决维护莎士比亚等伊丽莎白时代英国作家的声誉，针锋相对地指出莎士比亚的成就是拉辛与七星诗社的诗人所望尘莫及的。总体上，这些北大知识分子给艾克敦留下了美好印象：

>　　他们赋予了我对使馆区之外生活的洞察力。张歆海夫妇展示了其折中主义的睿智，一种受用时代的影响但又不抛弃传统的天赋，这在过去只有在佛教艺术中才得到体现。他们是纯粹的中国人，但又受到双重文化的滋养：他们似乎既能吸收两种文化的精华又能保留自身的完整性。我已很长时间未能遇上如此优雅的世界公民了。②

1932年冬，在历经了半年多的旅行后，艾克敦重回北京，并决定在此安顿下来。很多西方的"中国文化迷"，如庞德和韦利，都表示对现代中国毫无兴趣，而艾克敦却明言："汉学对外国人的影响绝非可有可无。它让我明白了古代中国与现代中国的显著区别。我对古代中国存有敬意，同时我也想了解今日中国。"③ 此时，张歆海夫妇已从北大辞职到南京的中央大学任教。于是时任北大外文系主任的温源宁④向他发

---

①　据称是蒙古族人，资料显示当时杨宗翰被聘为讲师。参见《1934—1935年度北大教授实际月薪》，http://tieba.baidu.com/p/1736081505［2013-10-20］。

②　Acton, op. cit., pp. 278-280.

③　Ibid., pp. 327-328.

④　温源宁（1899—1984），原籍广东陆丰。英国剑桥大学法学硕士。1925年起，历任北京大学西方语言文学系教授兼英文组主任、清华大学西洋文学系教授、北平大学女子师范学院外国文学系讲师等职。1933年起在上海光华大学文学院教英国文学。其学生有钱锺书、梁遇春、曹禺、李健吾、张中行等中国学术界、文化界名人。1935年，与林语堂、全增嘏、姚克等合编英文文史月刊《天下》（Tien Hsia Monthly，1935.8—1941.9）。1936年后步入仕途，1968年退职。回到台湾后，在台湾大学外国语言文学系和台湾师范大学英语研究所教英国文学，在台北市阳明山中国文化学院（现为中国文化大学）创设西洋文学研究所英国文学组（现为英国语文学研究所）并任首任所长。温源宁学识渊博，除精通英文外，还通晓多种其他欧洲语言。著有英文散文随笔集 Imperfect Understanding（《不够知己》）。(以上综合百度百科该词条的相关信息。https://baike.baidu.com/item/%E6%B8%A9%E6%BA%90%E5%AE%81/7025241?fr=aladdin［2020-02-27］)

出了到外文系授课的邀请,艾克敦欣然答应了。

艾克敦对于邀请他来北大讲课的外文系主任温源宁的印象极佳。他说温源宁把新的生活气息注入到了外文系。在学术上,把中国人的直觉带入到了对欧洲诗歌、散文的研究,能注意到西方批评家所忽略的优点。他称赞温源宁对《荒原》理解透彻,而且朗诵得抑扬顿挫无人能比。英国文化委员会不会找到比他更好的英国文化的传播者了。艾克敦甚至说,是温源宁重新点燃了自己对某些已被忽略作家的兴趣之火,"在北京他是我与欧洲文学相连最重要的环节"①。他还指出,由于温的努力,北大外文系图书馆有丰富的现代西方文学藏书,甚至还有由艾略特创办并持续担任主编的英国文学季刊《标准》(Criterion, 1922—1939) 的现刊。男女学生在此如饥似渴地阅读着。显然,北大外文系的人文氛围让艾克敦着迷,同时,其对中国人与中国文化的好感以及试图进一步探索的欲望,让他全身心地投入到了北大外文系英文专业(组)的教学之中。据他自己的话,"我感觉我教得少,学得多"②。

从回忆录看,艾克敦对北大的历史、现状及其在中国文化界的特殊地位有着非常精准的认识,这同他来中国前通过大量阅读有关中国的各类书籍来加深对中国的理解的习惯是一致的。③ 这增加了他对北大的好感。艾克敦说,温源宁手下的老师数量众多,而且能力超群,让自己感觉有点多余。考虑到当时北大外文系较雄厚的师资队伍,这种感觉倒不完全是谦虚。查30年代初北大外文系的相关资料,教英国文学史的有温源宁,小说的有蒯淑平,戏剧的有外教贝德瑞、王文显,

---

① Acton, op. cit., p. 329.
② Ibid., p. 330.
③ 艾克顿在回忆录中说,他对中国的想象是基于其对中国历史与艺术的了解。他曾读过韦利译的中国诗、翟理斯译的《庄子》与《聊斋》、理雅各译的儒家经典。除此之外,他还读过法国来华耶稣会士戴遂良 (P. Wieger, 1856—1933) 撰写的《中国通史简编》(La Chine à travers les âges: Précis. Index biographique. Imprimerie de la mission Catholique, 1924),英国的中国通 Bland 与 Backhouse 合著的《慈禧太后统治下的中国》(China under the Empress-Dowager, 1910)、《北京宫廷编年史与回忆录》(Annals and Memoirs of the Court of Peking, 1914) 以及一些有关中国山川地理方面的论著。在他看来,这些关于中国的书本知识储备,使他有别于那些对中国文化漠然无知而仅靠个人观感看中国的西方旅华者,他认为这能让他消除民族偏见,增加此行的趣味性。(Acton, op. cit., pp. 275-276)

希腊悲剧的有余上沅，莎士比亚的有杨宗翰，诗歌的有叶公超、徐志摩，① 后来又来了朱光潜与梁实秋，真可谓各路西学好手汇聚一堂、人才济济。随后，艾克敦介绍了外文系的部分与自己交往较多的老师，其中对自己在牛津时即已熟悉的校友蒯淑平（K'uai Shu-p'ing，当时被北大聘为教授）女士有一段非常详细的描写：

  同在此地教英文的蒯淑平女士讲一口无可挑剔的牛津英文，对于户外生活、爱尔兰谍犬及曼斯菲尔德（Katherine Mansfield）的短篇小说情有独钟。虽然她的父亲曾是南京市市长，她本人却比我更像个英国人，同时对我怀着明显的戒心，若非将我看成戴着面具的官僚，至少也是个外国佬。我们在大学时代就已相识，但我们两人迄今均未从那次初次见面的冲击中恢复过来。克里斯廷·朗福德（Christine Longford）介绍我们认识，听他介绍，我还以为我将会见到一个画着蛾眉的小脚仙女（a minute-footed nymph with moth-eye-brows），宛若一片杜鹃花瓣向我飘来。出乎意料，我面对的中国女子结果是一位健壮的假小子，身穿运动装，手握网球拍。其萨默维尔俚语不由地让我眉头一皱。即便在北京她也似乎总像刚打完曲棍球后飘然而行。我在想，学生们是否欣赏她《喷饭》（Punch）风格的英国式幽默。像许多无线电收听者那样，他们错把她的牛津腔当作是自负。②

艾克敦对同事杨宗翰讲师的描写就简单得多：

  杨的外表乃一席儒生装扮，胡子长衫应有尽有，在哈佛他肯定是位不合时宜的人。美国在他身上没有留下任何印记。他当时在谈罗素吗？我的耳朵

---

① 参见《大学张力：校长、刊物与课程》，http：//www.njucml.com/news_detail.asp?id=901［2013-11-02］；《1934—1935年度北大教授实际月薪》，http：//tieba.baidu.com/p/1736081505［2013-10-20］。

② Acton, op. cit., pp. 330-331. 据查，这位蒯淑平女士在1945年去了当时还在上海的暨南大学，1949年前离开了中国，成了在西方的华裔汉学家，从此基本上在中国学界销声匿迹。

一定是蒙骗了我,因为我的眼睛让我确定他是竹林七贤之一。①

他是这样写当时北大外文系另一位女教师应谊(Alice Ying)副教授的:

> 应谊是伯纳丁·弗里兹(Bernardine Fritz)② 的受保护人,是位脸颊有两个漂亮酒窝丰满的上海小鸽鸟。她可以用同样的流利程度像开机关枪似地讲法文、德文与英文。她还能发法文与德文里的"r"卷舌音,而这对于中国人来说尤其困难。③

接着,艾克敦简要地提到了北大外文系的其他教师:

> 梁宗岱在其圣人瓦雷里的余荫下教授英文与法文。袁家骅是位康拉德作品的严谨译者,同时处世机敏有礼,担任外文系秘书。还有一些较平淡的人来了又走了。后来,朱光潜加入了本系教师行列,重新点燃了温源宁辞职后已经熄灭的缪斯之火炬。还有梁实秋,莎士比亚的译者。但时过境迁,我从未感受过像温源宁在任时我与同事的那种亲密关系。④

艾克敦在刚接受教学任务的1932年冬或1933年春⑤,为英文专业学生开设了三门课:"英国文学史"(History of English Literature)⑥、"莎士比亚悲剧"(Shakespeare's Tragedies)、"王政复辟时期喜剧"(Restoration Comedy)。他的"英国文学史"课堂

---

① Acton, op. cit., p. 331.
② 弗里兹在美国伊利诺伊州出生并长大,在1925年迁居欧洲前担任《芝加哥晚报》与《纽约日报》记者。她曾在伦敦与巴黎居住,并在印度和中国做长途旅行。1939年后定居洛杉矶。1982年去世。
③ Acton, op. cit., p. 331.
④ Ibid..
⑤ 艾克敦的回忆录时间概念比较模糊,往往需要我们去推算。
⑥ 据艾克顿回忆,本课当时采用的教材是Stopford-Brooke著《简缩本英国文学史》,可能是英国文学史专家Brooke的 *Primer to English Literature* (1897)。参见Ibid., p. 333.

起先大约有 30 位同学。他觉得北京大学的学生对"帝国主义的英语"有着根深蒂固的偏见，于是他决定在文学史课上多讲英诗，用英诗的激情来化解偏见。他第一堂课就离开讲义现场发挥，滔滔不绝、激情四射地大谈雪莱诗歌的主题演变以及诗人的社会作用，还引用名家名言说"诗人乃世界上未被认可的立法者"。他讲课非常投入，常要拖课，学生们的专注神情给了他莫大的鼓励，当然也有学生不买他的账，站起来提醒他该下课了。他说在每周一次的文学史课堂上他"只能拿一个望远镜来观察这个布满星辰的苍穹里若干更为闪耀的明星"①。

至于艾克敦的另外两门课，由于内容较为受限，难以自由发挥，只能老老实实地逐一讲解。他说，莎剧稠得化不开的意象以及像瀑布那样一泻千里的词句开始时让学生们深感困惑，同时他还害怕《麦克白》剧中人物的形象会被一些疑难词冲淡。但结果出乎意料，学生们怀着极大的好奇心予以品味，并对那些"激扬的文字"兴奋不已。艾克敦对于这个现象从其对中国戏曲的了解予以解释：中国的戏台演出与伊丽莎白时代的戏剧非常接近，因此莎剧的表现手法对他们并不陌生。②"王政复辟时期喜剧"课安排两部风俗喜剧由学生分角色朗诵——威廉·威彻利（William Wycherley，1641—1715）的《乡村妇女》（*The Country Wife*，1672）与威廉·康格里夫（William Congreve，1670—1729）的《如此世道》（*The Way of the World*，1700）。风俗喜剧是王政复辟时期戏剧的最高成就，而这两位作者又被公认为复辟时期喜剧的代表作家。上第一堂课时学生满座，但到了第二堂人数减了一半。艾克敦说自己一点都没有为此而沮丧，因为他喜欢课堂规模小一些、随便一些，以便能与学生建立更紧密的联系。课堂上只见学生记笔记，专注听讲，但无人提问。他对喜剧课堂上的中国学生给予了以下评价：

> 我很高兴地看到他们能如此快速地进入喜剧精神之中并精确地理解其主旨。这些学生均来自于各省的中学，他们的英文老师曾在中国接受大学教育，但他们的发音非常清晰。我确定他们在戏剧方面能力很强，经验证实 90% 的

① Ibid..

② Ibid..

学生是天生的好演员。很显然，那些喜爱中国戏曲的学生发音也是最好的，而那些写作水平一流的书虫则言辞笨拙，难以让人听清。①

艾克敦迫切地想知道学生对他所开课程的反应，但据他的观察，有的学生对他的课并不认同，甚至还有一丝的嘲讽。他把这个令人沮丧的局面归咎于中英诗歌（莎剧及复辟时期喜剧都是诗体文学）的巨大区别。同事蒯淑平安慰他说要让学生满意比天上出现蓝月亮的机会更少。1933年的秋冬学期，英文系主任温源宁辞职，据说原因是他与文学院院长胡适不和，应孙科之邀南下上海编辑新创刊的英文刊物《天下月刊》。按中国的惯例，全体教授应辞职以示"共进退"，但艾克敦以自己是西方人，未提辞呈。此时艾克敦已与学生建立了友谊，就不顾面子留了下来。胡适把他的课压缩至一周一堂。

结果这个一周一堂的课程就是"现代英文诗歌"，而艾克敦在北大开设现代英诗课也正是大部分研究者所津津乐道的。例如，赵毅衡说："艾克敦教英国文学，在北京的英人中也引出很多非议，他教的是被'有修养'的教授们认为是歪门邪道的艾略特《荒原》和劳伦斯《查特莱夫人的情人》，并鼓励学生写艾略特的论文，这是第一次有人在中国认真地宣讲英美现代派文学。"② 据笔者考察，许多后来的研究者都把赵毅衡的以上说法作为标准采用拿来主义的策略。例如，葛桂录在其《论哈罗德·艾克敦小说里的中国题材》一文中，先抄录了一段赵毅衡的上引文字，后加了一个注："据阿克顿（艾克敦）自传《一位爱美者的回忆录》，他是第一个在中国大学的英语文学课上讲解艾略特《荒原》，并说当时用艾略特这样的'激进派'诗作教材，在北京西方人圈子中引起许多非议。"③ 所谓的"第一次"，赵毅衡应该是个人判断，而葛先生就直接申明这是艾克敦在回忆录里自己说

---

① Ibid., pp. 333-334.
② 赵毅衡《对岸的诱惑——中西文化交流人物》，知识出版社2003年，第135页。
③ 葛桂录《论哈罗德·艾克敦小说里的中国题材》，载《外国文学研究》2006年第1期，第134页。

的。黄丽娟在其《文化异位空间中的心灵顿悟——哈罗德·艾克敦的中国叙事研究》① 一文中也有类似于赵毅衡的说法。我们还是要看一看艾克敦本人在其《一位爱美者的回忆录》里对于自己在北大开设现代英诗课是如何叙述的:

> 给魔鬼施舍点面包以示安慰的结果便是一门关于现代英诗的课程("The sop to Cerberus was a course on modern English poetry")。学生们对这门课无疑感到满意。课堂总是满座,许多学生还认真记笔记,这些笔记后来经过扩充都成了文学评论。当时,有些外校的英文教授听说我在讲艾略特,就予以冷嘲热讽,但我坚持己见,因为我深知,中国的新一代正在反叛垂死的修辞、不着边际的自然描写与陈旧的诗歌用语。欧洲科学的发展如果不是摧毁也是已经颠覆了其绝对化的信仰。该课除了讲艾略特,还讲叶芝、德拉梅尔(de la Mare, 1873—1956)、劳伦斯的诗歌。学生对艾略特的诗颇有热情,因为他的诗歌与中国古诗在象征、典故、叠句、借用等修辞方法上有很多契合之处,结果艾略特的艰深非但不是拦路虎,而恰成了刺激物,颇有些学生选择他写论文。劳伦斯诗歌在学生中的机运也不错,因为学生都读过他的《查特莱夫人的情人》,该小说的盗版本在东安市场很便宜就能买到。叶芝与德拉梅尔的诗追随者寥寥,这可能与这两位诗人不够"当代"有关,而北大学生当时都是患了"当代饥渴病"的。②

以上就是艾克敦本人对于1933年秋冬学期在北大外文系开设现代英诗课程的全部交代。显然,艾克敦在此并未明说这是他自己主动要求开设的还是接受既定的任务,更没有说自己是在中国大学里开现代英诗课程的第一人。我们知道,徐志摩曾在1931年的秋冬学期在北大外文系开过"今代诗",③ 因此,隔了两年后系

---

① 黄丽娟《文化异位空间中的心灵顿悟——哈罗德·艾克敦的中国叙事研究》,载《外国文学》2012年第6期,第137—144页。
② Acton, op. cit., p. 340.
③ 《大学张力:校长、刊物与课程》,http://www.njucml.com/news_detail.asp?id=901 [2013-11-02]。

里要求重开类似课程也是完全有可能的。此外，他只是说自己教劳伦斯的诗歌有些追随者是因为学生都读过《查特莱夫人的情人》，而这本小说是不可能像赵毅衡等学者所说的在英诗课里出现的。最后，学生选写艾略特的论文并非是艾克敦鼓励的结果，而是学生本身的兴趣或迎接挑战的勇气使然。

一个让笔者感觉有些困惑的现象是，艾克敦在京期间，与北大师生多有交往，如陈世骧、卞之琳、李广田、废名、何其芳、林庚等后来成为名作家、名教授的学生常与其来往，个别学生还与其合作进行中国文学的翻译，部分师生的诗歌创作被编入了其与学生陈世骧合作翻译的《中国现代诗选》(*Modern Chinese Poetry*, trans. Harold Acton and Ch'en Shih-Hsiang, London, 1936)。但是，与另一位北大（后来的西南联大）英籍教师燕卜荪（William Empson, 1906—1984）① 有众多中国同事、学生撰纪念文章形成鲜明对比的是，除了上引萧乾的只言片语回忆文字外，笔者迄今尚未发现当时的亲历者对这位曾在他们中间如此活跃的英国老师有所记述。

例如，杨周翰先生1933年考入北大英文系，一直待到1936年3月，这个阶段恰好也正是艾克敦应邀在北大英文系授课的时间。杨先生关于这两年多时间里在外文系修过的课程内容及其任课老师有非常详尽地描绘，② 甚至还提到了并非其主修方向的法文外教，但并未提当时已为北大英文专业学生开设三门专业课的艾克敦。③ 相比之

---

① 笔者在北京大学档案馆查到当时北京大学寄给燕卜荪聘书的副本，档案号为"BD1937013"。全文如下：The National University of Peking Ma Shen Miao, Peiping, China（Kindly give the Exact Address in Reply）Chancellor's Office William Empson 71 Marshment St. London Appointment en Route University of Peking Deferred The National University of Peking Peiping March 11, 1937.［国立北京大学马神庙北平，中国（回信时请用以上地址）校长办公室，威廉·燕卜荪，伦敦马什蒙街71号，聘书在途中，北京大学，延期，北平北京大学，1937年3月11日。］然而，笔者并未发现北京大学颁给艾克敦的聘书。

② 杨周翰《饮水思源——我学习外语和外国文学的经历》，载《外语教育往事谈——教授们的回忆》，上海外语教育出版社1988年，第216—217页。另一说法是杨先生在北大待到1935年，见同上，《作者简介》部分，第122页，以及《杨周翰自传》，载巴金等著，王寿兰编《当代文学翻译百家谈》，北京大学出版社1989年，第342页。

③ 艾克敦的《一位爱美者的回忆录》并未写明自己受聘于北大外文系，也未说自己开某种课程的具体时间。但我们根据其来华游历南方后回到北京已是1932年冬天，他答应当时北大外文系主任温源宁授课邀请当在此后不久。赵毅衡认为"1932年他受聘于北大，教英国文学"。（参见《艾克敦：北京胡同里的贵族》，载《对岸的诱惑——中西文化交流人物》，第134页）但根据我们的推测，艾克敦给外文系开课更有可能始于来年的春季学期，即1933年的1—2月份。

下，他对燕卜荪先生的授课却印象深刻，娓娓道来。另一位"北大人"卞之琳，1929 年考入北大英文系，1933 年毕业，在艾克敦的回忆录里有一整段对他鲜活的描述，并在翻译的《中国现代诗选》中有 14 首入选。卞先生在其《译诗的经历和看法》一文中特别谈到了自己在北大上英诗课的经历，并"接触了英国二三十年代的现代派诗"①。但奇怪的是，他对与自己同处北大外文系半年多、集诗人与学者于一身并有过交往的艾克敦老师只字未提。该问题暂且存疑，留待进一步研究。

三、《牡丹与马驹》：在京西方人群像与北京文化

《牡丹与马驹》是艾克敦旅居北京时即已开始撰写的小说。关于该小说的背景——北京及其情节内容，作者在其回忆录里有如下描述：

> （在旅居北京期间）除了大约半打的翻译项目外，我还在写一部小说，来展现北京给一群具有典型意义的外国人所施加的影响，以及这些外国人又是如何影响若干位中国人的。北京是这部小说的真正主人公……我笔下的人物是现实中人的集合体：哪一部小说的人物不是这样的呢？假如我照实写来，不仅有诽谤的嫌疑，还会被斥为纯属动机不纯的一派胡言。……为了让我的人物貌似真实，我必须把他们的调门降低到无法辨认。因此，《牡丹与马驹》并非如它该有的那样忠于事实。②

虽然《牡丹与马驹》是虚构而非纪实性作品，但作者也坦言它的主要人物及情节均基于自己在北京的真实经历。一般认为，男主人公菲利普·弗劳尔（Philip Flower）即为艾克敦本人的化身。关于菲利普心中的北京，作者指出："到了北京他才重拾激情。他疯狂地爱上了这座城市。"③ 主人公对这座城市的爱大致表现在以下几个方面：

---

① 《当代文学翻译百家谈》，第 64、65 页。
② Acton, op. cit., p. 379.
③ Harold Acton, *Peonies and Ponies*, Hong Kong: Oxford University Press, 1984, p. 78.

第一,学读中国经典,学习中国礼仪,学会与中国人相处。

　　强迫自己苦读中国经书,有时直至午夜时分,额头敷上湿毛巾。他总是希望对于中国人捉摸不定的精神具备崭新的洞察力,同时能获得在这块自己所选择"放逐"土地上的人生新方向所给予的新的指导。他想要在中国人生活的土地上遇见中国人,并被接纳为其中一员。他最希望的是被一个中国家庭收养。在梦境中,他幻想自己正在施行儒家礼仪,并在清明节去祖先坟头祭扫,全然忘记了其近亲大都被安葬在远在英国克罗伊登区的墓中。①

第二,在西山为自己选好墓地,誓言决不离开北京。②
第三,在北京的市井生活中流连忘返。

　　他在东安市场外停了下来。此地建筑物套着建筑物,自成一个世界。市场内有四条大道、巴扎集市与通道,到处摆满了商品。他经过了其中的一条小街,算盘珠子的咔嚓声、硬币叮当声与铜锅的撞击声不绝于耳,融入到了羊脂肪、大蒜与芝麻油之中,散发出杂陈五味,同时作用于所有的感觉器官。赤裸的躯干在热气腾腾的锅上佝偻着。一阵阵快乐的饱嗝从餐馆传来。"大众浴"——中国民众的集体浴,这是菲利普的神经所要求的,而在戏院里人流最密集。一出戏正在尖声上演。他在门口迟疑了一下,但击鼓声让他下定了决心。如梦游般他被带到了第12排的一个位置上。起先,他只能在一排排的头颅上方分辨出绿色和鲜红色的模糊影子。不久,他看到了舞台上的活人,是满脸涂着油彩的武生,相互打斗着,鬃毛直立,活像超级雄鸡。③

　　他赫赫地吸着这略带污浊而温热的气息,那种北京胡同的难以描绘的特殊气味,他的鼻孔把它们当作臭氧吸入。不多久,他来到了以《泰晤士报》

---

① *Peonies and Ponies*, p. 79.
② *Peonies and Ponies*, p. 81.
③ *Peonies and Ponies*, pp. 82-83.

记者莫理循博士命名的街道（莫理循大街，即今王府井大街），一片张灯结彩景象，闪耀的灯泡如同艳丽的夜间郁金香。意大利教士的蓝色长袍在自行车上飘摇而过；人力车悄无声息地向目的地移动，身旁的灯笼在摆动。人行道上旅客们漫步着，步履平静徐缓，或站着吸烟，或蹲在角落。小孩子穿着开裆裤蹒跚行走，部分暴露在微风中。巨型杂种狗在垃圾堆里寻找食物，尾巴翘在空中。①

作者对于以上北京市井生活百态的事无巨细的描写，意在体现小说主人公菲利普与北京结缘之深。这恰如书中所写："他（指菲利普）感觉似乎已与北京结合在了一起，而这场婚姻将是个无尽的探险。"② 东安市场里的大街小巷、戏院演出以及透着特殊气味的胡同、热闹而现代的王府井大街等等，就是菲利普乐此不疲探险的内容！这些细节显然是以作者在京的亲身经历为原型的。萧乾在其回忆里就明确指出："他经常在前门戏园子里或说书唱大鼓的场所出现，恨不得一头扎进中国文化里。"③ 这种原本物质层面上的"探险"，对于欧洲"两战"之间（1919—1939）来华的主人公乃至作者本人，却有着重要的精神作用。作者以菲利普之口道出了个中真谛："中国已治愈了我所有的疾病。在战争期间我的生活变为沙漠。北京让它像牡丹般绽放。"④ 显然，在菲利普或者说作者看来，北京文化有"疗伤"作用，尤其是对那些罹患战争创伤的欧洲人尤为有效。

20世纪30年代旅居北京的美国人史克门（Laurence Sickman, 1907—1988）在其《艾克顿在北京》（"Harold Acton in Peking"）一文中指出：

在我与艾克顿交往的那些年，北京是世界上唯一将千年古老的物质、文化传统延续到20世纪的城市。高大的城墙与铁皮城门在夜幕下关闭，又在晨

---

① *Peonies and Ponies*, p. 12.
② *Peonies and Ponies*, p. 12.
③ "In Memory of Sir Harold Acton: The Passing of an Aesthete"，载《萧乾英文作品选》，第394页。
④ *Peonies and Ponies*, p. 121.

曦中为农民及其农产品开启。民居及其庭院都有围墙,主要建筑朝南,如同宽广的紫禁城,为了确保天地和谐而以南北为轴线。北京城内有许多手工艺人协会,还有一些特定的市场,如琉璃厂那些弯弯曲曲的街市,布满了各种经营古玩、字画、图书以及墨、宣纸、印章等文人用品的商铺。这条街是文人、作家、诗人及画家最常去的地方。他们属于文人士大夫阶层,在过去的千年里塑造了中国的文化生活。同时,作为新时代的"知识分子",继续活跃在北京社会结构之中。我相信,以上就是传统北京的总体氛围,艾克敦对其做出了从容的应对,而且比当时在华的任何一位外国人都理解得更加深刻。①

艾克敦来到中国并在北京旅居达7年之久,恐怕更多的是出于对较好保留下来的古都北京乃至"千年不变"的中华文化的兴趣,因为艾克敦骨子里面是位"爱美者","美"显然是他评判一切的基本标准以及自身态度的最主要出发点。他曾坦言,"清朝统治的优势主要体现在美学上,而今其弊端也已被涂上了一层绚丽的绿锈"②。这从其回忆录中对琉璃厂及其所经营的字画、民间艺术与信仰场所以及小说中对金鱼、京剧的具体而细致的描写便可见一斑。

另外,艾克敦与那些第一次世界大战后想从东方文明中寻求灵感或救赎的西方人不同的是,他似乎并不奢望任何异域的文化能拯救西方。其实他对欧洲文明有着坚定的信念:"我们可能无限地接近佛并沐浴在其巨大平静的阳光里,但我们对于行动以及对于人类思想转瞬即逝的尊严和价值的信仰注定将获得最终的胜利。"③ 在他看来,欧洲文明仅仅是为战争所打断,尚未完全度过休眠期而已。④ 他对于北京乃至中国文化的兴趣也并非如某些评论者所说的完全停留在"古典"或所谓的"博物馆"化再现,上述对于北京市井生活以及活生生北京普通百姓的描写正体现出了其"不薄古人爱今人"的情怀。"我对古代中国存有敬

---

① Edward Chaney and Neil Ritchie, op. cit., p. 69.
② *Memoirs of an Aesthete*, pp. 278–279.
③ Ibid., p. 283.
④ Ibid., p. 1.

意，同时我也想了解今日中国",这确实是艾克敦的肺腑之言。就是在其"不薄古人爱今人"思想指导下,生活无忧的艾克敦答应了当时北大外文系主任温源宁请他去授课的邀请,以便有更多机会与现实中国接触。

从中国尤其是北京在其回忆录与小说里的分量及重要性,以及艾克敦返英后的失落感与对中国的继续迷恋来看（他曾向英国政府提出以其汉语能力重回抗战中的中国工作。[1] 同时,据萧乾回忆,他们在英伦重逢时,一谈起北京及其东安市场、前门的大栅栏等等就会没完没了。艾克敦甚至在回英后的一段时间内还继续给其在京房子的主人寄房租,希望能返回北京[2]),作者似乎在向世人昭示北京确属"爱美者"的最后天堂,而这个"美",既有其保存完好的延续千年的古典之美,也有其作为中国文化之都,这个城市日常生活中的诸多可爱样,或者说是两者的完美结合。

---

[1] Harold Acton, *More Memoirs of an Aesthete*, London: Faber and Faber Ltd., 2008, p. xiii.
[2] 《萧乾英文作品选》第 391、395 页。

第四章　近代北京的法文出版业及图书馆

第一节　法籍报人那世宝在北京的出版事业

1933年3月29日，上海《北华捷报和最高法庭与领事公报》（*The North-China Herald and Supreme Court & Consular Gazette*）讣告栏（Obituary）转载了路透社（Reuter）的一条简讯——"那世宝先生离世"①。文中提及那世宝（Albert Nachbaur，1880—1933）1919年来华，曾任法文报纸《北京新闻》②（*Le Journal de Pékin*）主编，以文笔和好客闻名于北京的中外社交圈，因前往热河报道中日战事感染肺炎，不幸于3月22日离世，享年53岁。相对而言，《大陆报》（*The China Press*）3月23日的报道更为翔实，该文称第一次世界大战期间那世宝与日内瓦国际劳工组织（International Labour Organization）主席艾伯特·托马斯（Albert Thomas，1878—1932）一同来到远东，并在1920年左右成为《北京新闻》的主编和经理。然而，以上两篇追述均存在相当程度的偏差，也都没有提及那世宝在北京最重要的文化事业——图书出版。

一

1916年1月中旬，法国人那世宝由马赛乘船抵达上海③，这是可查询到的他入境中国的最早记录。1月19日，那世宝就已经出现在北京六国饭店（Grand

---

① "Obituary: M. Albert Nachbaur", *The North-China Herald and Supreme Court & Consular Gazette*, Mar. 29, 1933, p. 492.
② 关于此报的中文名称有多种译法，如"北京法文日报""北京法文报""北京法文新闻报"，笔者参考了当时的中外文记录，以"北京新闻"为标准译名，参见 N. C. Advertising Co., *North China Hong-List*, Tientsin: N. C. Advertising Co., 1919, p. 165.
③ "Passengers", *The Shanghai Times*, Jan. 17, 1916, p. 11.

Hôtel des Wagons-Lits）的房客名单上。① 2月7日，北京地区的两家英文报纸《北京日报》（Peking Daily News）、《京报》（Peking Gazette）在六国饭店的房客名单②都提到了那世宝夫妇，不再只是他一个人。1916年7月，那世宝夫妇从上海往返法国马赛，③ 11月上旬又携家眷抵沪，④ 再次回到北京之后，其居所由六国饭店搬至北京大饭店（Grand Hôtel de Pékin）。⑤ 这一变动的具体原因现已无从查证，恕笔者猜测极可能出于两方面的考虑：一是，那世宝夫妇决定在北京长期生活，故希望寻找一更为安稳、经济的住所；二是，北京饭店由法国人投资、经营，较之有英资背景的六国饭店让其更有亲近感。

《北京新闻》的创始人并非那世宝，其历史可追溯到清末民初。⑥ 现存最早的档案记录为1913年，此时报馆主人为法国人雷伯克（Van. Lerberghe），馆址则已经选定为甘雨胡同。⑦ 至1915年，该报社大约有印刷工人11人，另有一翻译名为马德山，报纸用法文刊发，印数为1000份，这种情况应持续到1916年底。⑧ 那世宝何时任该报社主编、何时成为经理，以现存的史料只能做出大致推断。1918年6月13日晚，新任法国驻华公使包朴（A. Boppe）在六国饭店设宴款待北京地区的知名中外记者，那世宝以《北京新闻》代表身份出席。⑨ 据此，笔者推测1918年初⑩那世宝出任该

---

① "Hotel List", *Peking Gazette*, Jan. 19, 1916, p. 4.
② "Hotel List", *Peking Daily News*, Feb. 7, 1916, p. 7; "Hotel List", *Peking Gazette*, Feb. 7, 1916, p. 4.
③ "Passengers", *The North-China Herald and Supreme Court & Consular Gazette*, Jul. 8, 1916, p. 58.
④ "Passengers", *The Shanghai Times*, Nov. 9, 1916, p. 12.
⑤ "Hotel List", *Peking Gazette*, Feb. 5, 1917, p. 3.
⑥ 有外文书籍提及该报创立于1910年，参见 Alexander Ramsay, *The Peking Who's Who*. Peking: Tientsin Press, 1922, p. 114.
⑦ 《京师警察厅内左二区分区关于办理法文报馆丢失铅字控荣奎等情形的呈报》，北京市档案馆，档号J181-018-00385。
⑧ 《京师警察厅内左二区区署关于法文报馆雷伯克因丢失铅字请求向姜廷珍等追究责任的呈》，北京市档案馆，档号J181-019-13434。
⑨ "Sino-French Press Dinner", *The Peking Leader*, Jun. 15, 1918, p. 4.
⑩ 参见 "M. A. P.", *The Shanghai Times*, Mar. 25, 1919, p. 7. 其中提及那世宝已经出任《北京新闻》报主编一年有余。

报主编,而正是因为工作日益繁忙,是年夏①他由北京饭店迁至甘雨胡同居住。

十分可惜,《北京新闻》在国内外的公藏机构罕有收藏,更无全份保存者,今人极难了解其详细情况,只能从一些间接史料中窥见大致情形。1918年,旧俄驻北京公使馆的馆员伊万诺夫(А. А. Иванов)因拥护苏联政府被驱除出使团。在《北京新闻》谋生期间,伊万诺夫撰写了大量关于苏俄近况的报道,使得该报在1918至1921年格外亲苏。②这种倾向亦与那世宝本人的政治观相符合,因为与其一起来华的艾伯特·托马斯便是法国著名的社会主义学家,两人交往过密且志趣相近。另一相关记录则源自王东原将军在其《浮生简述》中的回忆:

> 民(国)十年春夏之交……应法国那世宝通讯社登报招聘记者之试,一试获取,但须至社先做一周试用,每日为一读报工作,即将北京每日发行之报纸及其他刊物,翻阅一遍,其有涉及法国之言论叙述,甚至一鳞半爪,以红色铅笔加以标记,并揭示其大意,送至韦博士处……择译法文,发出法文电讯,供法国各报社采用。工作轻松,待遇不薄,工作之余,如遇社会上发生临时事故,迅速描述投诸报社,亦有所获。③

此段记述虽有小错,如直奉战争起于1922年,非1921年(民国十年),但对今人了解那世宝通讯社(北京法文新闻报社)至关重要。文中所言"韦博士",其人全名韦玉④,曾任职于《北京新闻》报社。

法国使馆给予《北京新闻》长期资助,每年的额度为一万法郎。⑤尽管采用

---

① 因1918年7月27日,那世宝夫妇仍在北京饭店的房客名单中。参见"Hotel List", *The Peking Leader*, Jul. 27, 1918, p. 7.
② 李丹阳《马克思学说研究会与中国共产主义组织的起源》,载《史学月刊》2004年第6期,第54页。
③ 王东原《浮生简述》,台北传记文学出版社1987年,第9页。
④ 韦玉,南方人,寓煤渣胡同十三号。1923年1月14日南归,3月15日与该报社完全脱离关系。参见《法公使馆关于罗觉始等盗法人那世宝铅字卖于协华印刷材料厂请严惩逃犯的函》,北京市档案馆,档号J181-019-38115。
⑤ G. W. M., "New Books of Interest in the Far East: Intimate Details of Foreign Newspapers in China", *The China Weekly Review*, Dec. 5, 1931, p. 28.

法语，但该报的阅读群体并不局限于旅居北京的法国人士。1919年10月28日《北京新闻》第4版中发表了一篇关于"山东问题"的时评，引起了北洋政府官员吴宗濂①的重视，11月9日特致信外交部代理总长陈箓，信中写道："上月二十八日，北京法文日报第四页之首段时评，其主笔那世宝即已借助为我以筹，我国读者其能无所动于中乎。"② 由此细节可见，那世宝并没有将报纸内容局限于与法国有关之人事，亦会关注中国国内外的热点问题，并提出自己的观点与建议，而且这些社论以维护中国利益为出发点，颇能为国人所认同。正是由于《北京新闻》服务于旅居北京的法国人及其越来越大的影响力，1919年2月15日，在北京万国报界俱乐部成立大会上，那世宝被选为八位评议员之一，并在随后的换届选举中连任。③

1933年3月1日晚，那世宝乘汽车离开北京前往热河，翌日晚8时抵达承德，3日早拜访汤玉麟，后见证其奔逃和日军的入城，这一路的见闻随后刊登于本月6、7两日的《北京新闻》。④ 那世宝殁后，其主持的报纸、印所和通讯社由其子继承。1938年9月13日，因日军特务部来函，北平特别市警察局下达训令："天津泰晤士报、北京法文报所载消息妨碍军事扰乱人心之处，决定以函对该两报售卖、运送、邮寄、购读等事一律禁止。"⑤ 这一结局并不出人意料，因北京法文报（即《北京新闻》）拥有稳定、可靠、独立的消息来源，且在抗战中支持中国军民，报道文章内容势必为日伪政府所不能容忍。

二

1919年，北洋政府为了收听巴黎和会的消息及相关新闻，令吴梯青负责装配

---

① 吴宗濂，清末时曾任驻法使馆一等参赞，其子吴匡时与那世宝认识，参见《北平市警察局关于法公使馆领事贝利永请饬吴臣（匡）时偿还那世宝印字馆欠款的函》，北京档案馆，档号J181-031-00328。
② 《山东问题》，台湾"中央研究院"近代史所藏外交部档案，档号03-33-124-05-035。
③ 《万国新闻记者俱乐部年会纪》，《申报》1920年3月18日，第6—7版。
④ 那世宝《热河观战记》，载《热河失陷目击记》，上海中外出版公司1933年，第245—260页。
⑤ 《北京特别市警察局、北京特别市警察局外五区署关于禁止天津泰晤士报北京法文报行销》，北京市档案馆，档案编号J184-002-21092。

收音机、搭设天线，以备随时收听，而接收到的电报经翻译后即送与那世宝通讯社（Agence Na-Che-Pao）发布。① 据吴梯青的回忆，北洋政府认为英国的路透社垄断了由英国、丹麦设立的大东、大北水线和由美国设立的太平洋水线的消息，且偏袒日本，往往擅自改动电文或故意延搁，故自设电台设备，并通过那世宝通讯社发布消息。

那世宝本人是哈瓦斯通讯社（Havas News Agency）在北京的通讯员，他深知新闻资讯对国家外交的重要性，故在北京成立自己的通讯社，并为北洋政府服务。依现存史料可以推断出该社主要负责由法国拍来的无线电消息发布，并一直持续到1922年以后。② 除此之外，该通讯社还同莫斯科保持了紧密联系，并将其收到的电文转发给上海共产国际东亚书记处，③ 直接责任人虽为前文提及的伊万诺夫，但这一长期行为肯定需要那世宝本人的默许。

台湾"中央研究院"近代史所藏档案中，有八笔④史料与那世宝直接相关，除上文提到吴宗濂信札外，其他七件为抄送那世宝通讯社电文的说帖，且时间皆为1921年。此处的"说帖"意为条陈、建议书一类的文书。这七件说帖皆为国务院秘书厅发出，且围绕两个焦点问题：一是，中俄关系的调整；二是，华盛顿会议前各国准备情形及意欲对中国提出的相关议案。由此可以得出以下推论：一是，那世宝通讯社发布的新闻信息是北洋政府获悉国外局势的途径之一；二是，国务院极为重视该报所载涉外新闻，常将其全文译出，发送至外交部等相关机构，以资外交交涉维护本国利益。在相关历史事件的进程中，那世宝通讯社的新闻报道到底有多大价值、如何影响了北洋政府的外交策略，现在恐怕很难考证，但可以从侧面得到答案。1922年11月2日，那世宝本人被北洋政府授予三等嘉禾

---

① 吴梯青《有关北洋时期电信事业的几件事》，载《文史资料选辑》，中国文史出版社1986年，第147—148页。
② 《国内专电》，《申报》1922年2月15日，第4版。
③ 《马克思学说研究会与中国共产主义组织的起源》，第54页。
④ 实际记录为九笔，但其中《送那世宝电中俄关系说帖》（档号03-32-525-02-017）与《府交那世宝电俄国对于中俄之关系说帖请查照参考由》（档号03-32-554-02-010）实为同一内容，故只记做一笔。

章。①《政府公报》中并未注明此次授勋的理由，但从华盛顿会议解决山东问题的结果来看，那世宝通讯社的报道对北洋政府外交准备起到了积极作用。

在政府层面的交往之外，那世宝本人还积极投身于北京地区的社会活动之中。1919年，那世宝既被选为法华协会（Le Cercle Sino-Fraçnais）的主席。② 1922年，北京本地士绅成立"俄国灾荒赈济会"，在这份汇集了北京政、商、文教等界知名人士的会员名单中，那世宝是屈指可数的外国人之一。③ 1930年出版的《北京指南》（Guide to Peking）中，明确记录了那世宝本人为"法盟"（Alliance Fraçnaise）的主席。那世宝的人际交往圈到底有多大，可以找到明确记录的是只有以下几位知名人士：王克敏、铎尔孟（André d'Hormon）、普意雅（Georges Bouillard）。④ 此外，那世宝还与李顿调查团成员有过密切的往来，如李顿爵士（Lytton）、克劳德将军（Général Claudel）、希尼博士（Herr Von Schnee）、马柯迪伯爵（Count Aldrovandi-Marescotti）、调查团秘书长哈斯（Robert Hass）都曾在他位于西山碧云寺的别墅小住过。

北京法文图书馆（The French Bookstore）和那世宝印字馆，在北京现代出版史上同属于重要的外资机构，但比较而言，二者有很多不同之处。第一，法文图书馆并未建立自己的印刷所，出版书籍均交由北京、上海等地的印所；而那世宝则将出版和印刷整合在一起，独自经营，在普通的印刷之外还承接装订业务。第二，法文图书馆在魏智（Henri Vetch）主持之后，其出版书籍多采用英文，为数不多的法文书籍则均由它所授权影印；那世宝出版的图书全部为法文书籍。第三，法文图书馆多与平津两地的学术机构、国内外知名学者往来，拥有较广泛的学术资源；那世宝则只与法国学者如普意雅合作，或自己撰写文章，且相当部分书籍的内容先在《北京新闻》《中国杂志》上连载，后集结成册。第四，书籍内容方面，

---

① 《命令》，载《政府公报》第2394号，印铸局1922年11月，第3页。
② "M. A. P.", p. 7.
③ 蔡元培《蔡元培全集》第4卷，浙江教育出版社1997年，第552页。
④ 与王克敏的交往可参见飞鸿《祸不单行王克敏》，载《申报》1923年12月18日，第4版；而与铎尔孟的交往则参见"Sino-French Press Dinner", The Peking Leader, Jun. 15, 1918, p. 4.

法文图书馆以中国文化、学术研究为核心，兼顾实用性图书；那世宝则聚焦中国当时的政治、经济、外交热点问题，偶尔涉及文化类书籍且多为中文原著的法文译本。第五，印刷数量方面，两家机构均采取限量发行的办法，但那世宝出版物的印数更少。第六，在印刷质量和装帧设计方面，法文图书馆更胜一筹；那氏则多遵从法文书籍的传统设计式样，封面只有书名、作者、出版等信息。以此观之，两家出版社各具特色，虽然同时处于北京，但并不存在恶性竞争的情况，相反两家法资出版商曾经密切合作过。①

三、结语

1950 年 9 月底，依然住在甘雨胡同的那世宝之子，因其外籍身份和居所位置被短暂拘留。② 此后不久，他离开了中国。1954 年 11 月 22 日，北京市人民政府房地产管理局下发了《关于拆除及修缮代管外侨产应行注意事项的通知》，同意拆除甘雨胡同 16 号代管法侨那世宝房产中已塌的一间平房，该通知为那世宝一家在北京留下的最后记录。

四、附录：那世宝印字馆出版书籍目录

在法文报纸《北京新闻》外，那世宝留给今人最重要的遗产当数其印字馆所刊发之书籍，但现存的史料支离破碎，专门研究则更是不见于世。以《北京出版史志》第八辑所收录的《民国时期北京出版机构》为例，该文虽提及北堂印书馆（遣使会印书馆）、北京法文图书馆等法国人主持的印所、出版社，却没有对那世宝印字馆的任何记录。

以下书目依时间为序，只包括那世宝印字馆出版、印刷的书籍，不包括期刊 [如《中国杂志》(*La Chine*)]、地图和日历。书目凡例：著者、书名、译者（插

---

① 笔者见及了一本那世宝印书馆印刷的书籍 *Législation Commerciale de la République de Chine* (1924)，指名由北京法文图书馆代售。

② "Situation of foreign nationals in China; difficulties in obtaining exit visas; arrests, persecutions and expulsions of missionaries", June-August 1951(Folder 3), 1951, Government Papers. The National Archives, p. 102.

画者)、版次、出版者、时间、页数、插图（地图）、尺寸、印刷数量。其中某些项目非必备信息，笔者直接将其省略。其中数种书籍因无法找到实体核对，中文译名如根据仅有信息直译很有可能造成严重误导，故暂且空缺。

1. Georges Bouillard, *Le Yang Shan et ses Temples*, dessins de J. Ruedolf, *Péking et ses environs*, première série, Pékin：A. Nachbaur, 42 pages, illustrations, 25.0cm×19.5cm, 1921.

普意雅，《羊山及其庙宇》，《北京周边景致丛书》第一种，8幅插图。

2. Albert Nachbaur, *Pékinades*, Editions Na-Che-Pao, Pékin, iii-164-1 pages, 18.2cm×13 cm, 1921.

那世宝，《北京》。

序言由让·布绍（Jean Bouchot）撰写，其人任教于北京大学。内容分为36个小节，如"雨季""知了"等。

3. Albert Nachbaur, *Mon carnet de Chine*, 176 pages, 1921.

4. Jean Bouchot, *Sce'nes de la vie des Hutungs：croquis des mœurs pe'kinoises*, 2ᵉ édition, A. Nachbaur, xi-214 pages, illustrations, 500 copies, 1922.

让·布绍，《胡同风景与北京人习俗》，那世宝作序。

该书1926年再版。

5. Georges Bouillard, *Un Temple Bouddhiste：Kie T'ai Sze*, *Péking et ses environs*, deuxième série, Pékin, A. Nachbaur, 34-2-4 pages, illustrations, 25.6cm×19.6cm, 1922.

普意雅，《戒台寺》，《北京周边景致丛书》第二种，2幅彩色插图、4幅黑白插图。

6. Georges Bouillard, *Les Tombeaux Impériaux des Dynasties Ming et Ts'ing*, *Péking et ses environs*, troisième série, Pékin：A. Nachbaur, 133 pages, 17 leaves of plates, illustrations（some colored, some folded）, maps, plans, 25.6cm×19.6cm, 1922.

普意雅，《明清皇陵》，《北京周边景致丛书》第三种，14幅彩色插图。

该书 1931 年再版。

7. K. L. Liou, *Le jeu de matching: son origine, ses règles, ses combinaisons*, 2ᵉ éd, Pékin: Albert Nachbaur, 28 pages, 1922.

K. L. Liou,《麻将概述》，包括起源、规则、手法，等等。

该书作者 K. L. Liou, 中文姓名不可考。该书 1924 年再版。

8. R. Germain, *Essai de description phonétique du dialecte de Pékin*, Pékin: A. Nachbaur, 30 pages, 26 cm, 1923.

R. Germain,《北京方言发音述评》。

9. Georges Bouillard, *Le Temple du Ciel, Péking et ses environs*, quatrième série, Pékin, A. Nachbaur, 41-101 pages, 1923.

普意雅,《天坛》,《北京周边景致丛书》第四种, 11 幅插图。

10. Georges Bouillard, *Le Temple de la Terre, Les temples du Soleil et de la Lune, Le Temple de l'Agriculture, Péking et ses environs*, cinquième série, Pékin: A. Nachbaur, 41-10 pages, 25.0cm×19.0cm, 1923.

普意雅,《地坛、日坛、月坛、先农坛》,《北京周边景致丛书》第五种, 10 幅插图。

11. Georges Bouillard, *Le Temple de Pi Yün Sze, Péking et ses environs*, sixième série, Pékin: Albert Nachbaur, 24-7-1 pages, 24.7×19.0cm, 1923.

普意雅,《碧云寺》,《北京周边景致丛书》第六种, 7 幅黑白插图, 1 幅彩色地图。

12. Georges Bouillard, *Hsiang Shan ouparc de chasse, Péking et ses environs*, septième série, Pékin: A. Nachbaur, 46-10-1 pages, 24.8×18.5cm, 1923.

普意雅,《香山》,《北京周边景致丛书》第七种, 10 幅黑白插图, 1 幅大尺寸彩色地图。

13. Georges Bouillard, *Les Temples autour du Hsiang Shan: Tien t'aisze, Wo fosze, St yusze, Péking et ses environs*, huitième série, Pékin, A. Nachbaur, 77 pages, 26×19.2cm, 1923.

普意雅，《香山的寺庙：天太寺、卧佛寺、西峪寺》，《北京周边景致丛书》第八种。

西峪寺部分在本书中并未出现，而是收录在本系列第十四种的末尾处。

14. Commission de l'exterritorialité, *Code pénalprovisoire de la République de Chine du 30 mars 1912*, Imprimerie Na-Che-Pao, Pékin, x-152 pages, Septembre 1923.

《中华民国暂行新刑律》法译本。

15. *La dette Chinoise*：*listecomplète des dettesétrangères et chinoises arrêtée au 30 Septembre 1922*, Pékin：Albert Nachbaur, 27 cm, 1923.

《中华民国外债：截止到 1922 年 9 月 30 日》。

16. Marcel Bouleau, *Étude pratique des opérations de change en Extrême-Orient*, Pékin：Albert Nachbaur, 180 pages, 3 folded leaves, 25 cm, 1923.

布洛，《远东汇兑大全》。

该书英文本 *Practical guide to Far Eastern exchanges* 1923 年由法文图书馆（La Librairie Française）出版。

17. Marguerite Quersin Vulliez, *Couverture de Voyage*, Pékin：Albert Nachbaur, 27 cm, 1924.

18. Commission de l'exterritorialité, *Législation Commerciale de la République de Chine*, Imprimerie Na-Che-Pao, Pékin, x-213 pages, 25 cm, Février 1924.

《中华民国商法》法译本。

19. Georges Bouillard, *Les Grands vins de France*：*bordelais, bourgogne, champagne*, Pékin：Albert Nachbaur, 1924.

普意雅，《法国三大名酒：波尔多、勃艮第、香槟》。

20. Georges Bouillard, *Le Temple Lamaïste de Yung Ho Kung ou Temple des Lamas*, *Péking et ses environs*, neuvième série, Pékin, A. Nachbaur, 1924.

普意雅，《雍和宫》，《北京周边景致丛书》第九种。

该书 1931 年再版。

21. Georges Bouillard, *She King Shan, Yün Kiü Sze, Tung Yü Sze, Si Yü Sze,*

Péking et ses environs, quatorzième série, Pékin: A. Nachbaur, avec 12 planches en noir et 5 cartes et plans en couleurs, 24.7cm×18.4cm, 1924.

普意雅,《西南郊区:石经山、云居寺、东峪寺、西峪寺》,《北京周边景致丛书》第十四种,12 幅黑白插图,5 幅彩色地图。

该系列的第十一、十二、十三并未出版发行。①

22. Georges Bouillard, *Environs sud-ouest: T'ien K'ai Shan, Ku Shen, Shan Fang Shan, Tow Shuai Sze, et les grottes de Yun Shui tung, Péking et ses environs*, quinzième série, Pékin: Albert Nachbaur, Éditeur, 54 pages, 26.1cm×19.0cm, 1924.

普意雅,《京西南之天开山、孤山、上房山、兜率寺、云水洞》,《北京周边景致丛书》第十五种,3 幅黑白插图,1 幅彩色地图。

23. Georges Bouillard, *Notes Diverses sur les cultesen Chine: les ornements rituels des temples lamaïques et buddhiques*, Pékin: Albert Nachbaur Éditeur, 10 pages, 26 cm, 1924.

普意雅,《中国信仰琐记:佛教仪式》。

24. Georges Bouillard, *Notes Diverses sur les cultes en Chine: Les attitudes des Buddhas*, Pékin: Nachbaur, in-8, 28 pages, 5 planches, 1924.

普意雅,《中国信仰琐记:菩萨们的姿态》。

25. *La concession française d'autrefois*, Peking: A. Nachbaur, 57 pages, 3 folded plans. 27 cm, 1924.

《上海法属租界之历史》。

该书实为 1929 年 9 月 29 日上海法盟会议上的一篇演讲,以法租界工部局的旧档案为基础,介绍清末法国驻沪领事爱棠(Benoît Edan)。

26. A. J. H. Charignon ed., *Le livre de Marco Polo*, Vol. I, Pékin: Albert Nachbaur éditeur, v-1-268-1 pages, 1924.

沙海昂编注,《马哥孛罗游记》卷一。

---

① Paul Pelliot, "Georges Bouillard", *T'oung Pao*, Vol. 27, No. 4/5 (1930), p. 456.

该版本为 1867 年版本的再版。

27. Sigfrid Berliner, *Pratique Commerciale en Chine*, par J. R. Baylin, Pékin：Albert Nachbaur, iii-179 pages, map, folded table, 26 cm, 1924.

柏林纳，《中国贸易实务》，贝林译。

该书最初为德文本。

28. Georges Bouillard, *Tsing ming yuan ou Yu ts'iuan shan*, *Péking et ses environs*, dixième série, Albert Nachbaur, 76 pages, 9 plates, illustrations, map, 22.8×17.6cm, 1925.

普意雅，《静明园》，《北京周边景致丛书》第十种，9 幅插图，3 幅地图。

29. *La Courmixte de la Concession Internationale de Shanghai*, Pékin：Albert Nachbaur, 29 pages, 24 cm, 1925.

《上海涉外法庭》。

30. George Deniker, *Le Mécanisme Phonologique du parler de Pékin*, *précédé de deux notes sur les Alphabets et sur les Méthodes phonologiques*, Pekin：A. Nachbaur, in-8, 75 pages, 1 table, 22 cm, 1925.

《北京方言音位学原理》，前附关于字母与音位学方法的两篇编者按。

31. H. Lecourt, *La Cuisine Chinoise*, Pékin：Albert Nachbaur éditeur, xviii-141-13 pages, 25×19 cm, 1925.

勒古，《中华食谱制法入门》。

限量 550 册，其中 10 册为高丽纸版本。

32. Wei et M. G. Padoux, *L'Exterritorialité en Chine*, Pékin：A. Nachbaur, 57 pages, 27 cm, 1925.

宝道等，《中国的治外法权》。

该文先在《北京法文新闻报》中连载发表。

33. *Situation Générale Concernant les Ouvriers sous le Contrôle Direct du Ministère des Communications*, Pékin：A. Nachbaur, 1925.

《中国政府关于交通四政劳工事务设施之状况》。

该文为中华民国政府向国际劳工联盟呈交的报告,包括铁路职工教育状况、关于公共法案之拟订事项、现行抚恤规则及拟订草案等事项、补助职工经济及职工储蓄养老之计划四部分,随后分别为法文、英文译本。

34. Cercle Sino-français ed., *Catalogue de la Bibliothèque*, Pékin：Na-che-pao, 69 pages, 1926.

华法协会编,《华法协会藏书目录》。

35. Albert Nachbaur & Wang Ngen Joung, *Les Images Populaires Chinoises*, Peking：A. Nachbaur, 26 leaves, 22 plates, 54 cm, 220 copies, 1926.

那世宝、王恩荣,《民间之画像》,那世宝作序。

该书内为散页,内收春节、端午、中秋等节日的民间画像。其中 200 部以汉字编号,另外 20 部则以字母 A 到 T 标记。

36. A. J. H. Charignon ed., *Le livre de Marco Polo*, Vol. II, Pékin：Albert Nachbaur éditeur, vi-275 pages, 1926.

沙海昂编注,《马哥孛罗游记》卷二。

37. *Ma semaine*, Peking：Albert Nachbaur, 139 pages, 1927.

38. Tchou-Kia-Kien, *Le Théâtre Chinois*, Peking：Albert Nachbaur, 6 - 21 - 6 pages plates, 33 cm, 500 copies, 1927.

朱家健,《中国戏谈》。

此书 1922 年在法国巴黎首版发行。

39. Docteur E. Lossouarn, *La Chine vue par Pasteur：conférence faite à l'Université Franco-chinoise de Pékin le 9 mars 1928*, Pékin：Albert Nachbaur, 21 pages, 24 cm, 1928.

卢梭望,《巴斯德眼中之中国》。

此书为其 1928 年 3 月 9 日在中法大学发表之演讲稿,其人为天津海军医学院法籍教授。

40. Sigfrid Berliner, *Pratique Commerciale en Chine：d'après Berliner*, 2e édition revue et corrigée par J. R. Baylin, Pékin：A. Nachbaur, 179 pages, 11 leaves of plates, ill., map, 24 cm, 1928.

柏林纳,《中国贸易实务》,第二版,贝林修订。

该书为"中国当代法律丛书"(Droit chinois moderne)第一种。

41. A. J. H. Charignon ed., *Le Livre de Marco Polo*, Vol. III, Pékin: Albert Nachbaur éditeur, vi-313 pages, 1928.

沙海昂编注,《马哥孛罗游记》卷三。

42. *La Partisane Nadia Nakhimova*, Albert Nachbaur, Édition a Pékin, 345 pages, 1928.

43. R. Baylin ed., *Extraits des Carnets de Lin K'ing*, *sites de Pékin et des environs vus par un lettré chinois*, Peiping: Albert Nachbaur, 120 pages, with 26 figures, 31cm ×36 cm, 1929.

麟庆,《鸿雪因缘图记》法译本,贝林译。

较之中文原文,法译本有删节,限量200本。

44. J. R. Baylin, *L'Est Chinois*, *historique*: *contrats divers et documentation économique succincte sur la Mandchourie*, Pékin: Editions Albert Nachbaur, 54 pages, 10 pages of plates, map, 26 cm, 1929.

贝林,《中国东部,历史考察:各类合同及有关满洲里经济的简明文献》。

该书为《中国当代法律丛书》(Droit chinois moderne)第三种。

45. H. G. W. Woodhead, *L'Exterritorialitéen Chine*: *pourquoielle ne doit pas êtreabolie*, traduction Française par J. R. B., Pékin: Albert Nachbaur, 29 pages, 1929.

伍赫德,《治外法权在中国:反废约之案例》法译本,贝林译。

该书先在天津刊印,后同年在北京那世宝书局发行法文本。

46. J. R. Baylin et Eduard Kann, *Chinese Internal Loans*, Rev. Ed., Peiping: A. Nachbaur, 38 pages, illustrations, 23 cm, 1929.

贝林、狄爱德,《内国公债》。

狄爱德为奥地利人,20世纪初来华,1925年左右在上海交易所担任经纪人。

47. Yvette Nouveau, *Enlisant Colette*: *Conférencefaite à l'Alliance Française de*

Shanghai, *le 14 mai* 1929, Pekin：A. Nachbaur, 36 pages, 24 cm, 1929.

Yvette Nouveau,《阅读科莱特》。

作者在上海本地居住,是一位著名律师的姐妹,该文为在上海法盟上的演讲,谈法国女作家科莱特。

48. T. V. Soong, *Emprunts Intérieurs Chinois*：*caractéristiques et tables d'amortissement*, traduit par J. R. Baylin, Pekin：A. Nachbaur, 28 pages, 3 folded plates, 28 cm, mars 1929.

宋子文,《国内借债备忘录》法译本,贝林译。

49. Tchou Kia Kien et Armand Gandon, *Ombres de Fleurs*, Albert Nachbaur éditeur A Pékin, i-210 pages, 27cm×21.7cm, 1930.

朱家健、康栋,《古诗选译》。

本书共选诗(歌)63首,上自《诗经》,下至中华民国国歌(《中华雄踞天地间》)。朱家健任教于巴黎东方语言学院,康栋1910年起任法国驻滇领事。

50. Docteur E. Lossouarn, *Ce que l'ondoit savoir du Laboratoire*, Albert Nachbaur Editeur à Pékin, 13 pages, 19 cm, 1930.

卢梭望,《实验室须知》。

51. Albert Nachbaur, *Le Dossier Koltchak*：*Sibérie*, *1918-1920*, Pékin：A. Nachbaur, 48 pages, 20 cm, 1930.

那世宝,《高尔察克在西伯利亚》。

该书内容先在法文报纸《北京新闻》上连载。

52. Madame Dan Pao Tchao, *Hsiang Fei*, Pékin：Imprimerie Albert Nachbaur, 66 pages, 29cm, 1930.

裕容龄,《香妃》法译本。

53. Maurice Adam, *Us et Coutumes de la Région de Péking d'après le Je sia kieou wen k'ao*, *Ch. 146 à 148*, Pékin：Albert Nachbaur, viii-48 pages, illustrations, 29 cm, 1930.

亚乐园,《日下旧闻考：146—148卷》法译本。

该书内容为《日下旧闻考》中的风俗三卷。

54. Tsen Tson Ming, *La Chine qui lutte*, Pékin：Albert Nachbaur, 184 pages, 19 cm, 1930.

曾仲鸣,《奋斗中之中国》。

曾仲鸣追随汪精卫多年，为其秘书。

55. J. R. Baylin, *Contrat d'emprunt du Ssepingkai-Taonanfou, traduction précédée d'une notice sur les chemins de fer de Manchourie*, traduit par J. R. Baylin, Pékin：Éditions Albert Nachbaur, iii-41pages, map, 22 cm, 1931.

贝林译,《四洮铁路借款合同》（法译本）。

其中"四洮"指四平街至洮南府。四洮铁路的兴建计划始于1914年，时交通部派员考察，觉该线路位置重要，且涉及日俄密约，不便建立。后于1919年订立借款合同。

56. *Les Relations économiques entre la Chine et le Japon：la politique ferroviaire du Japon en Mandchourie et en Mongolie*, traduit par J. R. Baylin, A. Nachbaur, 56 pages, plate, map, 27 cm, 1931.

贝林译,《中日两国经济关系：日本在满洲与蒙古的铁路渗透》（法译本）。

57. Albert Nachbaur ed., *Éléments de décoration Chinoise：motifs décoratifs relevés dans les temples et yamens*, Pékin：A. Nachbaur, 60 color plates, 33 cm, 1931.

那世宝,《中国图画》。

此书图案选自《营造法式》中的装饰图，彩印。

58. *La Charpente Chinoise：toitures, colonnes, poteaux, fermes, balustrades, plafonds*, Pékin：A. Nachbaur, 1931.

《中式建筑》。

本书以10—11世纪宋代建筑为考察对象。

59. *La Menuiserie Chinoise*, Albert Nachbaur, Éditionà Pékin, 32×22cm, 1933.

60. *Les Chevaliers Chinois：roman de mœurs et d'aventures*, Albert Nachbaur, Édition a Pékin, ii-312 pages, 19.3×13cm, 1933.

《武松说荟》。

本书以《水浒传》中武松的故事为原本，共分为44章。潘敬题写中文书名，其人清末时以公费生身份留学法国。

61. *L'étalon or en Chine*：*projet de loi remis au Ministère des Finances par la mission Kemmerer le 11 novembre* 1929, traduit par J. R. Baylin, Pékin：A. Nachbaur & Tientsin：Hautes Etudes, 39-5 pages, 1934.

贝林译，《中国金本位》（法译本）。

该书为1929年11月11日甘末尔顾问团提交的改革议案，美国经济学家甘末尔（Edwin Walter Kemmerer）于1929年担任南京政府财政部设计委员会主席兼银行币制专门委员。该书为《中国当代法律丛书》（*Droit chinois moderne*）第八种。

62. Tchou Lan, *La Septième petite Madame Tch'en*, Pekin：Albert Nachbaur, iv-232 pages, 19 cm.

陆瘦郎，《陈七奶奶》（法译本）。

"陆瘦郎"为托名，因书中保留了大量的北京话语汇，对研究老北京话具有重要作用。此书出版年不可考。

第二节　亨利·魏智及其北京法文图书馆

梁实秋有段回忆叶公超的文字，提到"公超在暨南大学教书的时候，因兼图书馆长，而且是独身，所以就住在图书馆楼下一小室，床上桌上椅上全是书。他有爱书癖。北平北京饭店楼下 Vetch 的书店，上海的别发公司，都是他经常照顾的地方"[①]。其中提到两家书店——北平的 Vetch 和上海的别发洋行（Kelly & Walsh Ltd.），后者作为上海地区最早的外文书店，其脉络自19世纪60年代起清晰明了，已有公论；而有关 Vetch 的记录则寥寥无几，甚至彼此矛盾。事实上，文中所称叶公超常去的书店，即位于北京饭店内的法文图书馆。

---

① 梁实秋著《梁实秋文集》第4卷，鹭江出版社2002年，第598页。

在 20 世纪中国出版史上，有两个 Vetch 理应被记住，一个是魏池（Francis Vetch, 1862—1944），另外一个是亨利·魏智（Henri Vetch, 1898—1978），他们是父子，都痴迷于出版外文本的中国文化类图书。魏池创立法文图书馆（La Librairie Française）并使其在津京一带小有名气，亨利·魏智（以下简称魏智）则让北京法文图书馆（The French Bookstore）成为华北地区最负盛名的外文出版机构和私人图书馆。

一、魏池与法文图书馆的肇始

2006 年，西方学者史蒂文斯（Keith Stevens）发表了《亨利·魏智：士兵、书商和出版家》[①]，该文是今人了解魏池、魏智父子与法文图书馆最为重要的研究成果。根据魏智女儿魏普贤（Hélène Vetch）的回忆、档案资料，以及作者 1977 年与魏智本人的访谈为基础，史蒂文斯详尽描述了魏智家族的历史和魏智在香港的经历。但囿于香港所能收集到的一手史料和出版物相对有限，是文对于 1920 至 1953 年间魏智与法文图书馆的种种变化和发展仅简要提及且诸多错误，而这段时期恰恰是魏智本人理应被历史所铭记的最重要一环。

1862 年 6 月 28 日，魏池生于留尼汪岛的圣但尼（Saint-Denis, La Réunion），该岛是法国的一个海外省，位于西南印度洋马斯克林群岛中，西距马达加斯加 650 千米。19 世纪末，魏池受雇于总部位于马赛的法国轮船公司（Messageries Maritimes），1899 年初因丝绸贸易首次来华，同年 7 月辞职，自此专职代理福州地区的华人劳力输出业务。[②] 约 5 年后，福建藏书家龚易图及其子明仲、亦叔在本地开设矿物学堂，聘魏池教文法。[③] 1907 年 5 月，魏池离开福州，经西贡返回到

---

① Keith Stevens, "Henri Vetch (1898-1978) Soldier, Bookseller and Publisher", *Journal of the Hong Kong Branch of the Royal Asiatic Society*, Vol. 46 (2006), pp. 101-148.

② 中方的相关记载，可参见陈雅铃、吕芳上编《清季华工出国史料 1863—1910》，台北：台湾"中央研究院"近代史研究所 1995 年，第 522、526、535 页；福州市地方志编纂委员会编《福州市志》第 8 册，方志出版社 2000 年，第 216、233—234 页。

③ 陈智超编《陈垣往来书信集》（增订本），生活·读书·新知三联书店 2010 年，第 192 页。

欧洲。①

据魏普贤（Hélène Vetch）回忆，祖父魏池于1919年抵达北京并在北堂印书馆（Lazaristes Press Peking）获取一份工作。② 法国遣使会方立中神父（Joseph van den Brandt）编写的《1864至1930年北堂印书馆要目》(Catalogue des principaux ouvrages sortis des presses des Lazaristes a Pekin de 1864 a 1930)从侧面印证了魏普贤的回忆，魏池的确自1919年起开始在北堂印制书籍。③ 长期经商的经历，让魏池萌生了在北京开设一家书店的想法，法文图书馆由此诞生。在1950年北京法文图书馆的制式函件中，魏智亦将该店的成立时间追溯到1919年。

魏池一生的足迹遍及福州、香港、北京、天津、上海、澳门等地，1944年在越南西贡（Saigon，现为胡志明市）去世。

二、法文图书馆的沿革

如果想深入探究魏智与法文图书馆的关系，应从书店名称入手。法文图书馆对应三个西文名称，分别为：La Librairie Française、Société Française de Librairie et d'Édition 和 The French Bookstore，它们分别对应着不同的历史时期。

根据魏普贤的回忆，史蒂文斯认为1926年魏池在天津拥有了法文图书馆（La Librairie Française），而且在不晚于这一年于北京饭店设立了分店。④ 但这与实际情况相距甚远，因为在1922年版的《北京名人录》(The Peking Who's Who)中就已经记录了位于北京饭店（Grand Hôtel de Pékin）和六国饭店（Grand Hôtel des Wagons-Lits）内的"北京法文售书处"（Peh-Chin-Fa-Wen-Shou-Shu-Chu），即北京法文

---

① "Passengers", *The North-China Herald and Supreme Court & Consular Gazette*, May 31, 1907, p. 538.

② 另，魏池抵达上海的时间约在四月中旬，参见 "Passengers", *The North-China Herald and Supreme Court & Consular Gazette*, Apr. 19, 1919, p. 587.

③ Joseph Van den Brandt, *Catalogue des principauxouvragessortis des presses des Lazaristes a' Pékin de 1864 a' 1930*, Pékin: Henri Vetch, 1933, pp. 28, 55, 70.

④ "Henri Vetch（1898-1978）Soldier, Bookseller and Publisher", pp. 125-126.

图书馆，业主（Proprietor）是魏池，该店亦在魏智名下。①

另一悬而未决的问题是——法文图书馆最初成立的地点是北京还是天津？方立中神父的书目为今人提供了线索。据该书目记录，魏池在北堂印书馆共刊印了六种书刊，分别为1919年三种、1920年一种、1921年两种。② 只有1921年的两本书其发行方注明为——法文图书馆，但彼此之间也有细微不同：《中华铁路（最新）袖珍行车时刻表》(*Chinese Railways Time Table*，July 1921) 的版权页确切标明"北京法文售书处印行"，且书籍实体指明出版地仅有北京一处；③ 而另外一本书《广告》(*The Advertiser*，1921) 则有北京和天津两个出版地。1923年之前，法文图书馆的出版物通常标记为天津、北京两地共同出版发行，意味着1921年7月后魏池才在天津设立了法文图书馆的分店。天津、北京两地的分店孰为主孰为辅，笔者认为魏池最初的确将主场选在北京饭店内，这一点从《天津益世报》中的广告得以确认——"（法文图书馆）总馆北京北京饭店内分馆法界中街"。④ 据现有史料可以判定，最晚到1923年1月，魏池已经将天津店面的地址定在法界中街71号。⑤

Société Française de Librairie et d'Édition 则代表了法文图书馆的另一个源流，魏普贤对此的回忆令人信服：1926年，三个法国人在天津成立了Société Française de Librairie et d'Édition，而她的祖父最终收购了这家出版社。⑥ 至于并购的时间，笔者认为不晚于1927年，因为注明由该所出版的《法汉专门辞典》(*Vocabulaire Français-Chinois des sciences morales et politiques*，1927) 已经使用了法界中街71号天

---

① Alexander Ramsay, *The Peking Who's Who*, Peking: Tientsin Press, 1922, p. 116.
② Joseph Van den Brandt, *Catalogue des principaux ouvrages sortis des presses des Lazaristes a Pékin de 1864 a 1930*, Pékin: Henri Vetch, 1933, pp. 9, 18, 55, 70, 91.
③ Joseph Van den Brandt, *Catalogue des principaux ouvrages sortis des presses des Lazaristes a Pékin de 1864 a 1930*, Pékin: Henri Vetch, 1933, p. 9.
④ 《法文图书馆》，天津《益事报》，1923年10月10日，第3版。其中，分店地址即天津法租界中街。
⑤ "Orders for the latest issue or Yearly Subscriptions to the Weekly Review of the Far East may be placed with the following Book Stores and New Agencies in the Far East", *The Weekly Review*, Jan. 27, 1923, p. 371.
⑥ "Henri Vetch（1898-1978）Soldier, Bookseller and Publisher", p. 126.

津法文图书馆的地址。至此，65 岁的魏池业已成为京津地区两家出版社的所有者，而出于某种需要，他和儿子魏智都保留了 Société Française de Librairie et d'Édition 这一名称。此举很有可能是出于亲近教会的选择，尤其是利用京津两地已有法国学术团体的资源。魏普贤在回忆中特意提到之前的所有者均为耶稣会士，而且 1927 年出版的《法汉专门辞典》和 1929 年出版的《中国的工商团体》（Les Sociétés de Commerce en Chine）的著者都有鲜明的教会背景。

20 世纪 20 年代，魏智不仅帮助父亲打理法文图书馆在京事务，还在中国图书公司（China Booksellers Ltd.）兼职。在中国图书公司的单据上，魏智的职务为经理，负责北京饭店内的分支。① 事实上，史蒂文斯的表述与实际情况略有偏差。1925 年 1 月，北京饭店内的法文图书馆与万国图书公司（China Book Exchange）② 等合并为中国图书公司，注册资本 15 万元，魏智担任经理和监督，董事会成员有《字林西报》（North China Daily News）资深记者福来萨（David Fraser）、英国商人司马武德（H. St. Clair Smallwood）、Robert A. S. Waters、刘经方（C. F. Liu），顾问委员会则由福开森（John C. Ferguson）、伍连德（Dr. Wu Liem-teh）、L. C. Cheng、安得思（Roy Chapman Andrews）、万国图书公司原瑞金（L. Regine）和 Carroll P. Lunt 组成。③

对新成立的中国图书公司，上海《大陆报》（The China Press）特意撰写了一篇报道，从该文可知魏智并非被迫合并，而是乐见此举。他认为这样不仅可以充实图书库存，提升英美两国出版物的供销量；还能强强联合、资源互补，实现成为东亚地区最重要书店的伟大目标。该文中没有提及魏池，而天津法文图书馆及奉天地区分店不在此次合并计划中，但魏智表示在一年内扩充天津法文图书馆的场地，满足进一步合并的前提条件。此外，这篇报道还透露了两个重要信息：一是明确表示 1924 年后法文图书馆的出版业局限于天津分店；二是魏智虽尚未成为

---

① "Henri Vetch (1898-1978) Soldier, Bookseller and Publisher", p. 126.

② 该店本所设在北京东交民巷（Legation Street）。参见周作人《谈虎集》上卷，北新书局 1929 年 6 月第 3 版，第 94 页。

③ "Best sellers of the week in Shanghai bookstores", The China Press, Feb. 1, 1925, p. 5.

法文图书馆的所有者，但极可能已经接替其父主持法文图书馆的事务，具相当的决断权。最后，虽然合并成立新的图书公司，但魏智也坦言各自的店面均保持原状继续经营。① 换言之，法文图书馆在北京饭店内的分店仍然存在，并没有退出历史舞台。

以此观之，新组成的中国图书公司实力雄厚，拥有较为广泛的中外资源，为达成东亚地区最优秀书店的目标提供了有力保障。但好景不长，这一组合只维持了3年多。1928年7月，中国图书公司"董事议决将北京饭店附设之该公司售书处取消。而专就台基厂五号该公司本址售书"②。在魏智看来这一变动无异于鲸吞其父亲的财产，故不赞同此举，提出辞职。此后1年多间，北京饭店内的书店确实停业，甚至可能被全部搬至台基厂。此事可以从中国学人信札中得以证实，1929年3月14日周作人致信江绍原，提及北京饭店之书店已经搬至台吉（基）厂。③ 吴宓日记亦从侧面印证了这一变动，1928年7月至1929年5月的日记中提到该地址（台基厂路五号，即5 Rue Marco Polo）的书店时均明确标记为"China Booksellers"，而非"法文图书馆"或者"Vetch君"。④

魏智何时正式接替其父出任法文图书馆经理？其属意的英文店名The French Bookstore何时正式使用？对此的描述最为混乱。北京法文图书馆后期雇员于炳熙的说法是"一九四一年他（魏池）把儿子魏智叫来，接替他任法文图书馆经理"⑤；在魏普贤记忆中，其父在1933年的相关名录中就已经被视为北京法文图书馆的经理（Manager of the French Bookstore in Peiping），且1939年在《中国口岸行名录》（*China Coast Hong List*）中已经开始用中文"魏智"二字标示；⑥ 第三种说法来自魏智的好友福特（Ford），1978年魏智去世后，福特在哀思文章中写道

---

① "Best sellers of the week in Shanghai bookstores"，*The China Press*，p. 5.
② 《西土沉沦论英文译本下卷到津》，载《大公报·文学副刊》1929年1月21日。
③ 周作人著，钟叔河编订《周作人散文全集》第5卷，广西师范大学出版社2009年，第542页。
④ 吴宓著，吴学昭整理《吴宓日记》第4册，生活·读书·新知三联书店1998年，第87、136、165、201、237、257页。
⑤ 于炳熙《关于法文图书馆的回忆》，载《文史资料选编》第13辑，北京出版社1982年，第94页。
⑥ "Henri Vetch（1898-1978）Soldier, Bookseller and Publisher"，p. 127.

"1928年魏智已经在北京饭店成立了他自己的法文图书馆（The French Bookstore），但也仍然打着旧名号（Société Française de Librairie et d'Édition）开展业务"①。相对而言，福特的说法更接近事实，时间正确但地点稍有偏差。首先，1929年1月21日《大公报·文学副刊》登载的《西土沉沦论英文译本下卷到津》中明确提到"而Vetch君则于去年冬。出资将天津之法国书店Librairie Française 收买。另行改组。资本凡四万五千元。君自为东家兼经理。其书售价虽昂。然在中国欲阅看西方最近出版之佳书。舍此更无二家"②。其次，1928年10月17日，魏智在天津致函华北水利委员会，希望法文图书馆继续代售其出版的地图并恳请更换担保银行。③ 在这份制式函件上，其正中最上方已经使用了The French Bookstore，在这个抬头下方依次是Société Française de Librairie et d'Édition 和 **Ancienne** Librairie Française（粗体为笔者所加，法语中的"旧"），在信函的左上方经理一栏已经标注为魏智，其信函落款处的签名也是魏智本人的笔迹，这意味着其父魏池不再掌权。在这封信中，魏智向华北水利委员会申请法文图书馆作为天津地区的代售商，右上方明确注明由"天津法文图书馆"寄出。因此笔者认为，1928年冬魏智身处天津主持天津法文图书馆的业务，还没有将北京饭店作为书店的大本营。这种情况延续到1929年，魏智仍以天津法文图书馆（Société Française de librairie et d'édition）之名出版了《中国的工商团体》一书。1930年，魏智则开始正式使用The French Bookstore这一店名发行图书，而且发行地只有北京一处。

综合以上史料和书籍实体，不难得出这一结论：1928年下半年魏智辞去中国图书公司经理职务后，将全部精力放在天津法文图书馆，接替其父作为新的所有者，并继续以天津法文图书馆为主场开展业务。但1930年4月之后，魏智又将其重心移回北京，这变动应该有两方面的原因：一是，魏智认为北京是非常重要的

---

① J. F. Ford, "Henri Vetch: an Appreciation", *Asian Affairs*, 10: 1 (1979), p. 114.
② 《西土沉沦论英文译本下卷到津》，载《大公报·文学副刊》1929年1月21日。
③ 《华北水利委员会关于代售及交换图书与天津法文图书馆等的来往函》，北京市档案馆，档号J007-001-00015。

学术和文化中心，自己必须最大限度地加以利用；二是，北京作为他熟悉的地方便于开展业务工作。

1931年6月6日，魏智从北京致信华北水利委员会（天津），告知对方自己已将天津法文图书馆（La Librairie Française）卖与约翰·帕拉迪斯（John E. Paradissis），后者将店名改为"东方图书馆"（Oriental Bookstore），并就未售地图的数量和交接情况详细陈述，恳请华北水利委员会同意其成为北京地区的代售商。① 而天津法文图书馆的继任者帕拉迪斯也已在5月15日使用法文图书馆的制式稿纸去信华北水利委员会，通知其自5月1日起这有近10年历史的书店易手。② 因为制式信函抬头信息的遗留，特别是收件方——华北水利委员会的中文记录，使得该会办理东方图书馆申请业务时依然记录为"天津法文图书馆"，直至1933年3月左右，这一混乱才得以结束。③ 而曾经隶属于魏池的两家书店早已分道扬镳：魏智以北京饭店为核心，不断壮大北京法文图书馆的规模，终于使之闻名遐迩，超越其父亲；英商东方图书馆则在接下来的十年中不温不火，最后因珍珠港事件的爆发被日伪政府没收。④

三、魏智

魏池共育有四个子女，1898年12月2日，亨利·魏智生于拉塞勒·圣克卢（La Celle-Saint-Cloud），是魏池的小儿子，幼时在福州生活6年，后在印度洋上的塞舌尔岛（Seychelle）圣母昆仲会（Marist Brothers）教会学习了9年，最终拿到了剑桥高级证书（Cambridge Senior Certificate），并于1917年和1939年两次参加法国炮兵部队。1920年6月，魏智从驻扎在波兰的部队退役，同年8月由马赛坐

---

① 《法文图书馆与华北水利委员会关于代售该会地形图的来往函件》，北京市档案馆，档号J007-001-00217。
② 《法文图书馆与华北水利委员会关于代售该会地形图的来往函件》，北京市档案馆，档号J007-001-00217。
③ 《法文图书馆等关于代售地形图事项与华北水利委员会的来往函》，北京市档案馆，档号J007-001-00309。
④ 天津特别市财政局《旧东方图书馆租赁契约》，天津市档案馆，档号401206800-J0055-1005336。

"保加来"（Paul Lecat）号邮轮抵达上海，① 后转往北京协助其父经营法文图书馆。1954年抵达香港后，先在香港大学出版社工作，后试图重振自己的出版事业，遂成立了 Vetch and Lee 出版社，以重印北京法文图书馆的出版物为主业，但并未取得很大成就。1978年6月3日，魏智在香港去世。

1936年12月12日，《纽约晚邮报》（New York Evening Post）发行的《周六评论》（Saturday Review）载有一封"东方通信"，记叙了驻北平记者随魏智到西山旅行的经历。② 在这篇游记中，记者认为长城的风景就足够震惊，而与"无与伦比的"魏智攀登不啻于一场大冒险，尤其是北平的人们早已"警告"过他。记者用风趣夸张的口吻记录了旅行的全过程，在他看来魏智不墨守成规、勇于探索，但冒险之前势必会做好万全的准备，只要确定目标就会不顾一切快速前进，而魏智对于北京（西山）的热爱也早已被旅居北平的外国人所知。

20世纪30年代起，魏智在北京船板胡同的寓所就是一个著名的沙龙场所，③ 对此记录颇多的是瑞典汉学家喜龙仁（Osvald Sirén，1879—1966）和德国汉学家傅吾康（Wolfgang Franke，1912—2007）。喜龙仁在华期间，魏智经常驱车带喜龙仁游览北京的风景名胜，如道教场所妙峰山。二人结为好友，彼此的通信保留在斯德哥尔摩的现代远东艺术博物馆藏喜龙仁档案中。④ 他在其《中国绘画艺术》（The Chinese on the Art of Painting，1936）一书的前言中对出版商魏智的认真负责给予了高度评价。傅吾康在其回忆录《为中国着迷：一位汉学家的自传》（Im Banne Chinas：Auto biographieeines Sinologen）中记下1939年7月底，他与卫德明（Hellmut Wilhelm，1905—1990）夫妇乘魏智的小汽车去北京西山游玩，途中汽车抛锚并遭遇抗日游击队的经历。1939年8月6日，傅吾康致信父亲福兰阁

---

① "Passengers"，The North-China Herald and Supreme Court & Consular Gazette，Aug. 23（1920），p. 586.
② W. S. H. "Eastern Correspondent"，The Saturday Review，Dec. 12（1936），p. 12.
③ Anne-Marie Brady and Douglas Brown ed.，Foreigners and Foreign Institutions in Republican China，New York：Routledge，2012，p. 154.
④ Minna Törmä，Enchanted by Lohans：Osvald Siren's Journey into Chinese Art，Hong Kong University Press，2013，pp. 141，203.

(Otto Franke, 1877—1953), 介绍好友魏智。在他看来, 魏智虽然中文能力十分有限, 却是一个非常友善、开朗、风趣、机智的书商, 懂得如何用自己的书赚钱, 且广受朋友喜爱。①

1941年2月, 魏智从越南战场途经上海回到北京,② 遭遇了事业上最暗淡的时期, 这段相对空闲的时光和日后的监狱岁月是其最主要也最集中学习中文的两个时间段。③ 这反映出魏智虽然从事东方学的书籍出版, 但绝大部分时间他只是从外部来观照这个令人痴迷的文化世界。这一事实可以从另外的角度得以印证, 魏智出版大量有关东方的书籍中, 极少有中国作者的著作, 相反地主要选择旅居北京的英国、法国、德国、荷兰籍汉学家的作品。

让魏智超越其父亲、不断取得成功的并非知识, 而是热情、耐心和商人特有的精明与敏感, 这些与其个人成长经历有密切的关系。丰富的经历既让他对中国文化不陌生, 也让其有宽广的视野, 尤其洞悉英文在国际交流中的便利性。魏池执掌法文图书馆时, 该店出版物中尤以法文书籍为主, 而魏智的北京法文图书馆超过80%的出版物均为英文读物。因为魏智比父亲更清楚, 只有通过英文才能便捷地结交各国汉学家、中国学者, 并将北京法文图书馆的名声传播得更远。此外, 军旅生涯使其对一些特定的事物保有兴趣, 如地图和中越地区的历史、地理和少数民族, 这些都对其日后的出版事业产生了持续的影响。譬如, 笔者所见北京法文图书馆1928—1950年的制式函件中都在显著位置注明地图代售业务。魏智不但乐于代售华北水利委员会出版的地图, 更是惯于在其出版书籍中加入各式各样的地图, 如北京地图、京西地图、云南地图、承德地图、全国文物类型及土特产图等。

除此之外, 魏智作为一个商人, 有非常好的耐心和追求完美的癖好。魏普贤

---

① [德] 傅吾康著, 欧阳甦译《为中国着迷: 一位汉学家的自传》, 社会科学文献出版社2013年, 第78、93、94页。

② "Personal Notes", *The North-China Herald and Supreme Court & Consular Gazette*, Feb. 5, 1941, p. 216.

③ "Henri Vetch (1898-1978) Soldier, Bookseller and Publisher", p. 129.

在回忆其父时提到一个细节：魏智为了业务经常往来于北京和上海之间。① 从现有的史料分析，其不辞辛劳远赴异地并非想依赖上海地区的学术资源，而是利用此地先进的印刷业。北京法文图书馆出版的大量书籍，尤其涉及彩色套印的精品，几乎全部为上海字林西报社（North-China Daily News）印刷，其中《云冈石窟的佛教雕塑》（Buddhist Sculptures at the Yun Kang Caves）一书更呈现出八色彩印的效果，这在当时可能是中国采用的最为先进的西方彩印技术。

四、北京法文图书馆的组织与结构

魏智无法以一人之力胜任法文图书馆的所有业务，因此在法文图书馆蓬勃发展的过程中，极大地依赖其内部的组织结构。

在1931年的《中国行名录》（The China Hong List）中，北京法文图书馆已有了三位高级助手，分别为罗扎诺夫（V. Rosanoff）、品特（J. Painter）、马克西莫夫人（Mme. Maximoff）。② 到1939年，这一级别的雇员增至七位，③ 而罗扎诺夫和品特更是一直辅佐魏智，直到1949年左右。这些职员各尽其职，确保了法文图书馆在各个历史时期都能够及时调整业务重心，持续稳定的发展。在《中国行名录》记录之外，较低层面的雇员也有值得一提者，如在20世纪30年代在该店任职、后成为著名作曲家的阿隆·阿甫夏洛穆夫（Aaron Avshalomov，1894—1965）。④ 如此有才华的店员为法文图书馆增色不少，让当时在北京的中外知识分子聚集于此，以俱乐部、学术团体的形式推动汉学著作、文化类书籍的出版与发行。

1939年末，魏智主动到法军服役并在越南谅山地区与日军作战。维希政府上台后他选择退役，1941年2月回到北京。由于北京法文图书馆出版书籍的筹备周期一般为两到三年，并有较为稳定、完备的组织与人员结构，虽然魏智本人长时

---

① "Henri Vetch（1898-1978）Soldier, Bookseller and Publisher", p. 127.
② The China Hong List, Shanghai: Offices of the North-China Daily News & Herald, 1931, p. 729.
③ The China Hong List, Shanghai: Offices of the North-China Daily News & Herald, 1939, p. 654.
④ 黄伟宏《投身革命走四海、桃李芬芳满天下——记音乐教育家赵沨》，载《新文化史料》1996年第6期，第59页。

间远离中国，但1940年出版书籍种类、数量仍维持在较高水平。唯独1941年遭遇陡降，除了该年度《华裔学志》（Monumenta Serica）继续发行外，法文图书馆没有出版任何一本书籍。

此外，从于炳熙的回忆文章中可以窥见第二次世界大战结束后北京法文图书馆的大体结构。除魏智本人之外，法文图书馆共有员工15人，其中，中国人9名、俄国人5名、日本人1名。分为外文部和中文部两大部分，外文部包括经理办公室、会计室、门市部、业务组（负责进口图书业务）；中文部则主要负责中文线装书的编目。① 外文部最初在北京饭店内，1945年第二次世界大战结束后迁至北京台基厂，而中文部则长期设在北京台基厂，这种组织结构与第二次世界大战结束后法文图书馆的业务紧密相关。

五、北京法文图书馆的业务类型

北京法文图书馆业务类型大致分为四种：图书销售与借阅、图书出版、图书代售、图书代购。这一业务布局源自魏池时代的法文图书馆，其办馆理念体现为"举凡各种专门技术专门科学，无不搜索其最新最名之著作以供阅者，而价目格外克己。如订购各国书籍务将书名与著作者姓名示知，杂志报张均可代定"②。由此可知，法文图书馆自魏池时代即开展了图书阅览、销售、代购等业务。1928年魏智接手法文图书馆后，除继续开展传统业务外，更将大量精力投向出版发行业，逐步改变魏池时代重视实用类书籍的方针，转以学术类、文化类书籍为主。此外，他不断加强代售业务，开拓了新的市场，并借此与国内外许多知名的学术机构、大学建立稳定的合作关系，推动销售额持续增长。

（一）图书销售与借阅

法文图书馆的零售业务基本上都是在北京饭店内开展的，它也成为许多人看书、买书的场所。但不同人的购书体验是迥异，甚至彼此对立的，买家既有兴奋快乐，也有不少抱怨与不满。20世纪30年代，一本在上海只要3元的美国版《沙

---

① 《关于法文图书馆的回忆》，第95—96页。
② 《法文图书馆》，天津《益事报》，1923年10月10日，第3版。

宁》，在北京法文图书馆的中文伙计却向巴金要价 20 元，让他发出"书贾们的赚钱欲望也太大了"① 的感叹。同样，学生时代的季羡林也曾经直言不讳地抱怨法文图书馆图书的昂贵，"某一国的老外名叫 Vetch，在北京饭店租了一间铺面，专售西书。他把原有的标价剪掉，然后抬高四五倍的价钱卖掉"②。与此相反，韩素音的回忆则充满激动与幸福，当她得知自己可以用好友账户在法文图书馆购书，她认为这是"任何人能给自己的最关切、美妙的礼物"③。从这些点滴回忆中，可以看出法文图书馆虽然汇聚了众多好书，但也因此囤积居奇，价格让一般读者望而却步。

"法文图书馆"这一中文译名并非今人对魏智书店的称呼，而是魏智自己选定的名称，这也指明了其私人图书馆之属性。因此，图书的典藏与借阅同样是魏智书店的日常业务。德国女摄影家赫达·莫里逊（Hedda Morrison，1908—1991）就曾经是这家图书馆的常客，魏智也非常友善地允许其借阅任何喜欢的书籍。④ 其西文藏书皆有袖珍藏书票，通常贴在封底内侧页左上角，蓝色为底，长方形边有锯齿，以中英两文标注"FRENCH BOOKSTORE PEKING（CHINA）北京法文图书馆"。

20 世纪 50 年代，通过没收的方式，法文图书馆绝大部分藏书调拨给首都图书馆。曾任该馆馆长的刘德元表示："首图最珍贵的藏书来自法文图书馆……所以该店图书品种非常丰富，还保存了不少绝版书，如法国早期的社会主义著作、20 世纪初出版的古俄文著作等，现在国内基本没有，属于首图较为珍贵的馆藏。"⑤ 法文图书馆之藏书不仅数量庞大，而且每册藏书几乎都有完备的编目记录，尤其是中文古籍部分，以传统经史子集四部划分，卡片编目造册。在接收法文图书馆的近 20 万册藏书中，中文古籍线装书 84203 册，即首都图书馆现在古籍藏书的乙字

---

① 巴金《巴金全集》第 12 卷，人民文学出版社 1989 年，第 467 页。
② 季羡林《学问之道》，沈阳出版社 2009 年，第 5 页。
③ Han Suyin, *A Mortal Flower*, London: Panther Books Ltd., 1972, p. 196.
④ Alastair Morrison, "Hedda Morrison in Peking: a personal recollection", *East Asian History*, No. 4 (1992), p. 109.
⑤ 张绍文《首都图书馆讲述藏书秘事》，载《出版参考》2003 年第 35 期，第 18 页。

号大部分。其中不乏古籍善本，譬如《瀛奎律髓》元刻本。① 此外，还包括190余种满文、蒙古、藏文古籍（绝大部分为满汉合璧），如清抄本满汉合璧《百二老人语录》、清乾隆三十年刻本《满汉周易》等善本，首都图书馆现存的所有满文、蒙古文古籍都是源于法文图书馆。

（二）图书出版

1930年始，魏智以"北京法文图书馆"为发行商，为世人奉献了数十种极为重要的东方文化类书籍。高罗佩就曾经称赞道"魏智的出版物都编辑得极其出色和完美"②。为了凸显品牌和东方图书的特性，1936年起魏智在北京法文图书馆出版物上一律采用其特有标志——"朱雀"③，这一点与其父的天津法文图书馆相似，魏池采用的是一幅西方女神像。在此，魏智明显强于其父亲，不仅确立了属于自己的出版标志，更选用了极具中国传统文化意味的符号，可见其用心良苦。

总体而言，法文图书馆发行的书刊有以下几个特点：1. 内容选材以中国文化为核心，涵盖历史、语言、宗教、音乐、造型艺术、民俗等，还涉及动植物学、医学、地学等自然科学以及法律、时政、军事等社会科学书籍；2. 绝大部分为法文图书馆首次发行，但也不排斥重印经典，譬如数种双语词典；3. 每本书的出版筹备期相对较长，如《中国古镜图说》（Ancient Chinese Bronze Mirrors，1937）在1933年就已经策划，如此漫长的筹备期虽然大幅提高了出版物的质量，但也导致数种书因突发情况未能付印；4. 几乎每本书都限量发行，学术类书籍印量大多在800本以内，最少的只有150本，实用类书籍则常有数千册的印数；5. 装帧设计上追求完美，绝大部分书籍采用硬皮精装的形式，外套精美护封（Dustjacket）甚至包有硫酸纸；6. 印刷机构一般选择上海或北京地区的重要印刷机构，如上海的字林西报社、北京的北堂印书馆和辅仁大学印书局，且用纸非常讲究；7. 随书附

---

① 《关于法文图书馆的回忆》，第99页。
② R. H. van Gulik, "Book Review", Monumenta Nipponica, 5: 1 (1942), p. 286.
③ 除朱雀标志外，笔者所见另两种图像，一是在《植物分类学》（1934）版权页使用的"神农氏"像，一是在《云冈石窟的佛教雕塑》（1935）版权页使用的女神像。这两个图示只出现过一次，未作为其出版商标志，只作为所在图书中的装饰图案。此外，私立北京地质学生物学研究所出版物的标志不属于魏智，特此说明。

赠设计精美的订购单，护封附有国内外主流学术杂志、新闻媒体的书评或者内容介绍；① 8. 在正规装订形式外，部分书刊有少量毛边（甚至未裁）本流出，如《利玛窦对中国科学的贡献》（Matteo Ricci's Scientific Contribution to China）、《慈禧皇太后外纪》（China under the Empress Dowager）、《华裔学志》等，此外《华裔学志》中的学术论文通常会印制抽印本（off-print），用以满足投稿者的馈赠之用。

从1941年起，法文图书馆出版书籍的数量急剧下滑。虽然有经典著作《中国花梨家具图考》（Chinese Domestic Furniture, 1944）问世，以及卫德明的德语专著支持，但魏智所依赖的西方汉学家们，譬如喜龙仁、高罗佩（Robert Hans van Gulik, 1910—1967）、燕瑞博（Robert W. Swallow, 1878—1938）、阿林顿（Lewis C. Arlington, 1859—1942）、裴化行（Henri Bernard, 1889—1975），在日寇占据北京、潍县集中营、国共内战等一系列历史动荡中纷纷离开京津两地，法文图书馆的出版事业渐渐难以为继。

（三）图书代售

1928年魏智正式接手法文图书馆时，就已经有代售业务一项，譬如上文提到的华北水利委员会出版的各种地图。除此以外，南开大学社会经济研究委员会出版的部分图书也由魏智代售。② 到了1930年，魏智已经在法文图书馆制式函件上注明代售中国海关的出版物（Chinese Maritime Customs' Publications），20世纪三四十年代《海关进出口贸易统计月报》（Monthly Returns of the Foreign Trade of China）在北京的代售方即为法文图书馆。

随着声望的不断增加，法文图书馆代售的书刊越来越多，20世纪40年代末，代售名单已经增至：中国海关（Chinese Maritime Customs, Shanghai）、中央地质调查所（Geological Survey of China, Nanking）、总参谋部地理处（Geographical

---

① 登载书评及内容介绍的刊物杂志很多，其中比较重要的有上海《北华捷报》（North China Herald）和《皇家亚洲文会北华支会会刊》（Journal of the North-China Branch of the Royal Asiatic Society）、北京《华裔学志》（Monumenta Serica）、美国《远东季刊》（Far Eastern Quarterly）和《哈佛东亚研究》（Harvard Journal of Asiatic Studies）、法荷主办的《通报》（T'oung Pao）、法国《法国远东学院院刊》（Bulletin de l'École Française d'Extrême-Orient）等。

② J. F. Ford, "Henri Vetch: an Appreciation", Asian Affairs, 10: 1 (1979), p. 114.

Section, General Staff British War Office, London)、印度调查（Survey of India, Calcutta)、联华书刊社（China United Press, Shanghai)、哈佛燕京学社（Harvard Yenching Institute, Peiping)、远东古物博物馆（Museum of Far Eastern Antiquities, Stockholm),陆军地理服务局（Service Géographique de l'Armée, Paris)。事实上，除了以上这些极具声望的研究机构外，北京法文图书馆还积极支持北京本地新兴的学术机构，逐步扩大它们的影响力，譬如北京中法汉学研究所（Centre Franco-Chinois d'Études Sinologiques）所出的通检系列、《汉学》等，大都由法文图书馆代售。另外，著名地质学与生物学家德日进（Teilhard de Chardin, 1881—1955）主持的"私立北京地质学生物学研究所"（Institut de Géo-Biologie），其1940 年后出版的 10 余种专著也多由法文图书馆指名代售。①

在此，有两点值得特别说明：一是，代售分为指名代售和一般代售，前者在版权页或书名页都会有相应标注，如中法汉学研究所出版物；一般代售则没有相应标注，只是出版方与法文图书馆签订协议，如华北水利委员会刊印的地图。但代售方并非发行方，两者在绝大部分情况下为不同机构。换言之，法文图书馆很少既是代售方又是出版方。二是，代售是存在有效期的，法文图书馆制式函件上的记录只能表明正在代售（或代售过）相关机构的部分出版物，但不能十分准确地反映现实情况。

（四）图书代购

魏池时代既有的图书报刊代购业务，主要只针对个人而非团体，直到北京法文图书馆声名鹊起后，大宗代购业务才逐步兴盛起来。北京法文图书馆以牢固的合作关系为基础，以良好的声誉和出众的业务能力为保障，透过各种方式、不同

---

① 魏智与私立北京地质学生物学研究所紧密合作，不仅是因为与德日进的朋友关系。事实上，私立北京地质学生物学研究所前身即为著名的天津北疆博物院（Musee Hong Hepai Ho），该馆由法国耶稣会桑志华（Emile Licent）神父于 1924 年在天津创立，往后数年间与天津法文图书馆结成良好合作关系。后因时局动荡，渐移往北京，1940 年改组成为新的研究机构，地点位于北京东交民巷台基厂三条三号，与法文图书馆毗邻。魏智不仅作为唯一代售方销售其大量出版物，更是协助德日进编辑其专著。德日进在其通信集中曾多次记载了魏智对自己支持和帮助，参见 Pierre Teilhard de Chardin and Lucile Swan, *The Letters of Teilhard de Chardin and Lucile Swan*, Washington, D. C.: Georgetown University Press, 1993, pp. 141, 143, 147, 150.

渠道获取委托方无力直接得到的书籍。第二次世界大战结束，随着各大学、研究机构陆续回迁北京，作为当时京津地区仅存的外文书店，法文图书馆的代购业务得到了长足发展，逐渐取代了书籍出版成为魏智最为专注的领域。

1946—1948 年，魏智进口图书的数量大幅增加，结算币种除了最初的美元、英镑、法郎、港币外，新增了荷兰盾、瑞典克朗、卢布、瑞士法郎，年度结算（以美元计）金额也由 9563 美元激增到 20124 美元，反映出其在困境中做出的不懈努力。① 通过大宗图书代购业务，魏智扭转了出版衰退造成的不利局面，并借此积累了大量的外汇境外存款，使得他在即将来临的变革中仍可以从容开展业务，避免使用当局格外紧张的外汇储备，为其赢得了当权者的短暂青睐，但也为未来留下了祸根。

北京法文图书馆四大类业务，魏智根据不同的时代背景、资源情况、困境与问题，或积极或被动地调整，克服困难，不仅维持其原有规模，且更奋发开拓。凭借其敏锐的眼光和一贯的质量追求，法文图书馆成为 20 世纪三四十年代北京地区重要的私人出版机构和文化场所。

六、附录：魏智及其北京法文图书馆出版书刊目录

本书目主要依据笔者数年来的收藏，故绝大部分书籍信息非常可靠。在实体图书之外，笔者还查阅了魏智自行编写的《书目经纬》(*Seritheka*) 和 1948 年《北京公教月刊》中的广告页，将其中的错误项更正，如部分书目年代错误，以及卫德明著《释群原国》(*Gesellschaft und Staat in China*) 德文名称错误等。

书目凡例：西文部分顺序依次为著者、书名、译者、版次、出版者、时间、印刷者、页数、插图（地图）、尺寸、印刷数量、定价。其中某些项目笔者省略未译。1934 年后出版书籍多有中文版权页，故依次抄录。但书籍情况非常复杂，有些只有书名以汉字标注于书脊位置；另有大量书籍虽然笔者拥有，但并无中文版

---

① 北平外侨事务处《函介绍法商魏智代表办理进出口登记及公和洋行审核结果一并告知》，天津市档案馆，档号 401206800-X0091-Y-000020-027。

权页，故笔者将这些书的书名译出。如遇魏智再版北京法文图书馆发行过的书籍，笔者则依据手中私藏版本撰写介绍，其他位置不再重复其内容。

（一）北京法文图书馆出版书籍

此部分为魏智名下的北京法文图书馆出版书籍，以年度为顺序，其中1932年、1941年、1946年、1948年、1949年、1950年，共计6年未见有书籍出版，故直接略过。刊行的单幅地图和《华裔学志》学术论文的抽印本亦未在此列，但两种由魏智发行的《华裔学志丛书》（Monumenta Serica Monograph Series）作为单独刊印的书籍被记录在案。

1930—1951年，魏智作为出版发行方累计出版书籍65种，扣除重印法文图书馆出版物的7种，合并不同年度出版的分卷两种《云南边地问题研究》（1937、1940）和《用脉动理论划分古生代地层》（1938、1945），魏智共出版书籍56种。

1930

1. Basil Crump, *Evolution as Outlined in the Archaic Eastern Records*, Peking：Henri Vetch The French Bookstore, 1930, printed in Peking, vi-x-192 pages, illustrations, plates, map, diagrams, 21.9×13.6 cm.

克伦普，《古代东方纪录中的进化概论》。

该书内容分两大部分，宇宙发生说和人类起源学，后附名词索引。

2. Bernard Emms Read, *Hospital Dialogue：English-Chinese sentences in dialogue for use by foreign practitioners in North China；with an outline of Chinese medical history and English bibliography*, 2nd edition, Peking：The French Bookstore, 1930, 79 pages, 18 cm, ＄1.30（Abroad 3s）.

伊博恩，《医院对话录》，第二版。

作者为英国伦敦会传教士，1909年来华，在北京传教，1925年任北京协和医学院药物学副教授，两年后任教授兼药剂学科主任，1935年改任上海雷士德医学研究所（Henry Lester Institute for Medical Research）病理科主任及亚洲学会华北分会副会长。该书选择了12篇对话，且每篇皆有注释，附有关于古代中医和现代医学的英文参考书籍及简要的中医发展史，后附医学术语索引。

3. Jermyn Chi-Hung Lynn, *Political Parties in China*, published by Henri Vetch at The French Bookstore, Peking, August 1930, printed by Tientsin Press, Tientsin, 255 pages, 20.5×13.4 cm, ＄5.50（Abroad 10s）.

凌启鸿，《中国之政党》。

此书并非现代意义上的党政研究，而是以宋代以来各种政治社团为起点，集中介绍清末以降先后涌现的维新派、同盟会、国民党、皖系、直系、奉系及其他小派系，共分10章，后附索引。除作者自序外，福开森（John Calvin Ferguson, 1866—1945）撰写一篇导言。

4. Robert William Swallow, *Sidelights on Peking Life*, re-issued, Peking：The French Bookstore, 1930, xviii-135 pages, 26 plates, illustrations, map, 26 cm, ＄7.50（Abroad 12s. 6d.；U.S. ＄4.00.；R. Marks 7.50；Fl. 6）.

燕瑞博，《北京生活侧影》。

内容分为12章，涉及胡同、沿街小贩、柳巷花街、商铺、饭店、剧院、古迹、政府机构、教育单位、喜事风俗和神鬼传说。该书文字细腻、生动活泼，并收录了100多张记录北京当时市井民俗的珍贵图片。1927年中国图书公司出版了该书的首版。

1931

5. Aldrich Harry, *Practical Chinese：including a topical dictionary of 5000 everyday terms*, 1931.

奥瑞德，《华语须知》，第一版。

6. Emil Sonderegger, *Swiss Politics：paper read at the Wen Yu Hui Meeting held on August 1*, Peiping：The French Bookstore and Switzerland：Huber & Co., 1931, iv-30 pages, 23×15 cm.①

孙德烈，《瑞士政治》。

---

① "Literatur", *Allgemeine schweizerische Militärzeitung*, Vol. 78, Graphische Anstalt Zofinger Tagblatt, 1932, p. 126.

作者瑞士军官出身，后从政。此文应为其在中国某地的演讲。

7. Henry Hersch Hart, *A Chinese Market: lyrics from the Chinese in English verse*, foreword by E. T. C. Werner, Peking: The French Bookstore & San Francisco: John. J. Newbegin, 1931, printed in Peking, San Yu Press, xviii-100 pages, 24×16 cm.

哈特，《中国古诗选译》。

共选译诗歌 50 首，分为 4 个主题，一是去国与乡愁（8 首）、二是爱情与友谊（17 首）、三是秋与春（14 首）、四是夜与晨（11 首），每首皆先中文原作，对页为译文。封面、封底内页均有宣统皇帝（溥仪）御笔题词"西畴山庄"，假清代女诗人许韵兰七绝《西畴山庄》之名，并钤印两枚，分别为"宣统御笔""自强不息"，以褒奖译者对中国文学艺术的传播之功。英国汉学家倭讷（Edward Theodore Chalmers Werner, 1864—1954）撰写序言。

图 5 《中国古诗选择》

8. J. C. Liu, *Systematic Botany of the Flowering Families in North China*, Henri Vetch, The French Bookstore, Peiping, 1931, printed by Leader Press, Peiping, xxxiii-213 pages with 124 illustrations of common Hopei plants and many figures in the text, 19.6×14 cm.

刘毅然，《植物分类学》，第一版。

1933

9. A. L. Pollard, *Great European Novels and Novelists*, Peiping: Henri Vetch, MCMXXXIII, printed in Peiping by the San Yu Press, i-441 pages, 20×14 cm.

吴可读，《西洋小说发达史略》。

吴可读（1894—1940），英国人，清华大学英文教授。本书分为两部分，共计9章。前者始于小说在西方世界的起源，至18世纪末的发展为止，为4章；后者为19世纪以后的欧洲小说，集中讨论法国、英国和俄国作家。书后附作家中英文对照目录，作家、作品与中译本中英文对照目录，作家和作品索引，参考书目。本书的中文题名由吴宓题写，钱锺书对该书的英文书评刊于《中国评论周报》(*The China Critic*, 1933)。

10. Edward Stanley Bennett, *Paralipomena*: a sequel to "A Philosophy in Outline", Peiping: Henri Vetch; London: W. & G. Foyle, Ltd., 1933, 80 pages, illustrations, 23 cm.①

贝内特，《拾遗：哲学史续编》。

此书是对其1931年在英国出版的《哲学史大纲》的补充。

11. Hilda Arthurs Strong, *A Sketch of Chinese Arts and Crafts*, Peiping: Henry Vetch, MCMXXXIII, printed in China by Peiyang Press, 329 pages, 98 text illustrations, 10 plates and 1 map, 17.4×12.6cm, $5.00 (Abroad 7s.6d.; U.S. $2.00).

斯特朗，《中国美术》。

该书共分14章，先简述中国历史、美术的宗教起源、创作行为的象征意义，后按照艺术作品的种类如绘画与书法、陶瓷、青铜器、漆器木雕、宝石翡翠、丝绸等类型依次介绍，最后一章以故宫博物院为题讲述其陈列的展品，后附朝代表、参考书目和索引。1926年，本书由中国图书公司出版，此为第二版，相对前者缩减了一章。

12. J. A. Van Aalst, *Chinese Music*, reissue of the first 1888 edition, Peiping: The French Bookstore, 1933, iv-84 pages, 26.6×19.3 cm, published by order of The

---

① American Library Association. Committee on Resources of American Libraries. National Union Catalog Subcommittee, and Library of Congress. *The National Union Catalog, Pre-1956 Imprints: a cumulative author list representing Library of Congress printed cards and titles reported by other American libraries*. Vol. 46, London: Mansell, 1969, p. 680.

Inspector General of Customs.

阿里嗣，《中国音乐》，由海关税务总司授权发行。

作者为比利时人，曾任职清朝海关税务司。此书粗略地反映了西人对中国音乐的理解，内容上包括中西音乐的起源、总论、乐律、记谱法、乐调、音阶、演唱方法、和声、雅乐、俗乐、乐器等部分。该书最早在1884年发行，而非封底标注的1888年，内容页相较于首版无任何改动。

13. Joseph E'tienne Kowalewski, *Dictionnaire Mongol-Russe-Français*, photolithographic, 1933, 3 volumes, 2690 pages, tirage à 130 exemplairesseulement, 28.5cm×24 cm, $65.00（Etranger£ 4.10s. 8d.）.

柯瓦莱夫斯基编，《蒙俄法文合璧蒙语大辞典》。

该书最早版本1844—1849年印于喀山。1830年，科瓦莱夫斯基随俄罗斯东正教使团来访北京，初步学习了汉语、满语、藏语。1833年重返喀山，领导建立了俄国第一个蒙古语教研室。科氏辞典至今仍是蒙古书面语的主要参考书之一。

14. Joseph Van Den Brandt, *Catalogue des Principaux Ouvrages Sortis des Presses des Lazaristes a Pékin de 1864 a 1930*, Henri Vetch Éditeur, Pékin：Société Française de Librairie et d'Édition, 1933, printed by Imprimerie des Lazaristes Pékin, x-124 pages, 25×17cm, tirage à 100 exemplairesseulement，$9.00.

方立中编，《1864至1930北堂印书馆要目》。

编著者为北京北堂印书馆助理。该书由法国遣使会来华传教谈起，简述了北堂印书馆成立、发展的过程，并选用刊印书影以示成绩。书目部分按照书刊名（拼音）首字母排序，后有索引。共记录490种不同名称的书刊，累计刊印857次。该书是深入了解遣使会在华传教事业的重要史料。

15. William Lewisohn, *The Western Hills of Peking*：*a route book and map*, Peking：Henri Vetch Publisher, The French bookstore, 1933, 57 pages, 1 map, 19 cm, $5.50（Abroad 8s. 6d.）.

刘易生，《北京西山》。

内附地图（72cm×102 cm）一大张，名为 *Map of His-Shan or Western Hills of Peking*，由 *Sheng Siao-tche* 测量绘制。该书以三色标识北京西山地区的村庄、庙宇、河流、桥梁等地形，并给出旅行建议及线路图。

1934

16. Aldrich Harry, *Practical Chinese, including a topical dictionary of 5000 everyday terms*, with a foreword by H. E. Mr. Nelson Trusler Johnson, 2nd revised edition, Peiping：Henri Vetch, 1934, 2 volumes, xv-276 pages and x-128-80 pages, ＄15.00（Abroad 25s.；U. S. ＄6.00）.

奥瑞德，《华语须知》，第二版。

17. *Field Service Regulations of the Chinese National Army*, translated by J. V. Davidson Houston and R. V. Dewar Durie, Peiping：Henri Vetch, 1934, x-157 pages, 22 cm, ＄8.00（Abroad 12s. 6d.）.

《阵中要务令》，中英对照。

前附英国公使馆陆军参赞博尔克德（V. R. Burkhardt）撰写的前言、译者序，正文分为战斗命令、口令、侦查、情报、守卫、行军、宿营、信号、配给与治疗、打扫战场、铁路船运、宪兵、日志及记录，共计13章。

18. J. C. Liu, *Systematic Botany of the Flowering Families in North China*, 2nd edition, Henri Vetch the French Bookstore, Peiping, 1934, printed by the San Yu Press, Peiping China, xvi-218 pages with 130 illustrations of common native plants and 170 figures on descriptive terms, 19.6×14 cm, ＄5.00.

刘毅然，《植物分类学》，第二版，北平饭店法文图书馆。

刘毅然，河北省立农学院植物学兼植物病理学教授、美国威斯康星大学植物病理学博士，本名刘汝强，字毅然，清光绪二十三年（1897）生于北京，获美国威斯康星大学植物病理学博士学位。历任北平协和医学院药物研究员、河北省立农学院、北平师范大学教授等。1946年8月起，任西北大学生物系教授兼系主任等职。该书内容为概论、叙述植物学、系统植物学三部分，后附名词索引。化学家薛培元题写中文书名。

1935

19. *Chinese and English Modern Military Dictionary*: *5,500 army, navy, air, technical terms*, compiled by J. V. Davidson-Houston and R. V. Dewar-Durie, Peiping: Henri Vetch The French Bookstore, 1935, printed in China by Kelly & Walsh, Ltd., 11-410 pages, 19.1×13.7cm, ＄20.00（Abroad 20s.; U. S. ＄5.00）.

《新时代汉英军事辞典：五千五百陆海空军及专门名辞（附绘中外陆海军阶级章图）》，编辑者大英使馆陆军副参赞胡思敦、裘德瑞，出版者魏智，总发行者法文图书馆。

全书正文分4部分：英翻汉之部——即以英语首字母为序译成中文；附图之部——包括省名、军阶、海军军官布料颜色、陆军领章、中日领章颜色等11个小部分；汉译英之部——以汉语拼音首字母为序译成英文；部首检字之部——部首索引。书前页附张副司令学良题款褒奖题词。

20. Corrinne Lamb, *The Chinese Festive Board*, line-drawings and paper-ends by John Kirk Sewall, Peiping: Henri Vetch The French Bookstore, Sept. 1935, 153 pages, 5 plates, 20 cm, ＄6.00.

拉姆，《春节食谱》。

全书分为两大部分，首先谈饮食文化意义与习俗，然后讲年节时的菜品。此书出版后颇受好评，分别为1936年在美国Frederick A. Stokes Company发行（版权属于魏智但未记录在本书目单中），1938年由魏智再版，1970年由魏智发行第三版。

21. Henri Bernard, *Matteo Ricci's Scientific Contribution to China*, translated by Edward Chalmers Werner, Henri Vetch, Peiping, 1935, made in China by the North-China Daily News, Shanghai, 108 pages, 5 illustrations, 21.7×14.5 cm, ＄6.00（Abroad 7s. 6d.; U. S. ＄2.50）.

裴化行，《利玛窦对中国科学的贡献》。

全书分序言、常用参考书缩写表、15世纪前伊斯兰世界给予中国和欧洲的科学遗产、利玛窦的科学训练、利玛窦与中国科技、中国天文学问题、1610年12月

15 日的日食、结论，后附参考书目和索引。

22. Jacob Joseph Brandt, *Modern Newspaper Chinese*: *progressive readings with vocabularies*, *notes and translations*, Peiping: Henri Vetch, 1935, 2 volumes, xii-114 and 208 pages, 24 cm, 1,300 copies.

卜朗特，《摩登新闻丛编》，第一版。

23. Lewis Charles Arlington, *Le Théâtre chinois*, *depuis les origines jusqu'à nos jours*, traduit de l'anglais par Georges Uhlmann, 1935, xxi-182-22 pages, with 115 color plates, 28.5×22cm, 300 copies, ＄50.00（Étranger £ 3.17s.6d. et Frs. 375）.

阿林敦（灵顿），《中国戏剧的起源》。

本书包括以下章节：起源、角色、服装、画脸、迷信、文章、隐语的场景、传奇、管弦乐、仪式音乐等，称得上是一部全面研究中国戏曲艺术的专著。

24. Lewis Charles Arlington & William Lewisohn, *In Search of Old Peking*, Peking: Henri Vetch, MCMXXV, printed in China by the North-China Daily New, Shanghai, vi-6-382 pages, 14 text illustrations and 30 plans and map, 19.2cm×13cm, ＄12.50（Abroad 21s.；U. S. ＄5.00）.

阿林敦（灵顿）、刘易生，《寻找旧日帝京》，第一版。

全书总计 25 章，分为两部分：一是城市区域，20 章；二是郊区风景名胜，5 章，后附北京内外城大地图一张（61cm×54cm）。本书作者对 20 世纪二三十年代的北京进行了详细描述，并结合文史资料、民间传说等试图还原北京旧景观，如作者序言中所述"本书试着通过寻找为读者重建旧日北京"。阿灵顿在北京生活、工作和居住了 50 余年，曾在大清邮政局任邮政司，1920 年退休之后专门从事写作和研究。

25. Mary Augusta Mullikin & Anna M. Hotchkis, *Buddhist Sculptures at the Yun Kang Caves*, Peiping: Henri Vetch, MCMXXXV, made in China by the North-China Daily News, Shanghai, 66 pages, fully illustrated with 8 colour plates, 20 half-tones and 19 line drawings and diagrams, 27×20.4cm. ＄9.00（Abroad 15s.；U. S. ＄4.00）

马里金、霍奇斯基,《云冈石窟的佛教雕塑》。

马里金为美国艺术家,霍奇斯基是苏格兰艺术家。全书分为6章,依次讲述云冈的历史,交通,当地民众,阿弥陀佛、释迦佛、如来佛三窟,五大洞和西部窟群,佛像的艺术象征。此书彩绘部分用8色印刷,并附有硫酸纸保护,印刷极尽精美。两位作者1973年在香港出版了另一本书 The Nine Sacred Mountains of China: an illustrated record of pilgrimages made in the years 1935—1936,发行商为Vetch and Lee。

图6 《云冈石窟的佛教雕塑》

1936

26. Jacob Joseph Brandt, *Introduction to Literary Chinese*, 2nd ed., Peiping: Henri Vetch, 1936, printed by the Willow Pattern Press, Shanghai, xi-1-352 pages, 23.4cm×16.7 cm, $13.50(Abroad 21s.; U. S. $5.50)。

卜朗特,《汉文进阶》,发行者魏智,印刷者上海柳荫印刷公司,发行者北平法文图书馆(东长安街二十一号)。

该书首版于1927年,正文分为40课,每课以短文为对象,包括词汇、英文翻译、事例和注解,短文内容涵盖故事、散文、新闻报道、家书,后附汉字索引。

27. Jean Escarra, *Le Droit Chinois: conception et evolution, institutions législatives et judiciaires, science et enseignement*, Pekin: Henri Vetch & Paris: Librairie du Recueil Sirey, 1936, printed by the North-China Daily News, Shanghai, xii-559 pages, 25.5×17 cm, $18.00(Frs. 135)。

爱斯嘉拉,《中国法:其概念与其进化、立法与司法之制度、其科学性及其教授法》,发行者魏智,印刷者上海字林(西)报社,发行者北平法文图书馆。

全书共分五大部分:一、中国法律思想,共4章,分别是基础要义、法家流派、中国法学的理论与实际、中国法学之精髓;二、立法制度,内分沿革、现代立法与立法程序、习惯法之影响、现行法制三章；三、司法审判制度，分沿革、判例与解释、现行司法组织；四、法学教育与研究，包括沿革与现状；五、总结。后附参考文献、增补与修订、索引。自 1936 年在中国和法国以法文首版以来，本书在中国始终未曾得到译介，但却先后被译成英文（1961）和日文（1943）而分别于波士顿和东京出版。爱斯嘉拉被哈佛大学法学教授和东亚法律研究中心安守廉（William Alford）教授誉为"欧洲中国法顶尖专家及中国法国际先驱之一"。

图 7 《中国音乐之基础》

28. John Hazedel Levis, *Foundations of Chinese Musical Art*, Peiping：Henri Vetch, 1936, printed by North-China Daily News, Shanghai, xiii-233 pages, 24.6 × 17.6 cm, $ 15.00（Abroad 21s.; U.S. $ 6.00）。

乐维思，《中国音乐之基础》，出版者魏智，发行者北平法文图书馆，印刷者上海字林（西）报社。

乐维思，英国犹太人，生于 1890 年，1931 年起在多年学习研究的基础上，创作了一些中国传统音乐，通过举办演奏会的形式听取各方意见和回馈。本书最初名称应为 *Fundamentals of Chinese Melody, Rhythm and Form*，1933 年时魏智曾经在其他出版物上预告过。全书共分 4 大部分，10 个章节。第一部分以一、二两章概述语言与旋律的差异，中国与欧洲运用语言、旋律的差异；第二部分为三至五章，介绍中国传统音乐的发展，涉及古音阶、汉魏乐府诗歌、宋代曲子、元代杂剧和南曲、明清昆曲等；第三部分由第六到第八章，介绍传统记谱法，如律吕谱、宫商谱、工尺谱、俗字谱等；最后一部分则论述重构传统音乐的可能性和基本原则。后附参考书目、索引等。

29. Osvald Sirén, *The Chinese on the Art of Painting*；*translations and comments*,

Peiping: Henri Vetch, 1936, printed by North-China Daily News, Shanghai, 261 pages, 7 illustrations, 23.1×14.6 cm, $10.00 (Abroad 13s. 6d.; U. S. $4.00).

喜龙仁,《中国绘画艺术》。

该书以时间为线索,内分综述、汉唐时期、宋代绘画(山水与文人画)、禅宗与绘画的关系、元代、明代(传统理论和学习方法、美学宗旨与技法问题)、清代(个体的分流、传统理论的再评估),后附术语和索引。

30. Tun Li-ch'en, *Annual Customs and Festivals in Peking as Recorded in the Yen-Ching Sui-Shih-Chi*, translated and annotated by Derk Bodde, Peiping: Henri Vetch, 1936, printed in China by The North-China Daily News, Shanghai, xxii-147 pages, illustrations, 2 maps, 24.5 × 17.8 cm, $9.00 (Abroad 13s. 6d.; U. S. $4.50).

清代富察敦崇(1855—1911),《燕京岁时记》,卜德译。

记录清代北京岁时风俗的杂记,内容上包括饮食、起居、游艺等,按照元月到腊月的顺序分为12章。该书使用了彩色套印的方式,共计1张大彩图,5张小彩图。书后附参考书目、索引等。

1937

31. Antoine Mostaert, *Textes Oraux Ordos*, recueillis et publiés avec introduction, notes morphologiques, commentaires et glossaire, Peiping: Cura Universitatis Catholicae Pekiniedita; en vente aux Éditions Henri Vetch, 1937, lxx-768 pages, 29 × 24cm, $25.00 (Etranger£ 2.5s. 8d.; U. S. $12.00).

田清波,《鄂尔多斯民间文学》,《华裔学志丛书》第一种。

田清波(1881—1971),比利时圣母圣心会(C. I. C. M.)的神父,从20世纪初开始,他在鄂尔多斯长期传教,同时研究鄂尔多斯蒙古历史及语言文化,成为国际蒙古学研究的巨匠。本书分为7个部分,分别是民间故事、传说和历史传说中的片段;各种类型的歌谣;谜语和难解的隐语;儿童戏言;祝词、祈祷词、招财仪式词及誓言;达尔扈特和各旗蒙古人之间的嘲讽和对人、畜的咒语;谚语和格言。此书有极高的史料价值,对研究鄂尔多斯蒙古族方言土语是不可或缺的材料。

32. *Famous Chinese Plays*, translated and edited by L. C. Arlington and Harold Acton, Peiping: Henri Vetch, 1937, printed in China by the North-China Daily News, Shanghai, xxx-443pages, 29 illus., 21.9×14.5cm, $12.50 (Abroad 16s.; U. S. $5.00).

《戏剧之精华》，阿林敦（灵顿）、艾克敦编译，出版者魏智，印刷者上海字林（西）报社，发行者北平法文图书馆。

内容实为战宛城、长板（阪）坡、击鼓骂曹、奇双会等33出戏的英文节译，后附朝代表和索引。

33. Fung Yu-Lan, *A History of Chinese Philosophy*: *the period of the philosophers* (*from the beginnings to circa 100 B. C.*), translated by Derk Bodde, Peiping Henri Vetch, 1937, printed in China by the North-China Daily News, Shanghai, xx-454-27 pages, 1 map, 26.7×18.5cm, $18.00 (Abroad 25s.; U. S. $6.00).

冯友兰著，英译《中国哲学史》，翻译者卜德，出版者魏智，总发行者北平法文图书馆，印刷者上海字林西报社。

冯友兰题写中文书名《中国哲学史》。1931年，美国人卜德获得哈佛燕京学社的资助来到北京进修，其进修的主要科目是中国哲学史。征得冯友兰同意后，卜德在翻译中对原著做了一些增删，首先是在正文之外增加了5个辅助部分：译者前言、中国哲学家年表、参考书目、索引、战国地图。正文中增加的主要是背景知识，有些直接加在正文中，有些以译注的形式放在页下。该书共计15章，出版之后，立刻受到国际汉学界的广泛好评，胡适也赞扬卜德的翻译是"非常忠实于原著的上乘之作"，直至今日仍旧是西方大学中被广泛使用的经典教材。书后附27页书单，介绍法文图书馆出版物，并有新书预告。但其中有8种书籍实为代售，*Notes on Chinese Literature*（《汉籍解题：中国文献简释》，未标注年代但应为1922年版）、*The Chinese Reader's Manual*（《中国词汇》，1924）、*The Structural Principles of the Chinese Language*（《汉语北方方言》卷一，1932）、*Dictionnaire Monguor-Français*（《满法字典》，1933）、*Lin Tse-Hsu*（《林则徐》，1934）、*Title Index to the Ssu K'u Ch'uan Shu*（《四库全书索引》，1934）、*Tseng Kuo-Fan*（《曾国藩》，1935）

The Sutra of the Lord of Healing（《药师如来本愿经》，1936）；另有3种书籍为魏池时代法文图书馆出版物，分别是 *The Temples of the Western Hills*（《北京西山庙宇》，1923）、*Chinese Carpets and Rugs*（《中国地毯铺垫》，1924）、*With the Empress Dowager of China*（《清宫回忆》，1926）；另有3种为中国图书公司出版，可见下文相应部分。

34. Robert William Swallow, *Ancient Chinese Bronze Mirrors*, Peiping：Henri Vetch, MCMXXXVII, printed in China by the North-China Daily News, Shanghai, xii-2-78 pages, 22.1×14.5 cm, ＄9.00（Abroad 12s. 6d.；U. S. ＄5.00）.

燕瑞博，《中国古镜图说》，发行者魏智，印刷所上海字林（西）报社，发行者北平法文图书馆。

此书文字部分为78页，分为14章，时间跨度由先秦始至宋代，Henri Lambert 的收藏单独列出，后附录淮河流域文化、铜镜金属成分分析两小节。另有87页铜版纸古镜照片，总计103面铜镜照片，每幅照片下皆有详细介绍如名称、尺寸、产地、年代等信息项。虽然作者在前言中谦虚地说"并未打算以汉学专著的初衷撰写此书"，但它的确是研究中国古代铜镜必备的重要参考书之一。

图8 《中国古镜图说》

35. S. N. Usoff, *A Course of Colloquial Chinese*, Peking：Henri Vetch, 1937, printed in China by the Imprimerie des Lazaristes, 2 volumes, xiv-353 and iv-246 pages, 19.8×13.7cm, 500 copies, ＄10.00（Abroad 11s.；U. S. ＄3.50）.

吴索福，《华语入门》，出版者魏智，排印者北京西什库印刷所，发行者北京法文图书馆。

吴索福，哈尔滨法政大学校教授。该书由迪瑞德译，自俄文（*Kitaiskii Razgavornii Yazik*）第六版翻译而来，第一卷包括25课，16个复习单元。前者按照汉字、威氏拼音、英文解释、例句的顺序，后者则贴近日常生活，以各种情景来复习。第二卷则为卷一中课文及复习的中文文本，并配有对话的图示举例。

36. *Territoires et Populations des Confins du Yunnan*, traduit du Chinois par J. Siguret, Peiping Éditions Henri Vetch, 1937, printed in China by the North-China Daily News, Shanghai, x-307 pages, iv maps, 25.3cm×17.4 cm.

《（法译）云南边地问题研究》，编译者奚居赫，出版者魏智，总发行者北平法文图书馆，印刷者上海字林西报社。

此书根据云南省立民众教育馆1933年出版的《云南边地问题研究》上卷译出，内容包括《云南西北边地状况纪略》《滇缅北段未定界内之现状》《云南第一殖边区内之人种调查》《怒江人民生活状况》《沧怒两江见闻录》等几篇文章。龙云为《云南边地问题研究》（1933）题写中文书名，该法译本也影印此题名。

1938

37. Amadeus William Grabau, *Palæozoic Formations in the Light of the Pulsation Theory: ordovician pulsation*, Peking: Henri Vetch, 1938, printed in China by Richard von Tergan, at the Poplar Island Press, Peking, xxxiii-942 pages, maps and diagrams, 23.7×13.6 cm.

葛利普，《用脉动理论划分古生代地层》卷四。

葛利普（1870—1946），美国地质学家、古生物学家、地层学家。1920年，应聘到中国，任农商部地质调查所古生物室主任，兼北京大学地质系古生物学教授。1929年，任中央研究院地质研究所通讯研究员。1934年，任北京大学地质系主任。葛利普把自己的后半生完全贡献给了中国古生物学、地层学奠基事业。此书为葛利普脉动论的第四卷，介绍奥陶脉动系，分为22章，后附索引等。

38. Archibald Dooley Brankston, *Early Ming Wares of Chingtechen*, Peking: Henri Vetch, 1938, printed in China by the North-China Daily News, xvi-102 pages, 45 plates, 2 maps and 4 tables, 25×17cm, 650 copies.

白兰士敦，《明初官窑考》，出版者魏智，印刷者上海字林西报（社），发行者北京法文图书馆,限量版650本。

　　白兰士敦,出生于中国上海,1935年任职于大英博物馆东方古董部,参加中国艺术国际展览会的展品安排、编制图录和摄影的工作。1936—1937年,白兰士敦在华期间以孙瀛洲先生为师,学习明代瓷器鉴定。该书为研究明代早期瓷器的开山之作,自发表后即在国内外收藏界引起巨大轰动,并引发了对明代永乐、宣德时期青花瓷器的收藏兴趣,进而奠定了永宣青花瓷器于今日之学术与市场之重要地位。作者以当时所能见到的海内外公私收藏为素材,精选如中国政府、英国维多利亚和阿尔伯特博物馆、大维德基金会、尤摩弗帕勒斯等珍藏的明永乐、宣德、成化、弘治四朝器物,并亲自走访景德镇窑场,总结明代早期官窑诸器器型、纹饰、款制、胎骨、釉料、工艺、窑史等方面史料,详加考证,图文并茂,而使该书成为研究明代瓷器最重要之文献善本。全书分为两编,一编以永乐、宣德、成化、弘治四个时期各为一章,二编则分为浮梁地区(景德镇)、造瓷术(原料的化学成分、受热过程)两章。书后附英、中文参考书目和索引等。另附5页北京法文图书馆出版物书单。

39. Corrinne Lamb, *The Chinese Festive Board*, line-drawings and paper-ends by John Kirk Sewall, 2nd ed., Peking: Henri Vetch, July 1938, made in China by The Willow Pattern Press, Shanghai, 153 pages, illustrations, 19.7×13.5 cm, 5,000 copies, stiff boards: $5.00, paper covers: $4.00 (Abroad 7s. 6d.; U.S. $2.00 for stiff board edition).

　　拉姆,《春节食谱》,第二版。

40. Harry S. Aldrich, *Practical Chinese*: *including a topical dictionary of 5000 everyday terms*, with a foreword by Mr. Nelson Trusler Johnson, Peking: Henri Vetch, 1938, printed at the Sign of the Willow Pattern, Shanghai, 2 volumes, xv-276 pages and x-182-80-7 pages, 24.7×16.7cm.

　　奥瑞德,《华语须知》,同著作者有金叔延、武汉章、秀毓生(等),第二版(第二次印刷)。

　　福开森题写中文书名。其中,金叔延、武汉章、秀毓生等11位同著者为美国驻华使馆陆军参赞处华籍职员和教员。第一卷包括概述、部首与发音、汉字书写、威氏拼音及罗马字母表、50课、索引。第二卷实用传统中文书的方式即从左往右翻页，先为絮言、卷一中50课的中文版本；其余部分则遵照西文图书改为从右往左翻页，为分类词典，共计75种。耶鲁大学东方研究中心1942年出版了该书的美国版，内容完全一致。

41. *Mi Fu on Ink-Stones*, with introduction and notes by R. H. van Gulik, Peking: Henri Vetch, 1938, printed in China by the North-China Daily News, Shanghai, xii-70 pages, 13 illustrations, 24.5×17.3 cm, $10.00（Abroad 13s. 6d.; U. S. $4.50）.

《米芾砚史》，英译附注释者文学博士高罗佩，出版者魏智，印刷者上海字林西报（社），发行者北京法文图书馆。

正文分为序言、介绍、中国砚台与《砚史》一书，《砚史》原文及翻译、结论。其中《砚史》一文逐段译出，介绍米芾生平和他的书法特点。此文应以1934年高罗佩在乌得勒支大学获取硕士学位的论文为底本。

1939

42. Alexander Wylie, *Notes on Chinese Literature: with introductory remarks on the progressive advance of the art, and a list of translations from the Chinese into various European languages.*, re-issued, Peking: The French Bookstore, 1939, printed in China by the Poplar Island Press, Peking, viii-xxviii-260 pages, 27.5×25.1 cm, 300 copies.

伟烈亚力，《汉籍解题》。

伟烈亚力，英国汉学家，1815生于伦敦，伦敦传道会传教士，1846年来华。伟烈亚力在中国生活了近30年，致力传道、传播西学，并向西方介绍中国文化。1867年，该书在上海出版，1922年在上海再版。此书介绍了两千多部包括古典文学、数学、医学和科学技术等方面的中国古典文献，编排上按照经、史、子、集的传统分类，后附书名、人名索引。

43. Harley Farnsworth MacNair, *With the White Cross in China: the Journal of a famine relief worker with a preliminary essay by way of introduction*, Peking: Henri Vetch, 1939, ix-123 pages, 23 cm, 600 copies.

马克尼，《民九华北赈灾日记》，出版者魏智，印刷者北京杨树岛印刷局，发行者北京法文图书馆。

马克尼，1912 年来华，任圣约翰大学历史学和政治学系教授，并为《密勒氏评论报》的特约编辑。1926 年回到美国，任华盛顿州立大学、芝加哥大学教授。此书实为作者 1921 年初在直隶偏远市集赈灾时的日记。

44. Ivan Zakharoff, *Complete Manchu-Russian Dictionary*, Sankt Petersburg 1875, photolithographic re-issue, Peking：Henri Vetch The French Bookstore, 1939, xxx-64-1129-6 pages, 150 copies.

杂哈劳，《满俄大辞典》，1875 年圣彼得堡首版，1939 年 8 月影印 150 册，北京杨树岛印刷局承印。

杂哈劳（1814—1885），1840 年随第 12 届俄国东正教传教团来北京，努力学习满、汉语，1849 年回国。《伊犁塔尔巴哈台通商章程》签订过程中的谈判翻译，后担任俄驻华第一个领事（伊犁）。1868 年在圣彼得堡大学教授满语，并整理满语资料，编撰满俄双语工具书。1875 年其《满俄大辞典》出版后，圣彼得堡大学授予其满语文学博士学位，1879 年晋升教授。他是俄国汉学家在编纂满语工具书方面成绩最突出者。全书包含 2.5 万余字，皆按满文字母顺序排列，除满文外均附俄文拼音、俄文批注，且非常详尽，各种专名词汇及文牍用语收录颇多。此外，因保留了许多失传文本的内容，该辞典至今仍作为实用性的工具书和学术著作而被广泛使用，该辞典的前言更是一篇具有很高水平和文化价值的论述。

45. Jacob Joseph Brandt, *Modern Newspaper Chinese*：*progressive readings with vocabularies*, *notes and translations*, 2nd edition, Henri Vetch, Peking, April 1939, printed at the Sign of the Willow Pattern, Shanghai, xii-321 pages, 23.4×16.2 cm, 1,000 copies, ＄12.00 (U.S. ＄5.00).

卜朗特，《摩登新闻丛编》，发行者魏智，印刷者上海柳荫印刷公司，发行者北京法文图书馆（东长安街北京饭店内）。

内容包括 60 课，内分为 150 小节。每小节通常含一则新闻的英文标题、中文原文、词汇（汉字、威氏拼音、翻译）、要点、全文翻译。所有新闻皆来自于

1934年北京、天津、上海三地的报纸，取材广泛，涵盖政治、经济、军事、司法、教育、文化、娱乐、广告、讣告、启事等方面，后附要点索引和词汇索引。作者在第一版的基础上做了细微的调整。

46. J. A. Van Aalst, *Chinese Music*, reissue of the first 1888 edition, Peiping: Inspector General of Customs, 1939, Peiping, iv-84 pages, 26.6×19.9 cm.

阿里嗣，《中国音乐》，由海关税务总司授权发行，1939年重印本。

47. J. O. P. Bland and E. Backhouse, *China under the Empress Dowager: being the History of the Life and Times of Tz'u Hsi*, Compiled from State Papers and the Private Diary of the Comptroller of Her Household, Peking: Henri Vetch and London: William Heinemann Ltd., 1939, printed in China by the North-China Daily News, Shanghai, xxiii-470 pages, 32 illus., 3 maps, 25.5 × 17.5cm, $25.00 (U.S.6.00).

濮兰德、巴克斯，《慈禧皇太后外纪》，出版者魏智，印刷者上海字林西报（社），发行者北京法文图书馆。

全书共分28章，自青年时期的叶赫那拉氏始，至慈禧太后葬礼及一生评价终，涵盖了清季种种风云变幻，书后附张之洞、左宗棠、孙家鼐、端方四人小传。该书首版于1910年在伦敦发行。

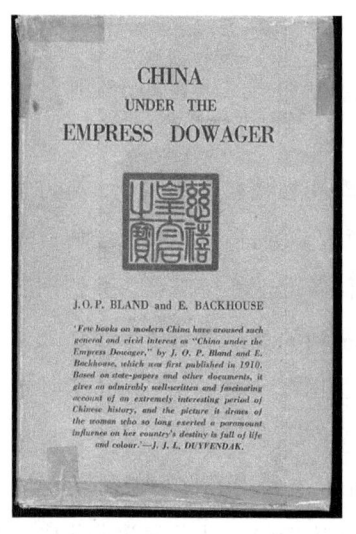

图9 《慈禧皇太后外出纪》

48. L. C. Arlington & William Lewisohn, *In Search of Old Peking with maps, plans and illustrations*, 2nd edition, Peiping: Henri Vetch, 1939, printed in China by the North-China Daily New, Shanghai, vi-6-382, 19.2×13 cm.

阿林敦（灵顿）、刘易生，《寻找旧日帝京》，第二版。

49. Marc van der Valk, *An Outline of Modern Chinese Family Law*, Peking: Henri

Vetch, 1939, Peking Catholic University Press, 219 pages, 25.5×16.5 cm, 500 copies.

范可法，《中华民国亲属法大纲》，出版者魏智，印刷者辅仁大学印书局，发行者北平法文图书馆，辅仁大学华裔学志专刊之二，限量500本。

陈垣题写中文书名。内容分为三大部分，分别为概论、现行法律、附录。其中"现行法律"包括一般条款、婚姻、父母与子女、监护权、供养、房屋、家庭委员会7个小部分。书后附参考书目录、词汇表、引用文章、案例、主题索引。

50. *Social and Psychological Studies in Neuropsychiatry in China*, edited by R. S. Lyman, V. Maeker and P. Liang, published for the Division of Neuropsychiatry, Peking Union Medical College, Peking: Henri Vetch, 1939, printed in China by the Tientsin Press Ltd., Tientsin, 377 pages, 51 photos and 78 tables, 22.7×15.2cm.

《中国精神病中的社会心理研究》，雷门等编，北京协和医学院神经精神病科出版，发行人为魏智。

雷门，时任北京协和医学院神经精神病科教授，霍普金斯大学医学博士，1932年左右来华任教。本书由校长胡恒德（Henry S. Houghton）作序，后收录12篇文章，如许烺光《在北平警察与精神案件合作情形之简明报告》、赵婉和《中国精神病人的书法》等。

1940

51. Amadeus William Grabau, *The Rhythm of the Ages*: *earth history in the light of the pulsation and polar control theories*, Peking: Henri Vetch, January 1940, xvii-561 pages, 24 colored plates, 26.1×17.8 cm, 800 copies.

葛利普，《时代的节律：从脉动论和极控论看地球史》。

葛利普，美国地质学家、古生物学家、地层学家，其后半生精力完全献给中国古生物学、地层学，国内最早一批地层古生物学者大都出自葛利普的门下。此书是其最终全球地质理论的集成和传世之作。

52. Helen Wiley Dutton, *Secrets Told in the Bamboo Grove*, Peking: The French Bookstore, 1940, v-52 pages, 23 cm.

达顿，《幽篁集》。

达顿,1889 年出生于美国密歇根州,1916 年嫁给一位传教士,后随之来华传教,并学习汉语。痴迷于唐宋两代的诗歌,尝试翻译。该书就是其努力的成果,分为 7 个小部分,全书采用中英文对照的方式讲述。

53. Jacob Joseph Brandt, *Introduction to Spoken Chinese*, Peking:Henri Vetch, April 1940, printed by the Willow Pattern Press, Shanghai, xvii-240-130 pages, 23.4× 16.7 cm, 2,000 copies.

卜朗特,《华言拾级》,发行者魏智,印刷者上海柳荫印刷公司,发行者北京法文图书馆(东长安街北京饭店内)。

"华言"指本书主要以培养汉语口语为目标,"拾级"则取拾级而上之意。全书共分 30 课,每课包括汉字、词组、注释、句子或者对话、语法讲解等。后附 6000 多字的英中词典,帮助读者应付日常对话。

54. Jean Escarra, *China, Then and Now*, translated by C. C. Langhorne and W. Sheldon Ridge, Peking:Henri Vetch, 1940, printed in China by the North-China Daily News, Shanghai, ix-289 pages, 16 illustrations, 19.6 × 13.8cm, $17.50(U. S. $3.00).

爱斯嘉拉,《中国之过去与现在》,发行者魏智,印刷所上海字林(西)报社,发行者北京法文图书馆。

爱斯嘉拉,法国巴黎大学法科教授、巴黎中国学院讲师、中华民国国民政府顾问。该书原题名为 *La Chine:Passé et Présent*,1937 年在巴黎出版。英译本分为两大部分:中国文明、

图 10 《中国之过去与现在》

中国的复兴。彼此各包含四章,分别是汉学及其方法、地理因素、历史概论、华夏文明;社会复兴、政治复兴、技术复兴、对外关系的重新调整,最后附结语、参考书目和索引。1938 年 11 月 21 日,林语堂在巴黎为此书撰写了导言。日译本

《支那：过去と现在》，蛯原德夫翻译，1941年东京生活社出版。

55. Léon Wieger, *Bouddhisme Chinois*. Extraits du Tripitaka, des Commentaires, Tracts, etc. Tome I. Vinaya, Monachisme et Discipline（Hînayâna, VéhiculeInférieur）. Tome II. Les Vies Chinoises du Bouddha, réimpressionautorisée par la Mission de Sienhsien, Peking：Éditions Henri Vetch, 1940, 479 and 453 pages.

戴遂良，《中国佛教》。

戴遂良（1856—1933），法籍耶稣会士、医生、神学家、汉学家。1881年来华，在直隶东南耶稣会任教职，大部分时间在献县。开始为医师，后致力于汉学。献县天主堂授权影印，其最初版卷一为1910年，卷二为1913年出版。

56. Léon Wieger, *Chinese Characters, their origin, etymology, history, classification and signification*, translated into English by L. Davrout S. J., reissue authorized by the Mission de Sienhsien, Peking：Éditions Henri Vetch, 1940, printed in China by the Ho Chi Press, Peking, 820 pages, 26.2×15.8 cm, 1000 copies.

戴遂良，《中国汉字的起源、历史、分类及意义》，1899年首版（法文）发行，1915年英文版发行。魏智据1915年的英文版影印出版，版权为河北献县天主堂。

正文分：概述；词源学——224个基本字形、177课（每课包括汉字、原型、释义及语音序号）；常用词索引（根据笔画数排序）。附录包括：原始字形（分符号和段落两小部分，后者以甲骨文、金文为例）；858个发音索引（仍以汉字笔画为序，后附具体每一种发音对应的不同汉字）；威氏拼音表及各语音代表汉字；部首（根据《康熙词典》）表及214个部首组成的不同汉字；生僻难字表。

57. *Territoires et Populations des Confins du Yunnan*, traduit du Chinois par J. Siguret, Peking：Éditions Henri Vetch, 1940, ix-349 pages, 3 maps, 25.3×17.5 cm.

《（法译）云南边地问题研究》第一卷第二册，编者奚居赫，出版者魏智，总发行者北京法文图书馆，印刷者上海字林西报社。

1942

58. Hellmut Wilhelm, *Chinas Geschichte：Zehn Einführen de Vorträge*, Editions

Henri Vetch-Peking, 1942, printed by the Catholic University Press, 208 pages, 19.5× 11.8 cm, 750 copies.

卫德明,《中国历史述要》,出版者魏智,总发行者北京法文图书馆,印刷者辅仁大学印书局。

杨宗翰题写中文书名。卫德明是德国著名汉学家卫礼贤(Richard Wilhelm, 1873—1930)的第三个孩子,1905 年在中国青岛出生,后任教于北京大学德语系,曾主持过中德学会。本书内容分为 10 章,从史前史到清王朝的覆灭,内容比较简单,原为普通读者撰写,学术价值一般。

图 11 《中国历史述要》

1943

59. *Fossil Men, recent discoveries and present problems, a lecture given on the 26th of March 1943 at the Catholic University of Peking by Pierre Teilhard de Chardin*, published for the author by Henri Vetch, Peking: Henri Vetch, September 15, 1943, printed by the Catholic University Press, Peking, vi-28 pages, 12 illustrations, 27cm, 550 copies.

德日进撰,《石器时代之人种》。

此书实为其在辅仁大学所做演讲的原稿。辅仁大学印制。

1944

60. Gustav Ecke, *Chinese Domestic Furniture, 161 collotype plates illustrating 121 pieces of furniture, of which 21 in measured drawings, with introductory text and descriptive notices*, Peking: Editions Henri Vetch, MCMXLIV, text xii-42 pages, 38× 26.5 cm, 200 copies, U. S. $50.00.

艾克,《中国花梨家具图考》,出版者魏智,印刷者(珂罗版)彩华印刷局、辅仁大学印书局、遣使会印书馆,发行者北京法文图书馆。

杨宗翰署耑。作者德籍汉学家艾克（1896—1971），时在辅仁大学任教。自20世纪30年代初，他和曾在协和医院工作的建筑师杨耀就开始挑选、购买精美的明代家具，并将其进行分类、绘制结构图。该书是全世界第一部有关中国明式家具的学术著作，对研究明式家具、宣传明式家具、弘扬中国传统家具文化具有里程碑式的意义，仅印200部。杨宗翰题写书名。

61. Hellmut Wilhelm, *Die Wandlung*：*Acht Vortrage Zum I-Ging*, Editions Henri Vetch-Peking, 1944, printed by the Catholic University Press, 157 pages. 19.1×11.9 cm, 600 copies.

卫德明，《周易述略》，出版者魏智，总发行者北京法文图书馆，印刷者北京辅仁大学印书局。

杨丙辰题写中文书名。1943年冬，卫德明和一些汉学爱好者聚在一起，举行汉学讨论班，本书的8篇稿便是当时在讨论班上所作的报告。第一讲为《周易》的由来，第二讲解释易的概念，第三讲《周易》的二元基本原则，第四讲具体阐释了"三爻八卦"和"六爻六十四卦"的基本情况，第五讲介绍"乾""坤"二卦，第六讲叙述了《十翼》的基本情况，第七讲探讨整个易学史的演变，第八讲则分析《周易》作为占筮之书在中国人生活中的意义。

62. Hellmut Wilhelm, *Gesellschaft und Staat in China*, Acht Vorträge, Editions Henri Vetch-Peking, 1944, printed by the Catholic University Press, iii-175 pages, 19×11.5 cm, 600 copies.

卫德明，《释群原国》，出版者魏智，总发行者北京法文图书馆，印刷者辅仁大学印书局。

齐思和题写中文书名。正文分为8章，分别是封建社会与早期儒家、政治逻辑、东方思维的社会学理论、习俗与法律、权威与受青睐的权力、王权与良知、儒家思想的结果、孙中山。

1945

63. Amadeus William Grabau, *Palæozoic Formations in the Light of the Pulsation Theory*, Peking：Henri Vetch, 1945, vol.5, illus., maps, 24 cm.

葛利普，《用脉动理论划分古生代地层》卷五。

1947

64. Séraphin Couvreur, *Dictionnaire Classique de la Langue Chinoise*, Peiping: H. Vetch, 1947, xii-1080 pages, 27 cm, 300 copies.

顾赛芬，《汉法艺文辞典》，发行人魏智，印刷所三友图书社（堵友鹤），发行所北平法文图书馆（北京饭店内）。

顾赛芬（1835—1919），法国耶稣会教士，一生大部分时间生活在河北献县的天主教堂，与沙畹（Emmanuel Edouard Chavannes, 1865—1918）、理雅各（James Legge, 1815—1897）并称近代汉籍欧译三大家。该书于首版1890年，共收录了大约2.1万多个单字，其中许多单字是一般中文辞典所罕见的，而单字的批注及说明则来自中国古籍。魏智根据1904年的第二版影印。

1951

65. Henri Vetch ed., *Seritheka*, Peking: Henri Vetch, Jan. 15, 1951, viii-65-1 pages, 23 cm, 300 copies.

魏智编，《书目经纬》。

此书为北京法文图书馆代售丛书类古籍的书目清单，共计253种丛书，前附订购注意事项缩写表，后附每种丛书编者姓名索引。另列魏智出版书目52种，以作者姓氏首字母为序。其中5本为1930年之前中国图书公司及天津法文图书馆出版物。2本实为代售，分别是 *Title Index to the Ssŭ K'u Ch'üan Shu*（1934）、*Dictionnaire Ordos*（1941—1944）。另有3本从书籍实体上看与魏智并无任何关联，分别为 *The Chinese Lama Temple*（1932）、*Three Lectures on Chinese Folklore*（1932）和 *Statesman, Patriot and General in Ancient China*（1940），其中第一种和第三种为在美国发行的书籍，而第二种为华北协和华语学校出版物。

（二）发行和出版的学术刊物

在以上书籍之外，魏智还主持发行了《华裔学志》和《亚陆生物史迹汇编》两种学术期刊。

Monumenta Serica. Journal of Oriental Studies of the Catholic University of Peking,

Vol. Ⅰ-Ⅹ, Peiping: Henri Vetch, 1935—1945.

《华裔学志》，卷一至卷十，出版者北京辅仁大学，发行者魏智，印刷者北京辅仁大学。

《华裔学志》前十卷由魏智作为发行人，这一问题笔者思索过很久。笔者查阅过台湾辅仁大学相关图书、北京地区可以找到的《辅仁生活》《辅仁文苑》《辅仁学志》《私立辅仁大学年刊》、辅仁大学档案等档案资料，从来没有谈及这个问题。恕笔者揣度，魏智与鲍润生（Franz Xaver Biallas）、雷冕（Rudolph Rahmann）这二位《华裔学志》的前后主编熟识，极有可能在1935年的时候订立了一份发行合同，且为期10年，故能够在1939至1941年

图12 《华裔学志》

魏智离开北京时继续做其发行人。辅仁大学选择魏智和法文图书馆，是他们考虑到这样一份使用英、德、法三种语言的学术刊物理应有国际舞台，为了进入到西方汉学的对话领域，需要一个强力的、有多种管道的发行人通过现有销售平台快速将其影响力波及世界范围，那么魏智是他们在北京能够找到的最好人选。而在1946年之后，声名日隆的《华裔学志》已经不用借助魏智的法文图书馆了。

Geobiologia: *Revue de L' Institut de Géobiologie*, 1943, vi-149 pages, 26.2cm×19.2 cm, 600 copies.

私立北京地质学生物学研究所（北京东交民巷台基厂三条三号），《亚陆生物史迹汇编》卷一，出版者魏智，印刷者北京辅仁大学印刷部，发售者北京法文图书馆，印数600本。

Geobiologia: *Revue de L' Institut de Géobiologie*, 1945, 48 pages, 22 figures, 1 plate.

私立北京地质学生物学研究所，《亚陆生物史迹汇编》卷二。

（三）其他版本书籍

此部分主要包括中国图书公司出版的部分书籍，魏智在其北京法文图书馆出

版物的书衣上偶有介绍并列入其出版物名单，或在其编的《书目经纬》一册中记录在案。虽然这些书冠名的发行方确为他所，但魏智本人极有可能主持了这些书的出版工作，故笔者将这部分书籍的信息汇总如下：

1. François Théry, *Les Sociétés de Commerce en Chine*, 1929, Tien Tsin: Société Française de librairie et d'édition, 437 pages, 25 cm.

田执中，《中国的工商团体》。

田执中，耶稣会士，鲁汶大学博士。本书确为魏智作为法文图书馆所有者后的出版物，但其所用名称和地址仍为天津旧所，故未列入北京法文图书馆出版物。

2. Ge Zay Wood, *The Genesis of the Open Door Policy in China*, Peking: China Booksellers Ltd., 1927, xii-167 pages, 22 cm.

伍德，《中国门户开放政策的成因》。

伍德，哈佛大学教授，中国问题专家，该书1921年在美国哥伦比亚大学首版发行。

3. Jermyn Chi-Hung Lynn, *Social Life of the Chinese in Peking*, Peking & Tien Tsin China Booksellers Ltd., 1928, x-182 pages, 17cm.

凌启鸿，《北京人的社会生活》。

4. L. C. Bogan, *Manchu Customs and Superstitions*, comment by John C. Ferguson, China Booksellers Ltd., Tientsin and Peking, 1928, xiii-140 pages, 29 plates.

柏干，《满族的风俗与迷信》。

5. Leang K'i-tch'ao, *La Conception de la loi et les Théories des Légistes à la veille des Ts'in*, Pékin, China Booksellers Ltd., printed by Imprimerie des Lazaristes Pei-T'ang, 1926, xxxvii-79 pages, 23.6cm×17.2 cm,

梁启超，《先秦政治思想史》（法译本）。

该书译者为法国法学家爱斯嘉拉和 Robert Germain, 宝道（Georges Padoux）作序。

6. M. J. Pergament, *The Diplomatic Quarter in Peking: its juristic nature*, 1927,

Pékin, China Booksellers Ltd., 133 pages, 21 cm.

M. J. Pergament,《北京使馆区》。

M. J. Pergament, 为苏联列宁格勒大学法律教授, 该书主要以 1917 年 11 月发生的张勋进入使馆区荷兰使馆寻求庇护事件为中心, 从法学与历史的观点讨论北京使馆区的"庇护权", 质疑使馆区存在的合理性与适当性。

7. *PAO HUI CHI*, twelve Chinese paintings in the collection of J. P. Dubosc, Henri Vetch, Peiping, 1937.

《宝绘集》。

很可能是作者自印本, 魏智做发行人, 但因无法查实, 暂归于此类。该书所汇集的书画来自法国人杜柏秋 (Jean Pierre Dubosc, 1903—1988) 的收藏。其作为中文秘书被法国外交部派驻北京, 曾协助铎尔孟 (André d'Hormon, 1881—1965) 负责北京中法汉学研究所的行政工作。杜柏秋醉心于中国传统文化, 不遗余力地收藏各类文物, 其妻子更是鼎鼎大名的古董商卢芹斋的女儿。

8. Raymond De Jameson, *Three Lectures on Chinese Folklore*: *Delivered Before The convocation of the North China Union Language School*, March and April 1932, 164 pages.

翟孟生,《中国民间故事的三篇演讲》。

翟孟生, 美国人, 时为清华大学西文系教授, 作者 1932 年 3 月 21、28 日, 4 月 4 日在华北协合华语学校 (North China Union Language School) 做了 3 次演讲, 该书为其讲稿的整理版本。

(四) 未刊书籍

根据法文图书馆出版的数种书籍的书衣和其他史料, 笔者将一些未刊图书单独列出。

1. *Author index to the Bibliotheca Sinica of Henri Cordier*.

《考狄书目的索引》。

除考狄 (Henri Cordier, 1849—1925) 的努力外, 还有哈佛燕京学社 (Harvard-Yenching Institute) 与罗文达 (Rudolf Loewenthal) 和魏智在 1942—1944 年间

的努力，前者由于第二次世界大战和解放战争的缘故无法出版；而魏智的版本虽送往印厂，并校样部分已至字母 K，但是因"直隶印厂"（天津）为意大利资本投资，在 1944 年意大利向盟军投降后被日本将其没收充公。此后动荡的局势让魏智的努力化为乌有，罗文达则持有魏智版的校样。①

2. E. Backhouse and J. O. P. Bland, *Annals and Memoirs of the Court of Peking*.《清廷外纪》（北京版）。

此书 1914 年在伦敦首次发行。魏智在 1939 年《慈禧皇太后外纪》的书衣上预告将要发行它的北京版，但最终没有实现。

3. Joseph Francis Charles Rock, *The Ancient Na-Khi Kingdom of Southwest Yunnan*. 洛克，《中国西南的古纳西王国》。

此书在 1935 年就已经开始筹划，但是由于魏智到越南与日军作战，作者洛克与其失去联系，未能出版。洛克数次咨询律师想与魏智解除合约，② 之后于 1947 年由哈佛大学图书馆出版两卷本。

---

① Rudolf Loewenthal, Author index to the Bibliotheca Sinica of Henri Cordier (Book Review). *Far Eastern Quarterly*, 14: 4 (1955), p.579.

② Joseph F. Rock and Hartmut Walravens, *Berichte*, *Briefe Und Dokumente Des Botanikers*, *Sinologen Und Nakhi-Forschers*, Stuttgart: Franz Steiner Verlag, 2002, pp. 197, 253-255, 263.

第五章　近代北京的日本僧人及报人活动

第一节　日本僧人小栗栖香顶的北京之行与中国传教构想

明治初期，中国与日本正式恢复交往，① 日本在两国交流中表现出较强的积极性。1873 年，日本净土真宗东本愿寺派（即今天的大谷派）僧人小栗栖香顶（1829—1905）从日本长崎出发，到北京拜访名寺高僧，寻求护法之策。在北京游学一年的小栗栖香顶于 1875 年短暂回国后，翌年便在上海开设了首家日本净土真宗东派本山本愿寺上海别院，日本佛教开始向中国逆流，小栗栖香顶也成为开启近代中日佛教交流新局面的重要人物之一。

小栗栖香顶第一次中国行，主要在北京活动。在京期间，他以北京话撰写了《北京纪事》②，以文言撰写了《北京纪游》，记录其生活中的见闻、与身边人的交往、北京地区的宗教发展等。离开北京前，他又将对日本佛教各宗教义、明治政府宗教新政的介绍和给中国佛教的改革建议写成《北京护法论》（1903）一书。中日政府解除两国间的闭锁后，作为第一位来华游访的日本僧人，无论是小栗栖香顶的游记，还是他撰写的宗教著作，都成为未能亲自前来中国实地考察的其他

---

① 1871 年，中日双方在天津西山会馆签订了《中日修好条规》18 条、通商章程 33 条。1873 年，清政府与日本正式批准条约生效，恢复了因两国闭关锁国政策和海禁而中断的官方交往，开始了近代中日两国真正意义上的交流。

② 虽然《北京纪事》最终以中文口语体成文，是先由小栗栖香顶以雅文成稿，后经龙泉寺僧本然译为北京俗语。特此说明。具体参见［日］小栗栖香顶著，陈继东、陈力卫整理《北京纪事·北京纪游》，中华书局 2008 年，第 151 页。另外，需要说明的是，研究小栗栖香顶的前辈们通常以鱼返善雄标点的《同治末年留燕日记》作为文本参照，本文中参照和引用的游记文本均来自陈继东、陈力卫整理，由中华书局出版的《北京纪事·北京纪游》，该版本的两位整理者也是以一手资料为基础，仅删除原书中的日语注音和中日对译部分。而且陈继东先生对小栗栖香顶也做了许多研究，并与其后人有所交流沟通。因此，在版本上，笔者认为《北京纪事·北京纪游》具有足够的可信度与严肃性。

日本僧人间接了解中国社会的有力参照，也不可避免地影响了日本本土佛教界与日后来华传教的日本僧人制定传教策略。虽然小栗栖香顶在近代中日佛教交流史上有着重要地位，但因日本佛教在对华战争中的活跃表现，导致国内对小栗栖香顶的关注不多。许多研究都是在对中日交流的历史考量中提及小栗栖香顶，并非将其作为主要研究对象。在对小栗栖香顶的定位上，或突出其开启近代中日佛教交流的功绩，或对其作为日本佛教辅助国家侵略的开端进行批判。① 笔者认为，先行研究多从历史大环境中俯瞰小栗栖香顶的中国传教，研究视角比较宏观，对小栗栖香顶个体的观照不够，较少对小栗栖香顶游记的研究，即便有也是介绍性质和材料性质的居多。因此，本文主要以小栗栖香顶所著游记及宗教著作为依托，考察 1873—1875 年在北京的游历对小栗栖香顶一年后（1876）在上海建立别院向中国传教②的影响。

一、对中国传教之可能性与必要性的发现

1873 年，小栗栖香顶第一次游历中国，自云带着四个目的："曰北京音。曰北京语。曰喇嘛教大意。曰遍与彼耆宿同讲护法策。"③ 其中前两点几乎无异，指学习北京俗语，第三点是对喇嘛教进行考察，最后一点即与中国佛教界探讨护法之策。由此来看，小栗栖香顶首次来华的目的，并非向中国传教，而是企图从中国寻求佛教发展的良策。在其与龙泉寺僧本然④的笔谈中，他也曾表明"之所以

---

① 江岛尚俊在其论文「近代日本仏教におけるアジア布教の一考察—小栗栖香頂を通して—」中指出，日本对小栗栖香顶的研究，因多从国家和教团的角度来考察亚洲传教，也容易偏向对其功过的探讨。江岛尚俊「近代日本仏教におけるアジア布教の一考察—小栗栖香頂を通して—」、『仏教文化学会紀要』、2005 年第 14 期。

② 本文中"传教"的含义，主要指扩大本宗的宗教教义或扩大本宗的影响范围，而不含救赎信众或帮助信众脱离痛苦之意。

③ 大谷胜尊「北京護法論・序」、小栗栖香頂『北京護法論』、小栗栖香顶自刊本明治三十六年（1903）、第 1 頁。

④ 龙泉寺位于前门大栅栏，该寺大师源具，字本然，号化莲。参见曲晓范《日本佛教徒小栗栖香顶与近代中日文化交流（1873—1876）》，载王建朗、栾景河主编《近代中国：政治与外交（上卷）》，社会科学文献出版社 2010 年，第 261 页。

万里踏海者，欲见大刹诸贤，问护法之策"①。北京游学结束后，回到日本的小栗栖香顶，相隔仅一年便在上海开设了日本净土真宗东本愿寺别院，开始布道传教。这种由寻法到传教的转变，应该说，与小栗栖香顶在北京的游学经历、见闻是分不开的。笔者认为，北京之行是影响小栗栖香顶决定在中国开教的重要原因之一，对北京社会状况及佛教界情况的认识促使其发现了向中国传教的可能性与可行性。

小栗栖香顶所撰《北京纪事》与《北京纪游》②对北京的风俗、交通、通讯、货币、节庆、饮食等许多方面做了详细记录。但考察小栗栖香顶的游记，不难感受到他在第一次中国游历的整个过程中，对北京由期待到不满的认识变化。作为元、明、清三朝都城，北京在近代日本人的中国视域中变得越发重要，③未至北京的小栗栖香顶对北京也充满期待。在上海时有人向他建议在拜访北京的名刹高僧前，可先登普陀山，但小栗栖香顶却认为"北京，元明清三朝都府，多寺刹。普陀虽名山，想高僧不多。不如先进京"④，表现出对尽快到达北京的渴望。普陀山是我国佛教四大名山之一，在佛门中地位当比北京高。小栗栖香顶明知普陀山是"佛菩萨示现的地方"，却因北京是三朝都城而认定北京必然有不少名寺高僧。可见，小栗栖香顶想象中的北京应不仅是政治中心，也是佛教中心，与中国其他城市相比，北京当是更发达的。从中也能看出当时日本僧人对中国佛教发展情况的不了解。⑤值得注意的是，小栗栖香顶舍佛教圣迹而优先拜访高僧的考虑，表明其明确的目的性。然而随着小栗栖香顶到达京城并开始游学生活，他真切地感受到

---

① 《北京纪事·北京纪游》，第 117 页。

② 两部游记虽然以不同文体写成，但所记内容多有重合，且都有许多北京社会、文化风俗等相关记录。

③ 参见王升远《明治时期日本文化人的北京体验及其政治、文化心态》，载《上海师范大学学报（哲学社会科学版）》2013 年 9 月第 42 卷第 5 期，第 40—51 页。

④ 《北京纪事·北京纪游》，第 97—98 页。

⑤ 小栗栖香顶第一次来华前对中国佛教的了解程度，应不比 1793 年曾谋求向中国赠送佛典的大典和慈周两位僧人更为详细。日本佛教徒心目中的中国佛教，仍是晚明时代的一片兴盛景象。而清初以后，黄檗僧侣的大批东渡，也为中国僧人塑造了极好的形象。参见肖平《近代中国佛教的复兴与日本佛教界的交往录》，广东人民出版社 2003 年，第 62 页。

了北京生活的落后与不便。如交通、通讯不便，卫生条件较差等。面对人们在路上出恭的习惯，他甚至认为"圣人之道"① 在日本，而不在中国，"日本人守孔夫子的教，没有者（原文如此）个肮脏事"②。面对北京较落后的生活方式，小栗栖香顶常将其与当时日本相对文明的社会做比较，心中难免产生优越感。他曾在寄往日本的书简中写道："居本国很难察觉本国的好处，一入中国才知万事不如本邦。"③ 小栗栖香顶对北京社会的记述，总体上优少劣多，他很少对北京的生活加以赞扬，流露的大多是蔑视与批判。渐弱的求学心态与逐渐增强的优越感，在游记中即表现为著者看视北京时视角的微妙转变。

由于中日两国自古以来的密切交往及"师生"关系，笔者认为，小栗栖香顶观察北京的视角除了逐渐向俯视转化外，还始终保持一种心理距离。虽然小栗栖香顶在中国游学期间，游走于闾间巷陌，一定程度上接触了中国社会，但却不能因此而判断他真正融入其中。④ 小栗栖香顶在穿着、求医和饮食等多方面都表现出被动接受甚至排斥之感。小栗栖香顶坚持着日本僧服，天津杨伙计劝他穿中国衣服，但他认为"中土衣服，上厕不便"⑤ 拒绝了杨伙计的建议，后本然建议其改服为中制，才使小栗栖香顶接受中国着装。说明小栗栖香顶在形象上不求与中国普通居民一致。小栗栖香顶生来多病，由日本到北京水土变更，身体状况给他的北京生活增加了不少烦恼。同仁堂的大夫诊断其病因为水土不服，并开处方藿香正气丸。但小栗栖香顶并不采纳同仁堂的处方，而是要求继续服用在日本时常用的治疗上冲、感冒和疝气病症的药材。可见，小栗栖香顶对中国医疗并不情愿接受。对小栗栖香顶在求医用药上的守固，本然亦指出"天时利不同"，言下之意即

---

① 即孔子之道。
② 《北京纪事·北京纪游》，第40页。
③ 《北京纪事·北京纪游》，第8页。
④ 陈继东在《北京纪事·北京纪游》的后记中，赞赏"小栗栖香顶作为一介云水，能在北京混居民巷，与一般百姓共起居，这在洋人高高居上的时代是一个十分稀有的事情"。笔者在一定程度上赞成陈继东先生的这一认识，但考虑到小栗栖香顶第一次来华游历时得到本山的经济资助有限，且甲午战争前日本人与西方人在中国人心中的地位不可等同而视，因此笔者认为有必要对小栗栖香顶的心态做更进一步的思考。
⑤ 《北京纪事·北京纪游》，第114页。

劝说其在北京应以现时情况对症下药，不应盲目坚持日本医生开的旧方。在饮食方面，日本人饮食尚清淡，与中国很多地区饮食喜欢加入葱、姜、蒜、花椒等调味料增加食物香气的习惯不同。小栗栖香顶在游记中多次写下自己对杨伙计、杨朗山、通来等常接触的人食用蒜肉的不满，感慨"予自入北京，日坐蒜肉臭味中"①。小栗栖香顶不但不能接受北京人的饮食习惯，甚至要求杨伙计在船上不要吃蒜，企图改变其饮食。

由上述可见，小栗栖香顶虽然与北京普通居民生活在一起，但其生活习惯与观念却多有不同，笔者认为这些差异主要便是来源于其与中国社会的心理距离。中国自古以来向日本输出文化，两国之间除交往密切外，日本人对中国文化的心态也是心向往之。但17世纪以来中日两国间出现约200年的交流断层，这一时期的中日文化交往必然受到影响，而经历明治维新的日本转而从西方引入近代文明，且更强调具有本国特色的文化传统，使许多日本人到中国后，心中产生优越感的同时就更加倾向于本国的社会发展与文明，从而在心理上拉大与中国社会的距离。这种心理距离，使中国社会变成日本人文化认知中的一个他者。值得注意的是，后来到中国的日本作家、记者、政治家等大多先根据前人的游记从而形成对中国的先行认识，小栗栖香顶与他们的情况不同，他对中国社会与宗教的认识应很少受到同时代日本来华人士的观点之影响。② 对小栗栖香顶而言，这种心理距离并不是被他有意识地表达出来的，而是在第一次中国之行的实践中自然体现出来的。笔者认为，从对北京的期待到失望不满的态度变化和潜在的心理距离，应该是促使小栗栖香顶认识到在中国传教之可能性的影响因素之一。

在北京生活了一年的小栗栖香顶，除了体验到北京社会风土外，也接触、交往了许多阶层的中国人，游记中的中国人形象也反映出他对中国人和中国佛教界在不同层次上的不满。小栗栖香顶主要交往的人群大概可分为三类，即平

---

① 《北京纪事·北京纪游》，第164页。
② 目前笔者目力所及的先行研究中并没有材料直接体现小栗栖香顶第一次来华前曾阅读日本同时代来过中国的人的游记或相关资料。

民百姓、读书人与宗教人士。在其游记中，三类人的形象跃然纸上，小栗栖香顶对他们的态度也较鲜明。第一次中国之行中小栗栖香顶接触了许多平民百姓，最有代表性的，当属在天津受雇佣陪他进京的杨伙计（《北京纪游》中的杨奴），小栗栖香顶在两部游记中均以杨伙计为对象作一节，他几乎没有留下任何对杨伙计的好印象，记述其行事亦充满鄙夷与不满。小栗栖香顶在清慈庵学习《幼学》时，常与塾中学生玩耍，但因嫌弃学生分给他的白薯有牙印，便"背地里喂狗"①。作为出家人，如此对待他人的好意与浪费食物，似乎显得过于缺乏气度，从中可以看出小栗栖香顶对中国百姓不讲究卫生的厌恶排斥。此外，小栗栖香顶在游记中还记录了平民百姓因惧怕洋人而流露的丑态、遇月食时表现出的迷信及吸食大烟、女性裹脚等陋习，其游记着重描绘中国普通百姓的卑微、愚昧形象，从中也能看出小栗栖香顶作为"先进"国民的俯视与优越感。值得注意的是，作为理应拥有仁爱佛心的僧人，面对被洋人威慑的船家和裹着小脚的妇人，小栗栖香顶极少流露同情，而是站在一个来自文明社会的外国人的立场上，既鄙夷其落后，又冷眼旁观，更明显说明小栗栖香顶对中国社会的心理距离。小栗栖香顶认为平民百姓恰恰是最该接受传道教化的对象，日本净土真宗主张只要相信佛陀本愿即可登西方净土，对信众的修行要求几乎低至极限，而小栗栖香顶所见中国百姓的此般愚弱鄙陋，使他看到更多在中国传教的可能性。

　　小栗栖香顶少时入汉学私塾，师从著名汉学家广濑淡窗，汉学修养非常深厚，对汉学的喜爱使他对与中国读书人的交往并不排斥。从其笔下两位读书人——谢月卿、杨朗山②的形象可以看出，小栗栖香顶对读书人的态度基本是尊重肯定的，认为读书人知书达理，较有涵养。但考察他与谢月卿的交往和赋诗唱和，亦不难发现其对谢月卿只重视科举而不关心世界大势的狭隘眼光，并对以谢月卿为代表

---

① 《北京纪事·北京纪游》，第58页。
② 杨朗山，浙江绍兴府余姚县人，秀才出身。后家中罹患火灾，又遭粤匪劫掠。遁走京师，捐资应试，三次补不中。为了维持生活，在清慈庵开班授徒糊口。《日本佛教徒小栗栖香顶与近代中日文化交流（1873—1876）》，第262页。

的读书人不食豆腐等迂腐想法表示否定。小栗栖香顶与杨朗山的交往主要是跟随他学习《幼学》。前文提到小栗栖香顶自述其第一次来华的目的之一是学习北京话，他希望学习发音与俗语，在学习俗语的途径上，两人存在分歧——杨朗山认为学习诵读经典，而京音必然自通；小栗栖香顶则因迫切的心态和时间的限制而主张直接学习说话。对于杨朗山所持的这种传统的学习法，小栗栖香顶认为不合其自身情况，并由此联想到了读书人的迂腐。此外，杨朗山吸食鸦片，身体虚弱，也遭到小栗栖香顶的否定，他也曾在船上见到其他官僚文人抽大烟。读书人考取科举成为国家社稷的栋梁，小栗栖香顶眼中的读书人虽懂礼节有修养，但迂腐狭隘或自甘堕落，自然使其产生中国前途无望的认识，认为作为先进国的日本，拥有引领中国发展的资本。

无论是与平民的接触还是和读书人的交往，对小栗栖香顶来讲，都是满足基本生活或学习语言的需求。从游记中的平民形象不难感受到小栗栖香顶对该阶层的排斥，他与读书人的交往过程也几乎只是顺随缘分，并未表现许多积极性。如果将这看成是一种被动交往，那么小栗栖香顶与宗教人士的接触则与此不同，表现出极大的主动性。到达中国之初，小栗栖香顶就积极地打听并踏访佛寺以获取与北京佛寺联络的介绍信。结识本然后，小栗栖香顶更是经常到龙泉寺与本然笔谈，并多有书信往来或赋诗唱和。除了积极探访本然，小栗栖香顶离开北京前还亲自前往五台山，拜访多处寺庙，与僧人交往甚欢。而五台山之行得以顺利实现，也和雍和宫大喇嘛洞师①的引荐分不开。带着考察喇嘛教②的目的，小栗栖香顶主动"呈书洞师"，并几次探访，与洞师愉快笔谈。笔者认为，小栗栖香顶与中国人的交往，具有较明确的目的意识；与读书人交往时多考察中国的社会风土情况或赋诗交流，却鲜少涉及宗教问题；面对僧人，则抓住有限的机会积极切磋佛学，探讨护法之策。这也从侧面表明了他对实现到中国游历之预期目标的急切渴望。

---

① 即当时雍和宫主僧洞阔尔呼图克图（游记文本中写作"洞阔尔胡图克图"）。
② 关于小栗栖香顶对喇嘛教的考察，涉及的问题比较复杂，且与本文关联不强，因篇幅有限，文中对此不做赘述。

虽然小栗栖香顶积极地与佛僧交往，并和本然结下深厚的情谊，但他对中国佛教界却不能说是满意的。小栗栖香顶首次来华之时，日本佛教正处在神道教与基督教内外挤压下，面临发展危机，他所在的净土真宗东本愿寺派派遣僧侣到欧美游学，或如小栗栖香顶到中国求法，都可看作积极地寻求解决困境的努力。① 但小栗栖香顶在中国所见的许多僧人，却连佛门的基本戒律都不遵从：僧人饮酒食肉已是平常，对佛教经典的掌握也松懈怠慢，有些甚至吸食鸦片、奸淫妇女。北京地区佛门境况沦落此般，必然令来北京探讨寻求护法之策的小栗栖香顶意外而失望②。在北京，龙泉寺大和尚本然是小栗栖香顶最敬仰的僧人，不仅品德才学令其钦佩③，更对他的游历提供许多必要的帮助，并将小栗栖香顶的游记由文言改为白话。小栗栖香顶在游记中亦多次感激本然对他的照顾，感念"其谆谆老婆心，铭记在心，依依恋恋，不能忘怀"④。小栗栖香顶曾多次与本然探讨佛教教义与护法之策，但在这两个层面上，本然的观念却令其失望。如在关于自我修炼，往生净土的认识上，小栗栖香顶认为本然"顽然墨守陋见"。日本净土真宗在佛教各宗中偏向适应近代社会，⑤ 紧随时代步伐。本然一心念佛，对外界宗教势力消长、世界格局变化的了解与关注不足，⑥ 也令小栗栖香顶不满。游记中，本然读罢其所著

---

① 有学者将净土真宗采取的措施划归两类：一是与政府加强联系，取得政府重视与信任；二是谋求海外发展，提高佛教在日本社会中的地位。（参见肖平《中日甲午战争期间日本佛教教团之动态》，载《中山大学学报》1999 年第 1 期，第 89—95 页。）也有学者直接指出净土真宗到中国传教并不像他们自己讲的那样完全是为了拯救中国佛教，说到底也有自我拯救的意味。（参见葛兆光《西潮却自东瀛来——日本东本愿寺与中国近代佛学的因缘》，载《葛兆光自选集》，广西师范大学出版社 1997 年，第 140 页。）

② 曲晓范认为这些佛门丑恶现象逐渐影响小栗栖香顶调整并最终放弃联合中国大多数佛教徒共同护教的计划。《日本佛教徒小栗栖香顶与近代中日文化交流（1873—1876）》，第 264 页。

③ 小栗栖香顶评价「本然には四つの德、即ち、金銭を貪らず、優しく怒らず、人を教えて倦まず、最後に学問が内外に通じるという德があるといい、接触した中国僧侣の中で最も学識を有する「高僧」であると評している。」参见陳継東「小栗栖香頂と本然―日中仏教者の対話―」、『印度學佛教學研究』第 49 卷第 2 号、2001 年 3 月、第 839 頁。

④ 《北京纪事·北京纪游》，第 3 页。

⑤ 参见杨曾文《杨文会的日本真宗观——纪念金陵刻经处成立 130 周年》，载《世界宗教研究》1997 年第 4 期，第 47—55 页。

⑥ 在「小栗栖香頂と本然―日中仏教者の対話―」中，陳継東也指出了小栗栖香顶与本然对近代世界的认识和立场存在较明显的对立。

《北京护法论》①，小栗栖香顶记录本然的反应为"一读茫乎，不能吐只语"②，并慨叹"本然且然，况其他乎"③。由此可以看出小栗栖香顶当是认为中国佛教界不具备保护和引领佛教发展的能力的。

综上，小栗栖香顶北京之行中形成的对中国社会和佛教界的认识，令其失望与不满，更重要的是让他看到了在中国传教的可能性和必要性。也就是说，北京之行直接促成小栗栖香顶做出在中国开教的决定。

二、对中国传教条件的认识

1876年，小栗栖香顶在上海开办真宗东派本山本愿寺上海别院，是日本佛教在中国最早开办的分院。鉴于小栗栖香顶在北京之行中与僧侣交往的主动性与重视程度，其开教地点却选择第一次来华仅作短暂停留的上海，而舍弃曾无比向往、环境相对熟悉且拥有较多"人脉"的北京，这种"目的地"的调整必然与小栗栖香顶对传教可能性的考量分不开。分析小栗栖香顶舍北京而择上海的原因，可从客观和主观两方面考察。

两国政府签订《中日修好条规》后，虽然日方表现出极高的积极性，并在华设立领事馆，但小栗栖香顶第一次游历北京时，距条约签订仅过两年有余，日本人在中国的大规模活动尚未开始。根据小栗栖香顶的游记记录，他只在北京之行的后期遇到过从日本前来学习中国话的同胞，在那以前，小栗栖香顶在京的直接交往人群中几乎没有日本人。既要防范一些奸诈的中国人，又要依附其身边中国人照应，北京之行的不安全感使他深深地体会到在有同胞的环境中活动是有必要的。上海领事馆是日本在条约签订后最早设立的领事馆，与北京相比，在上海活动的日本人较多，能够为小栗栖香顶传教提供更多的人力支撑，平台更好。事实

---

① 小栗栖香顶在日本出版的《北京护法论》前附《呈本然上人书》，故笔者推测游记中所提《护法论》出版物与《北京护法论》不存在大差别。虽然在游记中此处被记为"《护法论》"，但本文提到该书时均采用"《北京护法论》"。

② 基于《北京护法论》中小栗栖香顶的勃勃雄心，笔者不禁猜测，本然做此反应，除了思想受到冲击外，是否也有对小栗栖香顶雄心的不能苟同之意。

③《北京纪事·北京纪游》，第191页。

上，东本愿寺别院的开设、活动都与日本人活动圈保持极密切的联系。据上海市地方志载，光绪二年（1876），小栗栖香顶在上海北京路499号开设真宗东派本山本愿寺上海别院，光绪九年（1883）移至武昌路3号（今380号），中国人习称为"东洋庙"。在这座二层的水泥楼房中，除了宗教活动外，后来还开办了日文报刊《上海新报》和《佛门日报》，兴办了新闻纵览所、诊疗所、育婴堂、学校、慈善会、佛陀会、火葬场和墓地等。① 可见，小栗栖香顶所开分院并非仅作为宗教用途，实际上也是日本人活动的综合场所，从中不难看出小栗栖香顶将其传教活动的根基紧紧依附于日本人社交圈的考虑。②

此外，小栗栖香顶之所以能够在中国开教，存在一个重要前提，即日本官方政界的支持。第一次中国之行结束后，他四处游说，获得外务省的支持，外务卿寺岛宗则与东本愿寺派共同制定了海外开教计划。③ 小栗栖香顶得以实现开教计划，既然是依附于国家权力力量，先将分院地点限定在领事馆势力范围之内，应是不难理解的。说到政治力量，如果将另一位来华传教的先驱——利玛窦（Matteo Ricci，1552—1610）与小栗栖香顶的传教经历做一点对比的话，便会发现利玛窦的在华活动相对顺利的原因之一便是注重与官僚阶级的交往，这个因素在小栗栖香顶的北京之行中几乎不存在。未能取得中国官僚阶层的信任与支持，甚至可以说是不具备存在感，对小栗栖香顶的传教构想来说，便少了一股必要的支持力量。

小栗栖香顶对北京的宗教势力进行考察后，发现佛道两教衰落，伊斯兰教与基督教有所发展，但最有势力的当属喇嘛教（藏传佛教）。从本然的介绍中他了解

---

① 参见上海市地方志办公室网页 http：//www. shtong. gov. cn/Newsite/node2/node4/node2249/node4418/node20198/node20610/node62846/userobject1ai8230. html，2001年12月10日。

② 开办育婴堂、学校、墓地等场所的另一个重要的原因是当时东本愿寺派正面临财政的巨大压力，而政府对其海外传教的支持只是名义上的，极少经济资助，因此上海别院需要从公共服务中获取维持其生存所必须的费用。此外根据记载，光绪三十三年（1907），即东本愿寺在上海文监师路114号开办分院第二年，西本愿寺派设立龙谷会，开始对中国人传教。也就是说，在此之前的东本愿寺开教仅作为传教的象征，并没有实质的传教活动。值得注意的是，此时距小栗栖香顶去世已过两年，因此，在小栗栖香顶人生中并没有实行甚至见证中国传教。即便如此，作为近代以来最早来华游历的日本僧人，小栗栖香顶的见闻及其传教构想，却对其后日本佛教的逆流产生了影响。

③ 参见忻平《近代日本佛教净土真宗东西本愿寺派在华传教述论》，载《近代史研究》1999年第2期，第257—283页。

到蒙古人笃信喇嘛教，而清朝统治者为维持与蒙古人、西藏人的友好关系，礼待喇嘛教。北京城内喇嘛教的寺庙不少，且教众甚多，仅雍和宫就有僧1400余人，大喇嘛洞师更是享有极高的社会地位与权势。虽然喇嘛教并不排斥中土佛教，但若想使佛教与皇权扶持下的喇嘛教同处并取得较大发展，难度相当大。小栗栖香顶看到这样巨大的阻力，自然不会以其一人之力，尝试在北京开教。而上海各国领馆较多，且受皇权控制较弱，在宗教发展的先天条件和自由程度上也比北京更强。

主观方面，从本文第一部分的分析中，不难看出小栗栖香顶对北京社会与人的抵触情绪，而导致其经常患病不适的水土也加深了他对北京的排斥。另外，小栗栖香顶虽在北京有熟识的僧侣友人，但他们间的友谊仅限于个人间，但并未延伸到其所在教派甚或中日两国佛教界，小栗栖香顶的活动更没能打开向北京传教的大门。前文提到，本然读过小栗栖香顶的《北京护法论》，但并未表示赞同与否。即便二人间的友谊非常深厚，但当小栗栖香顶提出希望本然能够接纳其后来华的日本僧人时，立即被本然拒绝。套用小栗栖香顶的话，"本然且然，况其他乎"。这样直接且明确的拒绝，进一步斩断了小栗栖香顶短时期内在北京传教的念头。

由以上分析，笔者认为，正是小栗栖香顶的北京之行，使其了解到在北京传教的巨大阻力，也让他明白了在中国传教需要哪些背后支持和依托，选择上海作为其开设别院的地点，与小栗栖香顶在北京的考察关系非常密切。

考察小栗栖香顶的传教内容，他以日本净土真宗宽容的教旨教义作为利便，吸引中国僧侣和教徒。到上海开设别院前，小栗栖香顶利用在本山处理公务的时机，以古文体撰写了《真宗教旨》。该书共十号，其中第八号"本愿名号"和第九号"他力信心"介绍了净土真宗所宣扬的通过"本愿"和"他力"而成佛的观点，而"本愿"与"他力"是密切联系在一起的。净土真宗尤其尊奉《无量寿经》①，在弥陀四十八愿中最重视第十八愿："设我成佛，十方众生至心信乐欲生

---

① 净土真宗以三部经典为切要，分别为《阿弥陀经》《无量寿经》和《观无量寿经》。但真宗创始人亲鸾将《无量寿经》置于另外两部经典之上，认为两部经典主要通过个人的自我修行而往生，但只能生到净土的边缘地带。

我国，乃至十念，若不生者，不取正觉"，即"念佛往生愿"。① "本愿他力"就是强调对弥陀愿力的绝对信心，任何人（即使是做尽坏事的恶人）只要相信念佛往生，依靠弥陀的"他力"即可往生净土。与中国的净土宗更强调通过修行念佛而往生极乐的主张不同，净土真宗认为即便有"自力"而无"他力"，也是无法达成往生净土的，从而彻底否定"自力"。

　　……虽发信心。然自力之信。不可以往生于真实报土。由必发他力之信，而后始得往生焉。

　　信心从他力而发。名他力信心。佛力为他力。明信佛智为信心。明信佛智之心。从佛力生。非从我发。②

这样便捷容易的往生净土之道，对许多没有能力修习佛学经典的下层信徒或做尽恶事的人来讲，无疑存在巨大的吸引力。小栗栖香顶以此做宣传，可见其尽可能扩大受众范围的努力。

但作为佛门僧侣，小栗栖香顶个人的修行观念却并非仅依靠"本愿他力"，他对僧侣的佛学素养和修炼非常看重。在给本然的信中，小栗栖香顶对僧人"不学无识，眼无一丁"表示愤怒不满，虽然他极力抵制基督教，但却对基督教士"通天文、达地理"的文化修养予以肯定。从小栗栖香顶提出的护法之策来看，规范僧侣行为、提高僧侣的佛学与文化修养是其相当重视的一部分，也是小栗栖香顶认为可以挽救并重振佛教的重要举措。可见，在他的修行观念中，对普通信众与佛教僧侣的要求有所不同。振兴佛门，是僧人的责任，试问若佛教衰亡，何来往生净土？仅依靠"本愿他力"而达往生，只是小栗栖香顶吸引更多中国信众的策略而已。

---

① 《杨文会的日本真宗观——纪念金陵刻经处成立130周年》，第48页。
② 小栗栖香頂著、石川舜台校『真宗教旨』、真宗東派本願寺教育課明治九年（1876）、第4—5頁。

另外，小栗栖香顶在《北京护法论》中公然肯定佛教僧侣可以吃肉娶妻①，也在一定程度上体现出他的个人观念与传教宣传的矛盾。在小栗栖香顶与本然的最初交往中，本然曾指出其吃肉为破坏戒律的行为并流露出不赞同的态度。② 小栗栖香顶解释是由于自己身体病弱，医生劝自己"荤素兼用，以养身体"，说到底吃肉是为续命。若他所言属实，并不是只为吃肉之事开脱，则可以推测，如非不得已，小栗栖香顶是倾向于坚持禁荤戒律的。与中国僧人不同，日本僧侣可以娶妻生子，过普通家庭生活，对日本佛教文化有所了解的人一般都知晓这一差异。但这并非自佛教传入以来就得到政府应允的，克拉西③（Jean Crasset, 1618—1692）在其著作《日本西教史》中提到，"（佛教，笔者注）僧侣严禁蓄妻，若与妇人交谈淫语，则被处以死刑"④，真正解除作为大乘佛教之本的吃肉娶妻戒律是在明治维新之后才发生的。小栗栖香顶在"护法策"的第一条中，就提出"公然许啖肉蓄妻"的僧人，应使之还俗。但又指出中国僧人和喇嘛啖肉蓄妻已为常态，是不可扭转的情况了，所以只能对此给以一定宽限。⑤ 而日本与中国的情况曾在一定程度上有相似之处。明治政府允许僧人吃肉娶妻，推动了僧侣的世俗化，增强了对佛教的控制，但在表面上也缓解了佛教界面临的废佛毁释的危机。⑥ 作为刚刚从这种危机中得到喘息且自身便吃肉娶妻的僧侣，小栗栖香顶对明治政府决策的支持是自然而然的。在《北京护法论》中，小栗栖香顶极力为吃肉娶妻的正当性辩驳，强调吃肉和娶妻是顺应人之天性，反诘不食肉不娶妻是否就能够成佛，并再次强调能否往生净土，在念佛，而"不在戒之有无"。小栗栖香顶在此不仅颠覆了僧侣禁止吃肉娶妻的戒律，甚至可以说以人性为理由从根本上打破了所有佛门清规。

---

① 还有"肉食带妻""蓄妻食肉"等说法，意义基本没有差别。
② 本然不赞同的不仅是针对小栗栖香顶个人的吃肉娶妻行为，对日本政府在法令上的容许，本然也表示明确不满。「小栗栖香頂と本然—日中仏教者の対話—」、第837頁。
③ 克拉西（1618—1692），法国耶稣会士、神学家，以苦修写作闻名。
④ ジアン・クラセ著、太政官翻訳係訳『日本西教史』訂正増補版上巻、博聞社明治九年（1876）、第576頁。作者接着就指出虽然法律禁止僧侣蓄妻，但"庵中之丑闻，实在不堪入耳"。本文中的引用来自《近代中国佛教的复兴与日本佛教界的交往录》。
⑤ 《北京纪事·北京纪游》，第188页。
⑥ 《近代中国佛教的复兴与日本佛教界的交往录》，第55页。

小栗栖香顶这样强辩的目的非常明显，鉴于他在第一次中国之行中接触到的佛门僧侣，大多已不遵从这样的戒律，与其强扭态势严格规范，不如顺水推舟，以此说服更多僧侣投向净土真宗。这也是小栗栖香顶看到的在中国传教的可行性。无论是宣扬"本愿他力"，还是允许吃肉娶妻，都受到了小栗栖香顶北京之行中对中国佛教发展考察的影响。

而这两点恰恰是小栗栖香顶所宣传的真宗教义为中国佛教界诟病之处。首先对此做出反应的是杨文会居士①，他与小栗栖香顶之间的论战在近代中日佛教交流史上也是极具代表意义和深远影响的。杨文会指出净土真宗的教义多有对佛经断章取义以为己用，批评其以绝对"他力"否定"自力"等。②虽然论战以杨文会的噤声告终，但并非因为他词穷理屈、辩驳失败，而是认识到继续论争的无意义。吃肉娶妻更是一直被中国佛教界攻讦，太虚大师③曾指出日本佛教"今世耽妻室，甘肉食而为僧者，应知其实非僧也"，日本教徒的世俗化倾向，是后来赴日考察者必然谈及的话题。④松本文三郎（1869—1944）在《支那佛教遗物》中也指出日本僧侣之所以在中国一直无法取得信任，主要原因就在于不再恪守佛教的清规戒律。笔者不禁猜测，如果小栗栖香顶在北京所见佛教僧侣都能够谨守吃肉与娶妻禁律，那么他是否还会如此公然提倡破除此戒呢？这说明小栗栖香顶通过一年的北京之行对中国佛教形成的认识尚不够充分全面，由此造成的来自中国佛教界的阻力，无疑使东本愿寺派的影响力大为减弱。⑤

综合上文的论述，小栗栖香顶开教地点的选择及教旨教义的宣传都与其在北

---

① 杨文会（1837—1911），字仁山，中国近代著名佛学家。针对小栗栖香顶的《真宗教旨》，杨文会曾作《评真宗教旨》予以辩驳。在与小栗栖香顶的论争中，著有《评小栗阳驳阴资辩》《评小栗栖念佛圆通》等。

② 《杨文会的日本真宗观——纪念金陵刻经处成立130周年》，第51—54页。

③ 作为中国近代佛教改革运动的代表人物之一，太虚（1890—1947）倡导世界佛教运动，曾对日本佛教模式有过赞赏，但当其借东亚佛教大会之机考察了日本佛教后，态度发生明显转变。

④ 此部分引文及观点请参见《近代中国佛教的复兴与日本佛教界的交往录》，第237、306、274页。

⑤ 肖平在其著作中提到甲午战争后东本愿寺虽与中国佛教界接触最早，但削弱其影响力的一个重要因素便是当时在中国佛教界更具影响的杨文会对其活动不以为然。参见《近代中国佛教的复兴与日本佛教界的交往录》，第74页。

京之行中形成的关于向中国传教所需条件的认识有直接关系。这些认识中，有一些为小栗栖香顶的顺利开教提供了保障，也有许多对中国佛教不全面的观察导致其传教不能在中国水土上稳固扎根。

三、"三国同盟"主张的改变

除了形成对传教条件的认识，小栗栖香顶也不断推进关于佛教发展的思考。其中有关亚洲佛教发展的宏观考量就发生了重大的转变，在"三国同盟"构想的变化上有所体现。该构想是小栗栖香顶首次来华前就已形成，并在北京游历期间多次向中国佛教界述说的主张①，但当其第二次来华并将开教付诸实践后，却不再坚持该构想。笔者认为，这种宏观考量的变化与其北京之行中形成的认识与思考有很大关系。

所谓"三国同盟"，是指在抵抗基督教等异教势力的入侵上，小栗栖香顶号召中国、印度、日本联合起来，共同护法。他认为三国作为亚洲之"体面"，虽断绝交往已久，近年却先后遭到西方文化与基督教的入侵，导致三国佛教都受到伤害，中印日三国僧侣只有团结起来共同对抗，才能挽救佛教的发展。小栗栖香顶重视三国间的佛教发展合作，一方面说明他具有较开阔的眼界，另一方面也要注意到，信奉佛教并在西方世界的近代扩张中受到冲击的亚洲国家不只他提到的这三个国家，还包括一些东南亚国家。小栗栖香顶发起号召的对象，主要着眼于信奉大乘佛教的国家。② 他所肯定的亚洲佛教之"体面"，是日本及其佛教形成的来源国，从中不难发现他对亚洲佛教的认识，是建立在大乘佛教传播支脉上的。

小栗栖香顶青年时期不仅阅读佛教各宗的经典，还曾在丰前学习"兰学"③，到日向研究神代卷，加上他少年时积累的深厚汉学功底，可以说小栗栖香顶的学

---

① 有学者认为小栗栖香顶最初来华时的目的是向中国佛教界宣说他的"三国联盟"主张。参见《近代中国佛教的复兴与日本佛教界的交往录》，第60页。另外，涉及此主张，本文统称"三国同盟"。

② 当时小栗栖香顶尚不知道印度已变为笃信小乘佛教的国家，了解此事后，小栗栖香顶即将印度从"三国同盟"的构想中排除，并认为印度流行的"大乘非佛说"应是印度遭到英国殖民原因之一。参见「近代日本仏教におけるアジア布教の一考察——小栗栖香頂を通して——」、第370页。

③ "兰学"指江户时期经荷兰人传播到日本的西方文化、技术的总称。

识范畴相当广泛。接触了近代西方思想和学术系统，小栗栖香顶的眼界与本然相比开阔许多，在佛教发展问题的考量上对国家间的壁垒有一定超越，他能够以佛教传播脉络为线索提出"三国同盟"的建议，对当时的中国佛教界来说，的确是非常超前的意识。不过小栗栖香顶所说的"同盟"并非从1873年至1876年完全不变的。前文提到小栗栖香顶首次来华前，对中国社会与佛教情况都不了解，带着共同探讨护法策略的目的，他心中的"同盟"构想应该也倾向于三国间相对平等的对话。北京之行中面对中国佛教的衰落，此时小栗栖香顶提出的所谓同盟联合，并不是三国地位平等，而是以"日本为首部"，中国、印度在其后的，①也就是说，中印佛教应向日本靠拢。在小栗栖香顶撰写并呈现给本然的《北京护法论》中，传达出他对日本佛教发展一定程度上的肯定，而他提出的护法建议也对日本的宗教政策有所参考。

《北京护法论》共17章。前14章介绍日本各宗旨意，这种介绍性内容如果单纯从两国佛教交流上来看，并无不妥。但考虑到该著作是以中国佛教为对象提出的护法建议，这部分内容就失去了交流的双向沟通，从而被赋予了类似传教的单向输出意涵。第十五章"教部省三条教则"介绍明治政府的宗教政策，即国家设教、部省管理神佛二教，将宗教与国家捆绑在一起。第十六章"现如上人法语"，依照标题当是净土真宗东本愿寺派领袖现如上人的训导，但一句"王法者。天皇所定之法。遵守此法。为本宗纲领"②。将现如上人所言转换为天皇之语，几乎脱离了宗教范畴，如"兴汝工术""盛汝机业""觅汝矿脉""设汝铁道""通汝电信""炼汝战术""讲汝航海"等条目，涵盖近代社会发展的诸多方面。从这两章能够看出小栗栖香顶认为日本的宗教政策是与时俱进并适合佛教发展的，并以此"优势"暗示中国佛教应向日本学习。在第十七章"护法策"中，小栗栖香顶针对中国佛教提出了具体的建议。其中，"奏请朝廷，淘汰冗僧"，将佛门事务托付于朝廷，与明治政府设机构管理宗教发展相应和；在全国范围内建立起僧侣的管理、教育体系，也借鉴了明治维新后近代官僚机构、教育体系的建立；第七条

---

① 《北京纪事·北京纪游》，第142页。
② 『北京護法論』、第46页。

"三道协力"建议佛儒道三家联合,与"教部省三条教则"中日本神佛二教一体的政策如出一辙;提倡"航海观风",亦参照明治天皇对僧人提出通过航海大开眼界的御示。在小栗栖香顶的建议中还能找到不少对日本佛教发展借鉴的痕迹。

笔者认为,小栗栖香顶提出的护法之策背后,隐藏着将中国佛教向净土真宗发展同化的企图,而实际上这已与小栗栖香顶来华前所构想的"三国同盟"完全不同。1876年9月,处理完上海别院开办事务后,小栗栖香顶与其同伴谷了然一起到天台山祈愿,共许下16个愿望,包括对日本国家与人民的祝福、对传教顺利的祝愿、对中日两国有力抵抗洋教的期盼等,却完全没提及"三国同盟",[1] 表明小栗栖香顶已不再如从前那样坚持"三国同盟"的想法。

虽然小栗栖香顶的"三国同盟"构想最终未能实现,但其中提示的将佛教的国界壁垒打通,使佛教在更大的平台上发展的考量的确具有很强的前瞻性和近代[2]意义。许多佛教人士后来所做的改革努力,都或多或少地体现了类似"同盟"的构想。如锡兰[3]人达摩波罗(Anagariki Dharmapala,1864—1933)于1891年发起国际性佛教组织"摩诃菩提协会"[4],他曾到日本和中国游说,并邀请到杨文会去印度讲道和考察;[5] 太虚倡导的世界佛教运动和加强亚洲民族团结合作等也体现了小栗栖香顶在"护法策"中提出的构想。[6] 不过,达摩波罗与杨文会的交往以及太虚的观点都更多提倡国家间的合作沟通,且大体出于交流双方的自愿与平等,几乎不存在小栗栖香顶倡导的"三国同盟"中所暗含的文化入侵意味。此外,小

---

[1] 参见「近代日本仏教におけるアジア布教の一考察—小栗栖香顶を通して—」,第368页。值得注意的是,小栗栖香顶在五台山的南台顶曾祷告期待中印日三国僧侣同盟振起佛教之事。参见《日本佛教徒小栗栖香顶与近代中日文化交流(1873—1876)》。

[2] 日语中的"近代性"大致相当于中文中的"现代性"。

[3] 即今天的斯里兰卡。

[4] 近世锡兰佛教复兴运动的推动者。原名大卫·赫渥威达奈(David Hewawitarne),后改称达摩波罗,为摩诃菩提协会之创始人。摩诃菩提协会,原名为菩提伽耶摩诃菩提会,又称摩诃菩提社、摩诃菩提会、大菩提会。其成立的最初目的在于自印度教徒手中收回圣迹菩提伽耶大塔,并复兴印度及世界各地佛教。目前,于英国、美国、西德、日本、斯里兰卡、缅甸、泰国等地,皆设有分支机构,乃当代印度佛教复兴运动之核心团体。

[5] 《近代中国佛教的复兴与日本佛教界的交往录》,第225—226页。

[6] [日]道端良秀著,徐明、何燕生译《日中佛教友好二千年史》,商务印书馆1992年,第127页。

栗栖香顶的其他建议如建立近代僧侣教育制度等，也在杨文会开办祇洹精舍，培养佛教人才的努力中得到体现。1935年，佛教杂志《人海灯》将"护法策"的内容全篇刊出，篇后还附有主编通一的评论，指出"中国佛教之发展，仍没有逃出当年小栗栖香顶所指之范围"[1]，可以说，这是对小栗栖香顶中国传教构想之前瞻性和近代意义所给出的极高评价。

四、结语

作为近代第一位正式到中国游历的日本僧人，小栗栖香顶的北京之行使其真正地接触了中国社会与佛教界，对他的中国传教构想产生了直接影响。小栗栖香顶与中国佛教僧侣的交往及与佛教人士的论争，促进了中日佛教界的沟通，而这种沟通在很大程度上活跃了两国断绝已久的佛教往来，为当时沉寂的中国佛教界注入了一丝活力。以小栗栖香顶为开端的近代中日佛教交流活动，对两国佛教的发展都起到了重要的作用。针对中国佛教的发展，小栗栖香顶提出不少建议，其中既有对当时中国佛教界松散颓败和狭隘目光的提示，不少都体现出很强的前瞻性与近代意义；也有的建议由于其对中国佛教的认识不够全面客观而遭到中国佛教界的诟病与攻讦，致使其中国传教构想无法实现，从中更可以看出小栗栖香顶企图以日本佛教教义改变中国佛教的尝试，流露了近代日本对中国文化入侵的端倪。

另外，对小栗栖香顶的定位，无论是突出他在近代中日佛教交流史上的先行作用从而大加赞扬，还是将其划为日本佛教对中国佛教入侵的开端，甚至把他的中国传教和净土真宗在战争中的表现联系起来给予批判，都不能算是全面的认识。笔者认为，在小栗栖香顶从事中国传教的时期，他考虑最多的还是解决净土真宗的发展困境，客观来看，在某种程度上他的建议对中国的佛教发展也确实有一定积极意义。尽管小栗栖香顶的中国传教构想中的确存在文化入侵的意味，很大程度地体现了当时日本的国家意识形态，但和战争中净土真宗辅助侵略的行动不应

---

[1] 《近代中国佛教的复兴与日本佛教界的交往录》，第66页。

等而视之。面对小栗栖香顶这样一位在近代中日宗教、文化、政治交流史上都有特殊意义的人物，从他身上能够看出经历了明治维新的日本人从两国正式恢复交往后，到甲午中日战争取得武力胜利前的心态变化。具有近代国家意识的小栗栖香顶，在对待中国的心态以及处理中日宗教、文化关系上，都不可避免地受到国际政治格局和文化裂变时期意识形态的影响。笔者认为，对小栗栖香顶的考察，的确应将其放在历史的纵横中考虑，但也不能忽视他在中日交往的特殊时期所体现的个体意义。

第二节　在京报人辻听花的中国戏曲研究

在现代学术意义上对中国戏曲做史的梳理和研究，始自20世纪初。王国维（1877—1927）于1915年出版的《宋元戏曲史》（商务印书馆）被学界公认为中国戏曲研究的开山之作。5年之后，一位名不见经传的日本人用中文撰写并出版了《中国剧》（顺天时报社）一书，成为继王著之后的第二部"戏曲史"，同时更成为最早在中国出版的"戏曲通史"。① 这位曲史作者是客死中国的日本报人辻听花（1868—1931），在中国戏曲的研究历史以及发展进程中，他所做的种种努力都不应被忽视。

然而，无论是中国的戏曲学界还是日本的中国学界，辻听花及其著述都未能充分进入学者的视野。中国对辻听花专门加以介绍或从学理层面进行研究的文章，仅见中国社会科学院么书仪的《清末民初日本的中国戏曲爱好者》、阜阳师范学院吴修申的《辻武雄：近代日本研究京剧的第一人》以及旅日学者张明杰的《旧北京的日本戏迷》等有限的几篇；而日人关于辻听花的专论，笔者迄今只查找到20世纪50年代的一篇——天理大学教授中村忠行的《中国戏曲评论家辻听

---

① 参见么书仪在《清末民初日本的中国戏曲爱好者》中关于"进入20世纪之后不久，署名'戏曲史'或者属于广义的'戏曲史'著作"的梳理，载《文学遗产》2005年第5期，第114—160页。

花》。① 在学者眼中，辻听花之于中国戏曲，至多也就是一个"爱好者"、一个"戏迷"。究其原因，恐怕是因为辻听花并非学界人士，而只是一名报社编辑。但实际上，辻听花的中国戏曲研究自有其独特的成就，他对中国戏曲的发展也有切实的贡献，这些成就与贡献，恰恰与其报人身份密切相关。

辻听花本名辻武雄，号剑堂，1868 年出生于日本熊本县。他写诗时多署"剑堂"，而评戏时则署"听花"，因为"听花"正是取自"听戏"的"听"和"花旦"的"花"。② 1898 年，辻听花从庆应大学毕业，同年 9 月，为考察邻邦的教育情况初次踏上了中国的土地，从此开始了他迷醉于中国戏曲的人生，倾注了毕生精力看剧、听剧、评剧乃至写剧。辻听花首次来华期间，到了北京、天津、上海和苏州，在京津两地因友人邀请观看了京剧，他在《中国剧及剧本》中记录了最初的体验："不可思议的是，从我初次观看中国剧的那一刻开始，就极为喜欢，觉得非常有意思。"③ 1905 年，辻听花再次来到中国，先后在上海参与编辑《教育报》、在"江苏两级师范学堂"和南京"江南实业学堂"担任教习。这期间，他继续沉醉于中国戏曲并结识了戏园园主、戏曲演员等许多梨园界人士，逐渐产生了研究中国戏曲的想法。辛亥革命前后，辻听花在动荡的时局中返回家乡照料病重的妻子。1912 年，妻子撒手人寰，辻听花备受打击，他将年幼的孩子们托付给父母，孑然一身第三次来到中国。此后辻听花不曾再娶，一直在北京担任日本在华报纸《顺天时报》的编辑，度过了长达 20 年的报人和戏迷生涯。中国戏曲抚慰着辻听花内心丧妻别子、身处异乡的孤寂，因此辻听花的友人塚本助太郎说："夫

---

① 另有荻原慧雄「故辻聴花老の憶い出」、青木正児「聴花語るに足らず」、黒根祥作「思い出の戯迷先達」等，但均为两三页的回忆性短文。

② "花"既可理解为"花旦"，也可理解为戏曲中的"花部"，但据中村忠行所言，辻听花取意在"花旦"。参见中村忠行「中国劇評家としての辻聴花」，『アジア学叢書 77　支那芝居』，大空社 2000 年 4 月，第 2 頁。

③ 辻聴花「支那劇及び脚本」，『歌舞伎』第 123 号，明治四十三年（1910）9 月，第 50 頁。原文为："而るに余は，不思議にも，初めて支那劇を見た当時から，同劇が大層気に入り，非常に面白かつた。"

人的死决定了中国戏曲家听花的命运。"①

辻听花虽不是学院派的专家学者，但他关于中国戏曲的种种著述已堪称"研究"。其中最为著名的成就，当属前文提及的戏曲研究专著《中国剧》。据辻听花在凡例中的自述，该书本拟以中、日、英三种语言同时出版，但最终未能如愿。1920年4月28日，顺天时报社首先在北京刊出了中文版的《中国剧》。此后在不到一个半月的时间内，连续出到第五版：5月5日再版；5月15日三版；5月30日四版；6月5日五版。日文版『支那芝居』直到4年后的1924年才由北京的"支那风物研究会"完成上下两册的出版。1925年11月15日，该书经过修订，更名为《中国戏曲》，由顺天时报社重新出版，并且又连续发行了三版。② 几年之内的数次再版，充分说明了该书的影响力。特别值得一提的是，为该书撰写序言的，从皇室贵胄到政界要人、从中外报人到学界名士竟有50位之多，包括章炳麟、熊希龄、曹汝霖、林纾、欧阳予倩、坪内逍遥等，可谓古今少见。从这些序言可见辻听花交游之广和该书获评之高。

辻听花中国戏曲研究的独到之处，首先在于他确立了戏曲研究的"通史"观念。《中国剧》全书共分为六大部分，第一部分即为"剧史"，从"太古"经"上世""中世""近世"述至"今代"，这五节构成了贯通古今的"戏曲史"叙述。同时，辻听花将"剧史"列为第一，也显示出在其戏曲研究中，"史"的观念占据着重要的地位。应该注意的是，中国"戏曲史"的研究与叙述，是在中国"文学史"的建构历程中推进的，而"文学史"又是经由日本转道而来的西洋学术方式。辻听花接受高等教育的庆应大学，由日本近代启蒙思想家福泽谕吉（1835—1901）创建于1858年。福泽青年时代三次出访欧美，归国后极力倡导西学，这使庆应大学自创建之始便充满欧化思潮，从其初创时期的名字"兰学塾"即可见一斑。在仿效西洋高等学校订立体制、树立学风的庆应大学，辻听花也受到西洋学术的浸淫，这对其"戏曲史"观念的形成有着无形的、却

---

① 转引自「中国劇評家としての辻聴花」，第16頁。原文为"この婦人の死が、中国劇評家としての聴花の運命を、決定的なものにした"。

② 即1925年11月15日初版，1926年2月1日再版，1926年11月20日三版。

十分重要的影响。另外,《中国剧》自"太古"至"今代"的历史跨度,大大延伸了王国维《宋元戏曲史》止于元代的"断代"式研究。辻听花博古通今的历史性眼光,在《中国剧》的绪论部分既已显示:"三千年以前,中国戏剧之萌芽,已有蛛丝马迹之可寻矣。""今日中国剧界,正值过渡时代。有旧剧焉,有新剧焉,有坤剧焉,别户分门,各树旗帜。"① 在"戏曲史"的意义上,辻听花的开创之功毋庸置疑。

对"史"的叙述,中国千百年来已经形成了以朝代为界的思维定式,梁启超(1873—1929)在批评中国史家之"四弊"时曾说:"二十四史非史也,二十四姓之家谱而已。"② 但是辻听花在对中国戏曲的"史"的研究中,不仅摆脱了作为王朝更迭之附庸的思维方式,同时也摆脱了作为文学史之附庸的思维方式,而是立足于戏曲自身的发展,描画出作为独立艺术门类的"剧史",这正是他的可贵之处。如在"剧史"第四节"近世"和第五节"今代"中,不仅打通了元、明、清三代,而且还将清王朝从中间切断,以"自元代起至清朝道光止"和"自咸丰起至民国止"进行切分。理由是,自元代始,"其戏剧因之一变,实不啻于演剧发达史上启新纪元也"。此后,"内容形式,逐渐整顿,迄乎明清,非常发达。……降至清朝,事无巨细,俱皆蹈袭前明"。但是,"咸丰时代,与稔匪之乱,天下骚然。戏剧方面,亦大受影响。京中戏园,多半停演"。③ 宫中主管戏曲的体制亦有所改变,原设的"和声署"改为"升平署",等等。毫无疑问,辻听花的划分依据完全是戏曲本身的发展特点。

辻听花中国戏曲研究的第二个特点,是充分肯定了戏曲的艺术价值。这在如今中国政府大力弘扬京剧、青春版昆曲风靡全国的时代或许并无新意,但在19世纪末20世纪初的中国文化艺术领域却是发时代之先声。辻听花生于明治元年(1868),经历了明治维新以后日本社会文化诸方面走向近代化的大变动,而这种

---

① [日] 辻听花《中国剧》之"绪论",顺天时报社1920年,第1、3页。原文为中文。
② 梁启超《中国之旧史》,见《饮冰室合集》第一册《(九)新史学》,中华书局1989年,第3页。
③ 《中国剧》之"第一剧史",第18、28—29页。

近代化是以向西方敞开门户、悉心学习为开端的。西方的文学艺术，首先是指戏剧①、小说等虚构的文艺作品。自古希腊以来，戏剧便在西方文化史上拥有崇高的地位，文艺复兴之后，戏剧在西方文艺界更是空前繁荣。但明治维新以前的日本，一直沿袭着"文学乃文章之学"的中国传统概念，戏曲、小说作为俗文学被长期打入冷宫。中国自身也是在清末民初的时代剧变之后，到20世纪初，"以受西洋思想，始认小说戏剧为文学，前此而直视为猥丛之斜道耳，亦何有于文学之正宗乎"②？辻听花既非科班出身的梨园优伶，亦非能唱念做打的戏曲票友，仅作为一名异邦报人兼戏迷，却倾注全力为中国戏曲正名。他明确表示，自己将中国戏曲"目之为一种艺术，极力研究"。在他看来，中国戏曲绝非仅为市井之娱，而是深奥复杂、值得研究和推广的有价值的艺术："中国戏剧，亦有相当价值存乎其中焉。""就中国脚本检之，尚有一种软美文学的价值。……如元代杂剧，文华蘩然，洵皆杰作。又如明朝及清初所出之传奇诸本，结构宏丽，措词绚烂。……"③

辻听花不仅坚持认为中国戏曲的脚本是一种文学艺术，指出其"软美文学的价值，决不容疑也"，而且他把戏曲的表演也看作艺术，认为"中国剧即使作为一种歌舞，其优秀亦可立于世界之一方"④。因此，辻听花将戏曲演员视为艺术家，主张政府应褒奖戏曲演员以光大戏曲艺术。现在看来，这一主张是很有远见的。据说中国第一部戏曲电影《定军山》的主演谭鑫培去世时，辻听花曾上书时任中华民国大总统的黎元洪，要求追赏谭鑫培。辻听花不满于中国优伶社会地位之卑贱，认为尽管近日世风已变，"然较之海外剧界，尚未臻平等之地位耳"⑤。他为

---

① 戏剧与戏曲的概念有区别，戏剧的概念较戏曲宽泛（参见徐子方《新编中国戏剧史论纲》，载《艺术百家》2009年第1期）。凡扮演故事者基本可属前者，而后者则是以歌舞演故事，不仅有"剧"而且有"曲"。西方除歌剧、舞剧等之外，话剧亦十分发达，故此处使用"戏剧"概念。而辻听花的《中国剧》虽对话剧等"新剧"有所涉及，但核心内容仍是中国传统的戏曲，因此，尽管辻听花本人在《中国剧》中使用的是"戏剧"一词，但本文标题及叙述重点均为戏曲。
② 蒋鉴璋《文学范围略论》，载《文学论集》，中国文化服务社1936年，第60页。
③ 此两处引文均见《中国剧》之"绪论"，第5、3—4页。
④ 「支那劇及び脚本」、第52頁。原文为："支那劇は、一種の歌舞としても、優に世界の一方に立つことが出来る"。
⑤ 《中国剧》之"第三优伶"，第171页。

了改变"唱戏的是疯子、看戏的是傻子"的现状,想方设法提高演员地位。为此,他充分利用报人之便,撰写了大量剧评,阐发自己的主张。1913年10月31日,辻听花在《顺天时报》(第3573期)首开剧评专栏"壁上偶评",称"惟性酷嗜剧,暇则入剧园,作壁上观。……心中有所感想,即任意漫评,质诸方家。顾若海内剧曲钜子,不吝雅教,易胜幸感"。此后或密或疏,辻听花一直坚持写剧评,每写满300篇则另取一个专栏题目。从"壁上偶评"经"菊室漫笔""东栏雪"到"缥蒂花"等专栏,辻听花撰写的剧评达千篇以上。这些剧评也是辻听花中国戏曲研究的重要组成部分。

辻听花还借助报纸媒体的力量和自己广泛的人脉策划过不少梨园活动。1927年6月20日至7月20日,《顺天时报》举办了"征集五大名伶新剧夺魁投票"活动,7月23日公布投票结果。这一活动被中国戏曲研究界频繁提及,是因其与"四大名旦"相关。实际上,投票的目标并非"四大名旦"本身,而是五大名伶的新派剧剧目("五大名伶"中包括了如今所说的"四大名旦",多出的一人是徐碧云),① 但此次投票却成为"四大名旦"产生的源头,并且促进了京剧表演艺术由以生角担纲开始向旦角转移。此次活动的发起人和组织者正是辻听花——从活动开始前的预告、进行中的报道直至结束后的总结都出自辻听花之笔。通过这次历时月余、广泛发动群众参与的投票活动,在促使人们关注传统戏曲新剧目的同时,提高了戏曲演员的知名度,对伶人自身是一种有力的鼓舞与奖掖。辻听花在观剧、评剧的过程中,往往能够独具慧眼,发现人才,倾力推举年轻演员。他曾全力支持尚小云的演艺事业,在报上大加宣传。早在1919年梅兰芳首次赴日演出时,辻听花即盛赞他"不仅资性慧敏,姿态袅娜,且有家学渊源","为中国戏曲界之凤毛麟角"。② 辻听花不仅为戏曲演员们付出精力与金钱,还倾注了感情与心

---

① 关于辻听花在《顺天时报》的剧评专栏以及"五大名伶"的投票活动,参见《清末民初日本的中国戏曲爱好者》。

② 辻聴花「梅蘭芳序」、村田烏江『支那劇と梅蘭芳』、東京:玄文社1919年5月。原文为:"梅蘭芳は、支那劇界の鳳毛麟角なり。資性の慧敏、姿態の嫋娜に加ふるに、家學の淵源を以てす。"

力,"许多名优都曾是他的义子"①。辻听花的这些活动,有点类似于如今流行的演艺圈与出版界的联袂包装与打造,但对辻听花来说,并非出于商业目的,而是源于对中国戏曲艺术发自内心的喜爱与尊重。

辻听花曾多次尖锐地指出中国戏曲发展所面临的困境:华人对戏曲的喜爱重在声色,却茫然不觉对戏曲应有的艺术上的尊崇;学者也轻视曲本,疏于研究;世人鄙视优伶,优伶亦不自重。综观辻听花在剧界的活动不难看出,他正是从强调戏曲的艺术性、重视戏曲研究、提高伶人地位这几个方面致力于推动中国戏曲发展的。其观念意识的前瞻性不言自明。

第三,辻听花的中国戏曲研究已经具有了比较的意识和跨文化意识。辻听花明确肯定了中国戏曲的世界性价值:"中国戏剧,确有特长,且对于世界剧界,或足以放一异彩。"② 这一结论并非主观的想象或空洞的吹嘘,而是在切实的比较基础上得出的。在《中国剧》"第二戏剧"部分的第一节"戏剧之特色"中,专门设有"中剧与日本剧""中剧与能乐""中剧与西洋剧"等几个小节,内容虽然粗略,但跨文化的比较意识清晰可见。其中也不时闪烁着一些真知灼见,如:

次就中国剧与西洋剧比较之。中国剧尚有类似杜拉码(英语演剧之意)之处。然中国戏剧最重歌曲,种种歌词占其主要部分,优伶在台,随音乐奏歌曲,声音清亮,迥异常人,善守规矩,多经锻炼,颇有抑扬顿挫之妙。一曲清歌感人闻听,大与西洋所谓鄂比拉(即歌剧)相同。人或以中国剧为一种鄂比拉,亦非过言也。试观欧美人评中国剧者,多谓中国剧之形式,颇似古代希腊之演剧。若由文学史上比较之,两两相似之点,颇不为少。③

---

① 黒根祥作「思い出の戯迷先達」、中国戯劇研究会『新中国』第三号、大空社 1957 年 2 月、第 32 頁。原文为"沢山の名優がその義子のうちから出る"。
② 《中国剧》之"绪论",第 3 页。
③ 《中国剧》之"第二戏剧",第 51—52 页。引文中的"杜拉码"即英文"drama","鄂比拉"即英文"opera"。

如今，对"京剧"的英文翻译已经固定为"Beijing Opera"，而早在近一个世纪以前，辻听花就已经将中国戏曲类比为"一种鄂比拉"。不仅如此，辻听花还关注到了中国戏曲的海外传播，指出元人百种曲"已有为英法人士翻译成书，而传之于西洋者"①。辻听花又以《空城计》为例，通过对比呈现了中国戏曲的写意特色。该剧中，司马懿率军攻城仅以手中一鞭表现；联排二三桌案即为城壁楼阁；旗上绘浪以示河水，摇摆黑旗以显风神……其布景戏具"亦极简陋，与外国演剧迥不相同，是亦可谓中国剧之特色欤"②。这正是后来宗白华所总结的中国戏剧区别于西方艺术的虚实相生的舞台美学："中国舞台上一般地不设置逼真的布景……留出空虚来让人物充分地表现剧情，剧中人和观众精神交流，深入艺术创作的最深意趣"，正所谓"真境逼而神境生""实景清而空景现"。③ 遗憾的是，为观众留下充分想象空间和韵味体验的这一传统特色，发展至今却几乎要被高科技和大制作所淹没。2008年在国家大剧院上演的新编京剧《赤壁》，以空前的华丽场景和声光效果震撼了观众。本应无一船、无一箭的舞台上，出现了十数米高高矗立的战船和多层飞箭图案的下落幕布，表面上"使原本无布景而素净的京剧场景获得了与时尚同步的直观美艳的观赏魅力"，实际上却使"京剧作为'人的表演艺术'的戏剧空间被割裂了，演员被实景束缚，道具突兀地充斥在舞台上，物挤压了人"。④ 倘若钟爱中国戏曲的辻听花在世，恐怕也会摇头叹息吧。

《中国剧》中，辻听花先从歌、白、动作、乐手等方面比较了中日两国的戏曲，接着从舞台形式、使用道具以及场面布局、脚本组织、人物分配等方面介绍了中国戏曲与日本能乐的异同，还谈到了二者表现涕泣和嗤笑的模样。辻听花有感于日人或认为"中国绝无戏剧"，或认为中国戏曲"性质幼稚，不堪入目"的误识，指出前者"未识中国国情"，后者"未知中国戏剧"。他试图通过《中国

---

① 《中国剧》之"第一剧史"，第21页。
② 《中国剧》之"第二戏剧"，第48页。
③ 宗白华《中国艺术表现里的虚和实》，《宗白华全集》第三卷，安徽教育出版社1994年，第388页。
④ 肖鹰《新编〈京剧〉赤壁创新之伤》，载《中华读书报》2009年9月9日"家园"版。

剧》呼吁,"两国人士须互相研究,知彼知己"。① 这些见解,都是站在跨文化的立场上得出的。值得注意的是,辻听花还透过中日戏曲的表象,进一步挖掘了二者之间的渊源关系:"日本近世大儒新井白石、太宰春台,夙以日本古代之猿乐田乐等(均系乐名,今日能之始祖)多系仿中国元代之杂剧而制者,是论亦不无可信(关于此事余亦别具意见今兹不述)。"② 尽管辻听花没有就此展开,但这确实是较早肯定日本能乐对中国元曲借鉴关系③的言论。辻听花还在《支那剧及脚本》中明确指出,研究并吸收中国戏曲中的优秀部分,将对日本戏曲文学的发展起到积极作用:

……对于各种(中国戏曲)脚本,我国脚本作家如能在深入吟味其脚色的基础上进行加工,将其改造为我国戏曲,或者多少下些功夫,改编为一幕或两三幕的戏曲,一种富于风雅趣味的新剧无疑将登上我国戏曲舞台。此外,若能从文学性强的脚本中吸收优秀的部分,翻译为我国美文,必将成为朗朗上口之佳篇,绝对胜过近时流行之浊流文学。④

作为一个非学院派的"草根"研究者,在日本近代"中国学"刚刚形成的年代,⑤ 辻听花能够触及异文化之间的相互交融和影响,肯定外来文化因素在本土艺术形式中的变异和生长,并且倡导主动汲取其有益部分,堪称难能可贵。

辻听花不仅将中国戏曲与世界其他国家进行比较,而且对中国国内不同地区

---

① 此部分引文均见《中国剧》之"绪论",第1—2、4页。
② 《中国剧》之"第二戏剧",第51页。
③ 关于能乐模仿元曲的问题,学界至今仍有争议。笔者认为,完全的模仿确有可疑之处,但能乐在形成、发展的过程中应该汲取了来自元曲的因素。
④ 「支那劇及び脚本」、第58頁。
⑤ 在日本文化学术史上,把形成于14—15世纪、在江户时代(1603—1867)得到极大发展的对中国文化的传统研究称为"汉学";而把形成于20世纪初期、在近代文化层面上展开的对中国文化的研究称为"中国学"。日本传统汉学不仅把中国文化作为研究对象,而且更作为吸收对象,因而汉学本身亦是日本文化的组成部分;而日本中国学是在辩证地否定汉学的基础上发展起来的,研究者拥有客观的、世界性的学术眼光。

的戏曲以及不同的剧种也都进行了比较。辻听花于1913年元旦在《顺天时报》（第3279期）发表的第一篇剧评就是《演剧上之北京及上海》。这篇汉语长文，以辻听花在京沪两地的观剧体验为基础，从观众的观剧方式、剧场的改革、戏曲与新闻媒体的关系以及女伶的活跃程度等方面，细致而透彻地对比分析了两地的差异。另外，辻听花还比较了"二黄反二黄西皮梆子昆曲高腔之六曲"，认为"二黄圆稳有趣，反二黄稍带幽味，西皮凄楚激昂，梆子悲壮激越，昆曲温雅幽静，高腔朴直有神"①。基本概括出了各自的特点。

第四，辻听花中国戏曲研究的范围和体制，突破了传统观念的束缚，开拓了全新的研究视野。究其原因，在于辻听花不仅把戏曲作为一种文学艺术，而更是作为汇集了文学、音乐、舞蹈、绘画等的综合性艺术。这从他对"听戏"与"看戏"的评价即可见一斑："然据鄙见所及，北人谓之听戏，南人谓之看戏，均属未得正鹄。何者？同一戏剧，其中或有可听之处，或有可看之处。然则中国戏剧，决不可以'听戏'或'看戏'一语包括之也明矣。"② 他指出，戏曲中既有可听之歌唱音乐，亦有可看之武艺做派。正因为有这样的认识，辻听花的研究才能够不囿于文本，能够同时关注到戏曲中所包含的其他诸多因素，许多都是被当时乃至今日的戏曲研究者所忽略的内容。《中国剧》在"第二戏剧"的本体研究之外，还有"第三优伶""第四剧场""第五营业""第六开锣"等几大部分。在本体论"戏剧"部分，"脚本"所占比例极小，仅为14节中之一节，其他还有剧种、歌曲、音乐、脚色、装束、脸谱、发髻、做派、说白、派别和剧目等；"优伶"部分包括优伶的出身、命名、等级、报酬以及科班组织等；"剧场"部分则有外观、前台、后台、座位、布景、道具等，细至附属房屋的布局功用和戏园戏班的管理规则；"营业"部分涵盖内容更加广泛驳杂，园主的身份资本与演员的招聘方式、演出的季节场次与优伶的登台分配、剧目的拟订排列与戏园的祭辰休业、广告的形式种类与戏单的款式内容、戏票的定价销售与园役的职责态度，等等；"开锣"部分则分压轴与金榜、前后之实况、后台之实况、场内之实况、剧评与报章等五个

---

① 《中国剧》之"第二戏剧"，第69页。
② 《中国剧》之"第二戏剧"，第45页。

方面介绍了演出的情况及反响。这样的研究体制，在当时的年代，开创性地将戏曲定位为一个以剧本为基础、以表演为核心、以经营为辅助的独立的艺术门类，完全打破了单纯研究剧本的片面性。从这一点来说，《中国剧》比王国维《宋元戏曲史》的重视文本而忽略演出的研究视野更加开阔。

之所以能有上述突破，是由于辻听花对中国戏曲的综合性价值给予了高度关注。他认为通过戏曲能够了解中国的历史文化、古今的风俗变迁、华人的思想感情与国民气质，同时还可以学习汉语，因此十分注意挖掘戏曲研究的社会学意义。他说："夫所谓国民性者，予确信由中国剧中，可以窥知一二，且因之可以洞见历史上所缺之秘事，及社会里面之情态也"，故此"朝夕穷究，孜孜弗懈"。①

第五，与上述研究范围和体制相关，辻听花的中国戏曲研究已经不是纯书案的研究，而是与实际生活紧密联系的带有社会学性质的研究，因而能够多层面地展现戏曲的文化形态。这是在文学研究和戏曲研究领域与众不同的一大特色。

辻听花在研究过程中，"或考之杂藉，或询之故老及老名伶等"②。但他并非由于身在中国，才被动地进行实地调查，相反，他对田野调查的研究方法有着理性的认识，是主动地采取这一方法的。他明确指出，日本人无论是研究中国的历史文学、政治军事还是言语地理、贸易经济，"为实地研究者，尚属缺乏"③。实际上，对研究对象缺少直接经验和感性体验，在辻听花生活的年代是学者们非常普遍的现象。语言、文化方面的实地经验，在近代以前的日本传统汉学界是不曾有过的。语言方面，日本"学中国文史哲的学生在高等学校根本没接触过中文。这种情况一直继续到日本的战败"④。文化体验方面，"江户时代的汉学家，没有任何人在中国进行过实地考察，更没有任何人体验过中国文化的生活特点。他们对中国的一切知识，全部是从书本上得到的，这是一种'物化'了的中国观"⑤。进入明治时代之后，这种状况仍在继续。撰著了东洋第一部中国文学史著作的日

---

① 《中国剧》之"绪论"，第4—5页。
② 《中国剧》之"第二戏剧"，第121页。
③ 《中国剧》之"绪论"，第4页。
④ 传田章《日本的中国戏曲研究史》，载《文学遗产》2000年第3期，第104页。
⑤ 严绍璗《日本中国学史》第一卷，江西人民出版社1991年，第280页。

本人古城贞吉（1866—1949），实际上是在其《支那文学史》① 完成付梓之后几个月，才初次以记者身份踏上了中国的土地。藤田丰八（1869—1929）在《支那文学史稿·先秦文学》（明治二十八年，即1895年）出版时，同样尚未到过中国。虽然20世纪初这种情形开始有所转变，但如辻听花这样有明确认识和清晰判断者，尚属凤毛麟角。应该说辻听花的眼光是敏锐而超前的。

由于有了上述认识，辻听花十分注意深入中国的社会生活，体察民间风俗，尤其与剧界人事交往甚笃，还曾为名伶子孙进入科班作保画押，甚至在看戏时表现得如同土生土长的中国人一般。一次，辻听花带着日本作家芥川龙之介（1892—1927）观看《蝴蝶梦》，看到庄妻身着丧服为庄子料理后事、楚公子前来吊丧的场面时，辻听花大喝一声"好！"芥川大为惊诧：

> 发此大声者乃辻听花先生。我当然并非是听不惯这一声"好"，只是我确实还从未曾听到过如先生之"好"这般有特色的叫声。……我吃惊地看着先生，先生指着对面说道："那里挂着'不准怪声叫好'的牌子。怪声是不准叫的，但像我这样的叫好是可以的。"②

辻听花给周围的许多日本人介绍过大量中国戏曲知识，如他告诉芥川"光曹操一个人物的脸谱就有六十几种之多"③。辻听花对中国历史文化、风俗地理的了解是多方面的，他除《中国剧》之外，还出版有饮食方面的《支那料理之话》（北京燕尘社，1925年）、民俗方面的《支那的北与南》（北京燕尘社，1926年）等著作，又曾参与创建"支那风物研究会"。不难看出，辻听花的研究真正是建立在对中国戏曲乃至整个中国社会切实而深入的了解基础之上的。

---

① ［日］古城贞吉的《支那文学史》于日本明治三十年（1897）出版，1913年由南社社员王灿译成中文，改题为《中国五千年文学史》，由上海开智公司铅印出版。参见郭延礼《19世纪末20世纪初东西洋〈中国文学史〉的撰写》，载《中华读书报》2001年9月19日。

② ［日］芥川龙之介著，秦刚译《中国游记》，中华书局2007年，第153页。

③ 《中国游记》，第23页。

在《中国剧》的附录部分，列出了"戏目类别一览表""近世名伶一览表""已故名伶拿手戏目""现今名伶及票友拿手戏目""南北都会场表"等一系列表格。这些辻听花平素留意收集、精心统计的结果，都是研究近代社会转型期戏曲形态的第一手资料。该书正文之前收录了各种假髯的图示，正文当中为解释何为"音谱"而逐句列出了《天水关》一剧的数种音谱，为展现各类不同剧种歌词的字数、平仄等差异而抄录了大量唱词，为呈示科班子弟的入社规则而将谭鑫培之孙谭豫升的入科契约原文录志于书，为说明伶人的学识状况而引录了汪笑侬等人的题诗，此外还统计有全国各地的优伶人数、不同剧目演出所需时间、遭到禁演的剧目，乃至在剧场实地调查所获衣箱及盔头箱中的收纳物品，等等。凡此种种，都为不同侧面的戏曲研究留下了宝贵的资料。辻听花本人收藏有各地的戏单数百张，他认为这些戏单"仔细研究，颇有趣味"①。另外，辻听花指出中国优伶固有迷信，尤忌摄影，认为拍照使人神魂外去，会缩短生命且使技艺退步，因而留下影像者极少。于是辻听花便有意识地收集伶人照片并加以保存，甚至亲力亲为，"屡入剧场，从事拍照，以资研究"②。《中国剧》中就汇集了一些名伶的彩装照和便装照，这无疑也是珍贵的历史资料。

辻听花为研究中国戏曲而收集保存的资料，实际上并不仅仅对戏曲研究，而且对于其他学科的研究亦可提供佐证。如《中国剧》中所记录的戏衣产地、质地和价格等信息，也可为研究20世纪初的地方经济状况提供帮助；书中抄录的"京师警察厅管理戏园规则"和"京师警察厅管理戏班规则"，可以辅助人们研究当时的社会治安管理状况及政府对演艺界的管理制度。辻听花汇集整理的许多统计结果和契约单据，也同样是研究清末民初社会风俗的难得史料。所以，辻听花的著述不仅有戏曲研究的学术性价值，同时也有社会历史的资料性价值。这些资料的获得，自然也得益于辻听花阅历的丰富及交友之广泛，上至达官贵人，下到戏园杂役，辻听花都有所交往。而这些资料得以保存，则离不开辻听花尊重事实的客观态度。

---

① 《中国剧》之"第五营业"，第245页。
② 《中国剧》之"第四剧场"，第206页。

此外，辻听花还将研究成果运用于实际，努力推动改革。例如，他在进行剧场调查后，认为旧式剧场采光通气不好，场内光线昏暗，空气污浊，且夏热冬冷，"旧式剧场宜速改良者，不一而足"，但"因习惯所囿，实行至难"。① 他曾多次提倡改良剧场，认为新式剧场有很多优点，如舞台用回转式，使用帷幔而去掉铁杆，设备妆室及场上诸人皆不得妨碍观客视线，座位呈半圆形且前低后高，等等。另外，他厌恶观客赤肩半裸，厌恶演戏时销售茶点及卷烟报纸者来往座间，主张文明观戏。特别是，他力主允许男女同座，反对禁止女性观剧，同时也力主男女同台，反对禁止女伶上台。在《中国剧》"第一剧史"中特设"女伶"一小节，盛赞坤伶之兴，认为男女优伶可以比肩，甚至坤戏驾乎男戏之上。辻听花的这种男女平等意识，在他亲自用汉文编写的京剧剧本②中也有所体现，剧中女主人公吴红兰可以自己选择未来的丈夫。上述进步的主张，显示了辻听花对中国戏曲发展多方面的贡献。

第六，辻听花在研究过程中充分尊重研究客体的特质，从实际出发，决不附会相关领域的既成概念或规范。除了前文分析过的对"史"的划分之外，对中国戏曲本体的分析论述，也同样根据对象自身的性质、特点而展开，有意避免盲从和牵强。辻听花说："惟据敝见，中国戏剧，因其性质特色，袭用中国古来所用文学上之术语及普通之名词，较为妥当，且有趣味。故上述之分类，仍以中国式为基础。特微参私意耳。"③ 辻听花此言的背景，是当时无论中日都西风劲吹，大量新名词、新概念扑面而来，学界的许多人也便喜欢谈论和套用这些西方概念。"中国文学史的写作从一开始遵从的就是西方模式，学习或说模仿西方'文学'史的叙述语言"，但是"写作者一旦兼及中国文学所谓本来的实情，似乎就再不能够把中国文学史，也写得跟西洋文学史一模一样"。④ 在时代的激流中，在众多学者无所适从的彷徨中，辻听花却清晰地坚持着自己独立的思考。

---

① 《中国剧》之"第四剧场"，第207页。
② 1912年11月26、27日发行的《顺天时报》（第3243、3244期）上连载了辻听花的剧本《兰花记》。
③ 《中国剧》之"第二戏剧"，第68页。
④ 戴燕《文学史的权力》，北京大学出版社2002年，第30页。

虽然辻听花对中国戏曲无比痴迷，但他始终坚持客观求实的态度，当褒则褒，该贬即贬。例如，在论及武戏时，言其"跌扑斩伐，混杂非常，尘埃纷起，令人目眩。又旗手及兵士中，有半裸者，殊不雅观"。但同时也指出，演员"或高攀栏杆，轻捷如猿，或筋斗数次，快如秋鹘，时有越栏杆落下者，或舞刀使枪，五花八门，使观众之精神为之一振"①。尽管辻听花自称《中国剧》"系就余脑海中所记忆者，拉杂写来，并不引用古书及各笔录等"②，但实际上，他在研究过程中"阅读了大量有关中国剧的书籍"，还经常拜托当时在北京留学的日本友人黑根祥作为他借书，"仅从国立北京大学图书馆借出的书就达到了相当的数量"③。这从一个侧面说明，其研究并非完全是感性杂陈，与史籍和学者的专著无涉。《中国剧》中还有大量对戏曲术语的界定，如何为科班、像姑；何为开锣、检场；何为内唱、搭架子，等等。虽或偶有谬误，但其真诚而科学的态度是有目共睹的。被称为日本近代现实主义文学先驱者的小说家、戏剧家坪内逍遥（1859—1935）也曾证明辻听花著书的严谨性："余深信，区区之言决不欺世人也。"④ 辻听花在从事中国戏曲研究时，并不以学者自居，也并未带着完成学术著述的目的，而仅仅是把个人的爱好与严谨的态度、执着的精神结合起来，最终"搜集廿年所得，编成一书"。福泽谕吉晚年曾褒奖辻听花："我总是教育学生们，要努力发挥自己真正的才能，这是人生最好的生存方式。辻听花就实践着这一点，他的将来值得期待。"⑤ 辻听花倾注20年心血写作《中国剧》，是"冀为初学之津梁，留作他年之雪印。"⑥ "或谓借此可为日本人通晓中剧之初阶。"⑦ 应当说，辻听花既没有辜负

---

① 《中国剧》之"第六开演"，第255—256页。
② 《中国剧》之"凡例"。
③ 「思い出の戯迷先達」、第32頁。原文为："中国劇に関する書物も随分読んでおり、私が国立北京大学図書館から借り出してやつたものだけでも相当数に達する。"
④ 《中国剧》之"序言"，第50页。
⑤ 福泽谕吉对黑根祥作所言，见「中国劇評家としての辻聴花」、第3頁。原文为："自分は学生達に、各自の本当の才能を伸ばすことに努めよ。それが、人生に於ける最高の生き方であると教へて来たが、辻はそれを実践してゐる。彼の将来は、期して待つべきものがあるだらう。"
⑥ 《中国剧》之"自序"。
⑦ 《中国剧》之"绪论"，第6页。

福泽谕吉当年的期待，也实现了自己的愿望。

继辻听花之后，日本的中国戏曲研究界人才辈出，他们中的许多人都受到了辻听花的启发和影响，而他们的研究成果对于中国自身的戏曲研究也产生了很大的促进作用。对20世纪初旅居中国并爱好中国风物的日本人来说，"辻听花其实可以算是这批人之中戏曲爱好者的'先驱'，他的《中国剧》的领先出版，奠定了这一地位"①。辻听花之前，日本人鲜有喜观中国戏曲者，"至若注意戏剧而并欲研究之者，更无其人"；辻听花之后，"注意中剧者尤不乏人"。辻听花"不禁拈髭自喜曰：继予而起者，大有人在也"②！波多野乾一（1890—1963）在其著名的《支那剧五百番》的再版序言中，就曾提及辻听花："辻武雄、今关寿麿、村田孜郎、黑根祥作、井上进五位关于中国戏曲的著述，是本书编写过程中的良师……辻武雄氏在增订时给予了指教。记述于此以表谢忱。"③ 日本著名的中国学家青木正儿（1887—1964）尽管后来对辻听花表现出十分轻视的态度，但是在1925年，他"以戏剧研究为主题赴北京游学时，放下一切首先就迫切地想要拜访辻听花先生，向他请教"④。此外，以中国古典文本为原型创作了大量"翻案"⑤作品的芥川龙之介，也是在"蓄着稀疏的胡须、穿着立领西服的辻听花先生"的带领下观看了许多中国戏曲。在他眼中，辻听花"是戏通中的戏通，即使是中国的名伶也很多拜先生为父。……身为外国人而在北京称为戏通的，找遍了北京也只有辻听花散人一人。绝对是前无古人，后无来者"⑥。这些中国戏曲故事，日后也渗透成为芥川文学创作的养分。

---

① 《清末民初日本的中国戏曲爱好者》，第125页。
② 《中国剧》之"绪论"，第6页。
③ ［日］波多野乾一《支那剧五百番》之"序"，支那问题社昭和二年（1927）增订版。原文为："支那劇に関する辻武雄、今關壽麿、村田孜郎、黑根祥作、井上進五氏の既成各書は、本書編若に際し私の良師となった。……辻武雄氏は増訂に際し助言を與えられた。記して謝意を表するものである。"
④ 青木正儿「聴花語るに足らず」、中国戯劇研究会『新中国』第二号、大空社1956年2月、第40页。原文为："戲劇研究を主題として北京に遊学した私は、何を置いても先づ聴花先生を訪うて教を請ひたいと念願してゐた。"
⑤ 日语的"翻案"相当于汉语的"改编"。
⑥ 《中国游记》，第151页。

辻听花的人生始于日本，终于中国，他在这两个国家度过的岁月各占一半。除去懵懂摸索的成长期，浓缩了其毕生兴趣和自觉追求的成就期当是与中国戏曲结缘的后半。无论是专著《中国剧》还是坚持了近20年的剧评，均以中文写成，因而在国人中的影响较之翻译过来的研究要迅速得多。另一方面，由于他所供职的《顺天时报》在当时中国的华文报纸中具有相当的势力，使得该社出版的《中国剧》和该报刊载的剧评都具有广泛而强大的影响力，对中国的戏曲研究界产生了很大的刺激。张伯驹（1898—1982）先生曾诗咏辻听花："东瀛有客号行家，论戏评人或不差，接洽时常称种种，报端自署什听花。"① 熊希龄（1870—1937）称《中国剧》是"剧界刷新之良导"，欧阳予倩言其"足以愧吾文艺界"，② 实不为过。

若以当今学界之规范和标准来考察辻听花百年之前的著述，他的中国戏曲研究的确不算细致深入，《中国剧》的各个章节多为粗线条的概括和实录性的梳理，对个案的实例分析亦显得少而单薄，恰如辻听花本人在"自序"中所言："是书内容提纲挈领，记述简单。"③ 然而，是否因此就可以将其视为非学术的杂谈？当代出版的《二十世纪国外中国文学研究》，在"日本篇"谈及辻听花的寥寥数语中，将《中国剧》定性为"普及性读物"。④ 而与辻听花同时代的坪内逍遥，却在为该书所写的序言中做出了另一番评价：

> 凡一国特殊之戏剧，由脚本上观之，或以诗歌文章考察之，或翻译之、训释之、评论之，藉介绍之于外国东西文坛固不乏例。而寻绎戏剧的文学之原理，论述戏剧组织及其巧拙，著成一书以饷世人者，迨乎今日，汗牛充栋。

---

① 张伯驹《红毹纪梦诗注》，香港：中华书局1978年，第38页。原文中"辻听花"为"什听花"。诗后注记："《顺天时报》有日人什听花者，在报上专有评戏一栏，由其执笔。对演员无褒无贬。每云：'种种接洽，至为欣慰'等语。是以竟有坤伶为能常名见报端，而认其为义父者。……"亦可窥见辻听花在当时梨园界的影响。
② 二人言论均见［日］辻听花《中国戏曲》之"题词"，顺天时报社1925年，第4、6页。
③ 《中国剧》之"自序"。
④ 夏康达、王晓平主编《二十世纪国外中国文学研究》，天津人民出版社2000年，第40页。

> 然至由实演方面讨寻戏剧，考核阐明综合艺术之真性命者，则未多见之，颇为憾事。不论学术为何，一切研究，欧美先于东洋，颇极擅长，惟戏剧上之实际的研究，及乎最近，稍有可观。戏剧进步所以迟迟者，多基于兹矣。①

我们应当看到，种种规范和标准实乃由此一时代主掌学界的学者所定，辻听花的研究视野与研究方法，自有其突破学界成规与束缚的独到之处，与青木正儿所自称的"我等案头看戏者"② 截然不同，因而其研究成果摆脱了纸上谈兵的空泛与单薄，拥有源自实际经验的切实与丰厚。这种独特的研究视野和方法恰是因辻听花独特的身份而形成的，与纯学院派迥异。辻听花不是以纯文学艺术的眼光，而是以一个报人兼学者，同时又是以一种社会学家甚至是民俗学家的眼光来进行考察和研究的。而这些内容实际上都与戏曲的发展和特点的形成密切相关，对于戏曲研究来说是不可或缺的。辻听花中国戏曲研究的价值也正因如此而尤为值得注目。另一方面，辻听花对于改变戏曲观念、提高戏曲地位、推广戏曲艺术，都做出了切实的贡献，有其筚路蓝缕的可贵之处。辻听花以报人的身份获得了观剧、评剧的便利，却又是报人的身份在日后遮蔽了其戏曲研究者的成就与光彩。辻听花的中国戏曲研究，是日本近代中国学中具有创始之功的组成部分。遗憾的是，在中国戏曲研究的学院派崛起的过程中，他逐渐被遗忘和淹没，甚至遭到鄙夷，这是不应该发生的。

---

① 《中国剧》之"序言"，第49页。
② 「聴花語るに足らず」、第40页。原文为"吾々机上看戯者"。

第六章　近代日本中国学家与北京文化

第一节　青木正儿的北京之行与中国学研究

　　1922年，一个外表清瘦的日本青年初次踏上了中国的土地，在风景如画的江南游历一番之后，撰写了《江南春》《竹头木屑》等纪行散文以及有关中国文学的学术论文。3年后，他作为日本文部省在外研究员留学中国，先踏访华北，又再下江南。第一次的中国之行，他拜谒了王国维，第二次又在清华园再访王国维，并在北京大学举办的招待宴会上见到了胡适等人，还与周作人、吴虞相识，并经常与这些学界名士切磋交流。他是最早关注中国五四新文学，同时也是最早介绍胡适、陈独秀、鲁迅等中国学者的日本新锐，此后，这位在中国徜徉水乡，穿行胡同的日本学者，相继出版了《中国文艺论薮》（1927）、《中国近世戏曲史》（1930）、《中国文学概说》（1935）、《元人杂剧序说》（1937）、《元人杂剧》（译注，1957）等一系列中国研究论著，确立了自己不可撼动的学术地位。他就是著名的日本中国学家、日本学士院会员（院士）青木正儿（1887—1964）。

　　这两次中国游历，对于人生与事业都由"而立"渐至"不惑"的青木来说，意义十分重大。实际上，"青木游学时间很长，其大部分时间在外地度过"①。他的学术成就与游学经历密不可分。而青木的老师狩野直喜（1868—1947），也是一位在游历中成就了学术体系的先驱者。狩野1900年就作为日本文部省的留学生留学北京，在遭遇义和团被围困两个多月后无奈回国，但翌年又再赴上海，逗留江南近三年。他与提倡"中体西用"、推进中国教育改革的张之洞有过亲交，并与罗振玉、王国维多有往来。自1908年京都大学设立文学科以来，狩野即提倡研究中国戏曲并开始亲自讲授。另一方面，狩野还亲炙西欧汉学，曾于1910年和1911年

---

①　[日]中村乔《序言》，见[日]青木正儿著，范建明译《中华名物考》，中华书局2005年，第7页。中村乔为青木正儿之四子。

分别赴中国华北和欧洲，追访被斯坦因、伯希和攫取的敦煌文献。"他也接受了英国文化和法国文化的教养。早在大学时代，他就十分留意西洋的 Sinology。他对欧洲人文科学的爱好是广泛的，……接受了欧洲的实证主义思想。"这些经历使狩野拥有不同于日本旧派汉学家的学术思想，"开拓了对中国文化的新的研究和新的领域，体现了从'汉学'向'中国学'的过渡"，开创了"近代日本中国学实证主义学派中最重要的一个学术组成部分"——"狩野体系"。①

青木就学于京都大学，正是狩野的嫡传弟子。自日本发展近代教育以来，京都大学始终与东京大学有着不同的学术理路。东大在日本是最先开展中国哲学研究的高等学府，其研究方向与内涵，主要被一些"经受过欧洲近代思想文化的熏陶，其内心又都与本国的国家体制与皇国的利益黏着在一起"的"官学体制学者"所控制，这就"使东京大学形成了日本中国学的'官学大本山'"。与此相对，"一批追求纯真学术的学者，便在远离东京的京都，逐渐发展起了以实证论为中心的对中国文化的学术研究"。② 京大建校晚于东大 20 年，③ 不像东大那样自建校伊始便处于日本高等教育改革的最前沿，相反，京大与清朝学部之间的关系却比东大密切得多，④ 京大教授与中国学者之间的往来与合作也更为频繁，辛亥革命后罗振玉、王国维避祸京都实非偶然，而王国维的曲学巨制《宋元戏曲考》正是在京都期间完成的。同时，恰恰是罗、王二人的东瀛亡命，又使狩野、青木等京大学者有更多机会直接接触中国古籍辨伪的考据之法和文物求证的二重证据法。因此，清代的学术风气在京大有更为深远的影响，特别是追求"实事求是""无证不信"的乾嘉考据学，这是京大实证主义传统的重要源头之一。当然，东大也追求实证主义，但东大是在全盘效仿西方教育体制的框架中建成的，建校时半数

---

① 此部分引文均见严绍璗《日本中国学史稿》，学苑出版社 2009 年，第 255—256、254、262 页。
② 相关内容参见严绍璗《日本近代中国学中的实证论与经院派学者》，载《岱宗学刊》1997 年第 2 期，第 46—47 页。
③ 东京大学创立于 1877 年，由东京开成学校和东京医学校合并组建而成，于 1886 年改名为东京帝国大学；京都大学创立于 1897 年。
④ 京大建校时使用了清政府在甲午战争失败后的部分赔款，这也使得京大自建校伊始便与中国有了某种割不断的关系。

以上的教员都来自西方，其实证主义的主要源头是德国的兰克学派。即使在对中国文化的研究领域，依然大量援引西方理论，造成了研究方法与研究对象之间的某种错位。另一方面，由于德国历史学家冯·兰克（Leopold von Ranke, 1795—1886）是普鲁士霸权主义和俾斯麦铁血政策的支持者，所以他对国家、政治权利的崇拜由其得意弟子、被高薪聘为东大主任教授的里斯（Ludwing Riess, 1861—1928）博士带入东大，进一步强化了东大的官学特色。而京大在建校之时就明确地以在关西打造不同于东大的高等学府为目的。

实际上，青木对于两大名校之间的这种差异早有清醒的认识，他曾明确指出："东京的学者，于其研究的态度，多有未纯的地方。他们对孔教犹尊崇偶像，是好生可笑。……我们同志并不曾怀抱孔教的迷信，我们都爱学术的真理！"① 青木对一些日本学者以国家意识形态为出发点，将皇权、国家观念注入中国儒学的做法提出批评，力主立足原典，以实证的方法阐明中国古代学术的真相，此即后来青木的后学吉川幸次郎（1904—1980）所总结的"把中国作为中国来理解"。

一

青木的中国之行，首先便是践行其实证主义的学术理想，他本人亦因此拥有了跨语际（translingual）的文学研究经验，从而进一步在研究中形成了跨文化比较的意识和方法。青木的学术活动和研究著述也因此具有鲜明的与异域学者交流互动的特色。

青木交往的中国学者中，以曲界名流为最多。如元曲研究方面，与赵景深、卢冀野、傅芸子、傅惜华诸先生的交往；在中日学术成果的译介方面，与王古鲁、汪馥泉、郭虚中、梁绳祎等先生的交往；在戏曲表演方面，与梅兰芳、韩世昌②等

---

① ［日］青木正儿《吴虞底儒教破坏论》，载《支那学》二卷三号（此文为青木正儿于1922年1月27日致吴虞的信，同年2月4日《北大日刊》曾全文刊载）。吴虞对青木此文极为重视，美信印书局于1933年6月出版《吴虞文续录》时，吴虞特意将此文以"代序"形式收入。见《吴虞集》，四川人民出版社1985年，第482页。

② 韩世昌（1897—1977），北昆的代表人物，祖籍河北高阳，曾师从吴梅、赵子敬等，1928年赴日本东京、京都、大阪等地巡演，1957年担任北方昆曲剧院院长。

演艺家的交往。① 其实，青木在大学毕业的翌年就结识了当时正流亡日本的王国维并向他求教，在1922年和1925年两度访华期间，青木又多次与王国维当面切磋，后来还多次向胡适提供过在日本搜集到的中国文学史资料。在日本的传统汉学时代，这样的实地体验和学术交流是不可想象的。"江户时代的汉学家，没有任何人在中国进行过实地考察，更没有任何人体验过中国文化的生活特点。他们对中国的一切知识，全部是从书本上得到的，这是一种'物化'了的中国观。"② 当然，青木东西汇通的学术经历和研究路径，亦是受惠于明治维新之后日本开放的国策，他们在境外的学术活动几乎都是在文部省的支持下完成的，这为他们从观念的、想象的"中国"走入现场的、真实的中国提供了有利而必要的条件。

青木撰写学术巨著《中国近世戏曲史》，恰同他与中国学界的交流有直接的关联。在该书自序中，青木曾溯及自己最初的创作动机："本书之作，出于欲继述王忠慤（国维）先生名著《宋元戏曲史》之志"。"……大正十四年（1925）春，余负笈于北京之初，……谒（王国维）先生于清华园，先生问余曰：'此次游学，欲专攻何物欤？'对曰：'欲观戏剧，宋元之戏曲史，虽有先生名著，明以后尚无人着手，晚生愿致微力于此。'先生冷然曰：'明以后无足取，元曲为活文学，明清之曲，死文学也。'"青木并不以为然："明清之曲为先生所唾弃，然谈戏曲者，岂可缺之哉！况今歌场中，元曲既灭，明清之曲尚行，则元曲为死剧，而明清之曲为活剧也。先生既饱珍馐，著《宋元戏曲史》，余尝其余沥，以编《明清戏曲史》，固分所宜然也。"③《中国近世戏曲史》④ 自问世伊始，即成为公认的中国明清戏曲通史研究的经典。中国著名戏曲研究家傅谨称此书"是全面研究中国明清戏剧的第一部力作，中国人自己著的明清戏剧史，要到几十年之后才出现，其体

---

① 参见张小钢《青木正儿博士和中国——关于新发现的胡适、周作人等人的信》，载《吉林大学社会科学学报》1994年第6期，第86—91页。
② 严绍璗《日本中国学史》第一卷，江西人民出版社1991年，第280页。
③ ［日］青木正儿著，王古鲁译著《中国近世戏曲史》之"原序"，作家出版社1958年，第1页。其中提及的王国维《宋元戏曲史》为1915年商务印书馆初版时更名，1912年成书时原题《宋元戏曲考》。
④ 青木原欲题《明清戏曲史》，出版时书名为《中国近世戏曲史》。

例也大体参照了青木正儿的架构"①。

二

中国之行还对青木重视田野调查的治学特色产生了很大的影响。在中国,青木实地观看了大量戏剧,包括有过直接交往的梅兰芳和韩世昌的演出。这并非来华之后偶然的兴之所至,而是计划当中的游学目的,他曾明言自己此行要"乘机观戏剧之实演,欲以之资机上空想之论据"②。青木在中国戏曲研究中对舞台演出及戏剧生态的重视,与他游学中国的经历是互为因果、相互促进的。青木"从小受爱好中国文化的父亲的影响",在"胡琴、月琴和琵琶的音乐声,还有西皮或二黄的曲调"中成长。③因此,早在大学毕业论文《元曲研究》中,青木就特别关注到与戏曲密不可分的音乐,设专章进行了讨论——其第七章为"燕乐二十八调考",而且在展开分析时还借鉴了德国的音乐理论。④这已经预示出日后其中国戏曲研究兼顾文学性与演剧性的路向。青木的治曲方法较之他曾多次请教的王国维,已有了极大的开拓。陈平原在总结中国戏曲研究的方法时曾说:"戏剧不同于诗文小说,其兼及文学与艺术的特性,使得研究者必须有更为开阔的视野。王国维所开启的以治经治子治史的方法'治曲',对于20世纪的中国学界来说,既是巨大的福音,也留下了不小的遗憾。因为,从此以后,戏剧的'文学性'研究一枝独秀。至于谈论中国戏曲的音乐性或舞台性,不是没有名家,只是相对来说落寞多了。"⑤可以说,青木的中国戏曲研究关注到了戏曲不可或缺的音乐和舞台,其视野已远远超出文本的范围,走在了"落寞"的国人前面。

---

① 傅谨《中国对于日本的意义》,载《人民政协报》2011年8月29日。
② 《中国近世戏曲史》之"原序",第2页。
③ [日]内藤湖南、[日]青木正儿著,王青译《两个日本汉学家的中国纪行》,光明日报出版社1999年,第114页。
④ 青木参照了德国Sammlung Goschen的音乐理论,参见青木正儿「燕楽二十八調考」、『支那文芸論藪』、『青木正児全集』第二卷、春秋社1970年、第84页。
⑤ 陈平原《中国戏剧研究的三种路向》,载《中山大学学报》(社会科学版)2010年第3期,第2页。

《中国近世戏曲史》不但较为系统地梳理了明清两代戏曲的发展轨迹和历史面貌，而且在评价明清戏曲作家和作品之外，还综合、全面地描述和总结了从优伶到科班、从演出到剧场等与戏曲相关的诸多方面，是兼顾了文本、声韵、乐曲和舞台的研究。在该书序言中谈及王国维时，青木说自己"大欲向先生有所就教，然先生仅爱读曲，不爱观剧，于音律更无所顾"①，这里流露出的对王国维含蓄的批评，在以谦恭为特点的日本学者当中实属罕见。由此可见，青木对于曲本之外的戏曲音乐与表演极为重视，他对王国维重视文本而忽略戏曲综合性价值的学术倾向是持否定态度的。

青木对中国戏曲的这种学术态度，在一定程度上也受到了一位非学界人士的影响，即一直客居北京并终老于此的《顺天时报》记者辻听花。②尽管他对辻听花片面欣赏花部而疏离昆曲的取向存异，但在1925年他"以戏剧研究为主题赴北京游学时，放下一切首先就迫切地想要拜访听花先生，向他请教"。在辻听花带有社会学、民俗学性质的调查研究的比照之下，青木将自己这类学院派研究者称为"我等案头看戏者"③。此间所透露的，正是青木对于戏曲研究应从书斋走入剧场的认识，而他也充分利用了在华的机会，以切实的足迹履行着这一志向。当他从辻听花那里得知，中国南曲一派的高腔发源于保定附近的高阳，而且当时还有演出的剧团，"不禁心如潮涌兴奋异常"，于是追寻"去了保定，结果却获知最近连这里也不演了"，抱憾而归。后来，韩世昌赴日演出昆曲时，青木听说韩乃是高腔出身，就在京大"支那学会"（中国学会）的午餐宴席上请韩演唱一曲高腔，但韩答曰"不好听"而拒绝了。青木在日后撰文忆及此事时，无奈地感慨道："那虽然不好听，也是我们戏曲史家重要的资料。"这里，青木所言"资料"显然是指诉诸音声的演唱。可见，青木是致力于全方位的中国戏曲研究，而不仅仅是"戏曲文学"的研究。

---

① 《中国近世戏曲史》之"原序"，第1页。
② 参见周阅《辻听花的中国戏曲研究》，载《中国文化研究》2010年第3期（秋之卷），第202—212页。
③ 此两处引文均见青木正児「聴花語るに足らず」、中国戯劇研究会『新中国』第二号、大空社1956年2月、第40頁。

青木在江南游历期间，为追访昆曲演出"惟一的剧团昆曲传习所"，反复往来于苏州、上海等地，最后终于在上海"名叫徐园的一个小公园的亭子里"得偿夙愿。尽管那里听者寥落，光景惨淡，但青木"在居留中差不多每天都兴致勃勃地前往那里"，他说："这段经历为日后我编《支那近世戏曲史》（即《中国近世戏曲史》——笔者注）提供了实例，也给自己带来了愉悦身心的美好享受。"① 毋庸置疑，《中国近世戏曲史》的撰著，离不开在北京、上海剧院中的现场观剧体验。

在实证观念与实地经验的双重作用下，青木的学术，特别是他的中国戏曲研究，始终贯穿着求实求真的思想。例如，在《中国近世戏曲史》中，青木在篇章的划分上，敢于切断中国朝代的完整性，将戏剧分期区别于社会分期，完全遵循戏曲自身的发展特点。其第一篇"南戏北剧之由来"是为与王国维的《宋元戏曲史》相衔接而设，其后的正论中，第二篇"南戏复兴期"是"自元中叶至明正德"；第三篇"昆曲昌盛期"是"自明嘉德至清乾隆"；第四篇"花部勃兴期"是"自乾隆末至清末"，甚至在同一章里对花雅二部的论述也分别采用了不同的分期②。相较之下，东京大学盐谷温（1878—1962）的《元曲概说》则按照"唐、宋、金、元"的历史脉络展开，③ 完全以中国的朝代更迭为基准，没有摆脱梁启超所批评的"二十四姓之家谱"④ 的思维定式。青木在对中国戏曲的"史"的研究中，不仅摆脱了作为王朝更迭之附庸的思维方式，同时也摆脱了作为文学史之附庸的思维方式，按照真实的样态描画出了作为独立艺术门类的"戏曲史"。另外，在翻译元曲时，青木的路径和目标也不同于盐谷——盐谷主要以注释为手段，以解说为目的；而青木则在译注的同时"指疏漏""正典故""辨讹误"，力求保

---

① 此部分引文均引自［日］青木正儿《有关辻听花先生的回忆》，见青木正儿著，王晓平主编，卢燕平译注《琴棋书画》，中华书局2008年，第197页。

② 第十三章的第一节"雅部之戏曲"是"自嘉庆至清末"，而第二节"花部之戏曲"是"自乾隆至于清末"。

③ 《元曲概说》各章内容依次为：第一章"歌曲之沿革"；第二章"唐之歌舞戏"；第三章"宋之杂剧"；第四章"金之院本"；第五章"元曲之勃兴"；第六章"元曲之作家"；第七章"北曲之体制"；第八章"南北曲之比较"；第九章"元曲选之解题"。

④ 梁启超在《中国之旧史》中批评中国史家之"四弊"："二十四史非史也，二十四姓之家谱而已。"见《饮冰室合集》第一册《（九）新史学》，中华书局1989年，第3页。

持和传达"中国之馨香"。① 这都充分显示了青木的实证立场和考据功底。

三

另一方面，青木的中国之行，也为其学术研究积累了第一手的文献资料，促进了他自称为"正业"的中国文学的研究。他晚年在《朝日新闻》的专栏文章中明确表示："我的爱好，是从北京等地收集带插图的汉籍。"② 而文献资料收藏的多寡，直接关系到学者的学术成就。对研究者个人是如此，对一个国家的学界整体亦是如此，日本在20世纪前后中国戏曲研究的辉煌业绩与当代中国戏曲研究水平的整体下滑即是明证。③

青木在中国观剧时，刻意保留和收集了大量的入场券、戏单及演出海报，还将报纸上的戏剧广告剪贴留存。回国后，他亲手整理，订制成厚厚两本《戏单》和《前台梁尘录》，保存至今。这些资料，同样成为青木研究中国戏曲和演出生态的重要实证材料。

作为戏曲小说这类"俗文学"的研究者，青木对中国历史风俗的关心由来已久。因此，游历江南时，他便对当地民俗格外留意，客居北京期间，更是经常穿梭于街市、胡同，以顽童般的好奇去摆弄弹弓，品尝糖葫芦，又以学者式的执着展开考证和研究。他说：

> 我在北京逗留期间，见到了一种叫作"弹弓子"的玩具，颇为惊讶。晋代的美貌文人潘岳年轻时，挟弹出现在洛阳郊外，妇女们就往他的车里扔水果，等到返城时车里已扔满了水果。这种古典性的"弹"，虽说是一种粗糙的玩具，但是居然还遗存了下来，这真是令人高兴的事。我买了一个"弹弓

---

① 参见王晓平《青木正儿译注的〈元人杂剧〉》，见《日本中国学述闻》，中华书局2008年，第254—260页。
② [日]青木正儿《我珍爱的藏书》，载《朝日新闻》昭和二十八年（1953）10月19日，见《琴棋书画》，第219页。
③ 《中国对于日本的意义》，2011年8月29日。

子",像小孩子似的高兴地把泥丸往树上弹。再有,寒山、拾得拿的没有柄的异样竹帚,现在民家依然用来打扫庭院。我想,古代的文化现在还活在民间,如果留心观察,也许会有有趣的意外发现,总之,先得请人绘制一套风俗图。①

正是在这种学术与娱乐兼具的游历当中,青木"发觉北京还保留着古老的风俗,但是它也在被洋化而逐渐失去"。人文学者的学术敏感使青木意识到,如果"今天不把它记录下来,不久就会湮灭",于是他"想编成一本图谱"。青木详细划分出岁时、礼俗、居处、服饰、器用、市井、游乐、伎艺(此为后来补充)八类,利用大学提供的经费,在北京物色画工依照分类绘制图谱。直到回国之后,他仍拜托友人三易画工,历时两年才终于完成。这就是如今收藏在东北大学图书馆(青木转职京大之前执教于此)的《北京风俗图谱》八帙原稿。在摄影技术尚未普及的年代,历史长河中许多稍纵即逝的文化景观由是得以留存。让青木遗憾的是,由于时间和经费等诸种客观条件的限制,找来的画工技艺不尽人意。而且回国之后在专业研究、教职迁移等诸多"干扰"之下,图谱的正式出版终至搁浅,直到1964年7月和11月,才由平凡社分1、2两册刊出。② 但就在同年12月2日,青木在立命馆大学讲完《文心雕龙》离开教室时,突然昏倒辞世。《北京风俗图谱》保留下来很多新鲜而珍贵的东西:"雍和宫的打鬼、妙峰山的刷报子、冰河上的拖床冰嬉、二闸河灯等。那时的北京风俗,离今天已很久远,而当时各形各色的发犁、鞋帽、乃至于各种商店的幌子,都搜罗到一册小书里,给研究清末民国初年民俗的专家、研究民国戏曲小说的学者,乃至从事旅游开发的人们,提供诸多方便。"③ 在专为出版图谱所撰写的序言中,青木展望道:"古旧的东西正日益改变,对于今日之人民共和国,此图谱的存在意义岂不是愈来愈大吗。"④

---

① 《中华名物考》之"自序",第4—5页。
② 《北京风俗图谱》两册编号为《东洋文库》23和30,共收彩图2幅、黑白图117幅,并文字300余页(约占全书三分之二)。
③ 王晓平《久远的老北京情结》,载《中华读书报》2007年7月18日。
④ 青木正児编、内田道夫解説『北京風俗図譜1・原編者の序』、平凡社1964年、第6頁。

除图谱外,青木在华期间及之后,还陆续以中国游历的所见、所闻、所感为内容撰写了大量札记和随笔,这些文字也都成为其中国研究的重要资料。

四

青木的中国之行还进一步坚定了他提倡"汉文直读"的决心。

在日本最早的近代高等学府东京大学,涉及中国文化的各个科系,在阅读中国典籍时都延续了传统的"汉文训读"法。这是早期的日本汉学家借助汉字之便而采取的一种特殊阅读方式,他们不像西方汉学家那样依据汉语发音来直接阅读中文原著,而是只在中文的各汉字词汇后边用日本假名标注出日语特有的动词词尾及助词等,然后按照日语的语法顺序和发音规则来阅读。"汉文训读"虽然对文言作品具有阅读理解的效用,但并不具备跨语际交流,特别是口头交流的功能。这实际上是中日文化发展史上的巨大落差所造成的后遗症(汉籍最初传入时日本尚无文字),在貌似便捷的背后却埋下了巨大的隐患,它使日本人放弃了把中国文学作为外来文学进行文本翻译的努力,由于不阅读真正意义的原文以及译文,便逐渐地误将这些中国典籍看作是其自身文化的组成部分,进而在学术研究中丧失了旁观者的客观立场。①

而出身京都大学的青木,于1920年就在其参与主创的《支那学》上发表《汉文直读论》,旗帜鲜明地倡议摒弃东大所坚持的训读汉籍方式,提出按照汉语真实的读音和语法进行阅读,堪称方法论的创新。此种学术主张,亦承传于他的老师狩野。狩野精通几门外语,据说英国人和法国人在电话中听到他讲的英语、法语,竟以为是自己的同胞。②青木早在高中刚毕业时,有一次偶然听到邻居的孩子对着课本读汉语,不禁感叹:"学习汉语不像这样首先会读,要侈谈什么已经理解了,那是谎话。"③他的这一想法得到了恩师狩野的大力支持。在读大学期间,狩野特

---

① 参见孙歌、陈燕谷、李逸津《国外中国古典戏曲研究》,江苏教育出版社2000年,第315—318页。
② 参见夏康达、王晓平《二十世纪国外中国文学研究》,天津人民出版社2000年,第15页。
③ 《琴棋书画》,第186页。

意从神户请来了中国人徐东泰为学生们开设汉语课程。1921年1月,青木又在《支那学》上发表《本帮支那学革新的第一步》,再次强调废除训读法的重要性,并将其上升到推进日本中国学发展的高度,主张应当把汉语作为一门外语,从发音开始系统地学习。他认为只有像中国人一样用汉语阅读中文原典,才能正确地理解真正的中国文化。对中国的实地踏访,使这一主张由纸上谈兵转化为亲身实践,并且由此得到了进一步的强化。

"汉文直读"追求尽最大可能去接近原义、理解原典,是具有浓厚近代色彩的实证主义方法论,在研究作为"俗文学"的戏曲时其意义尤为重大。中国戏曲大多采用民间口语,在文言文阅读中有一定适用性的训读法在面对戏曲宾白和唱词等新的研究材料时,已经弊端尽现。训读与直读之争,表面上是中国文本阅读方式的不同,实则折射出学术思想近代性程度的差异。

五

两度来华游历之后,青木的兴趣更加广泛,研究领域和研究方法也都有了进一步的拓展。他的儿子中村乔将其一生的学问归纳为三个领域:"一是关于俗文学方面的;二是关于绘画艺术方面的;三是关于风俗、名物学方面的。"①

如果说,1925—1926年青木二度来华的目的是研究中国戏曲,那么初次来华则是为了研究南画。他与画友成立"考槃社",同画家们进行直接的交流。青木问世最早的著作实为论述清代文人画家金农的《金冬心之艺术》(1920)。而对绘画的爱好又在他后来旅居北京时,成为促使他制作《北京风俗图谱》的重要原因之一。而且,正是出于对图画的关注,青木在研读典籍的过程中,对"征引古图以考证古代风俗器物的方法深为心折",认为"研究中华也应该借鉴和学习这种方法"②。其名物学大著《中华名物考》即对此法有所践行,加入了不少动植物的插图。如,为了说明王维"遍插茱萸少一人"和李白"舞鬓摆落茱萸房"诗句中的茱萸并非日本人一向以为的"グミ",青木就在书中就附上了茱萸的图片。

---

① 《中华名物考》,第8页。
② 《中华名物考》之"自序",第3—4页。

青木从学生时代就感到，"为了加深对所攻专业中国文学的理解，有必要知道中华的风俗"①，同时，"要想对风俗有正确的理解就有必要知道事物的名和义。而且青木想把中国文化介绍到日本，为此也有必要正确传达事物的名义"②。于是自20世纪40年代起，青木在原有的文学研究之外，开始构筑自成体系的"名物学"研究。在60岁退休离开京大之前的一年，青木想要开辟一些特殊而新颖的领域作为最后的讲义，他的尝试就是"名物学绪论"。此后，他先后转聘于九州大学、山口大学和立命馆大学，一直坚持讲授这门课程，最终结集成为该领域的集大成之作《中华名物考》。该书收集了青木自1943年至1958年间发表的有关名物的论考，题材从草木之称到节物之名，非常广泛。

早年的中国之行为青木的名物学研究奠定了扎实的基础。其著述中的花雕、幌子、酒觚饭匙、馄饨切面、荔枝香橙，等等，都与他亲炙的中国日常生活场景相关，同时也与袁枚的《随园食单》、元曲《货郎旦》的"一碗饭二匙难并"、苏轼的"喜见新橙透甲香"等中国文学相关联。当年青木经朝鲜、东北赴北京的途中，在山海关附近看到有人在卖一种东西，装在既不像小笼又不像小壶的容器里，于是好奇地买了一个，到北京打开一看，才知道是小黄瓜做的腌菜。22年后，临近退休的青木，由此着手写成了一篇《腌菜谱》，从北京的榨菜、上海的"四川萝卜"、庐山的笋干、保定的酱菜到腐乳、皮蛋，逐一描述并与日本的同类腌制品进行比较，展开考证。青木虽然外表清癯，但善饮好食，游历期间对各地饮食格外留意。他自称"我的名物学研究付诸行动的原因却是战时的粮食问题"，物质匮乏的现实使他"不得不在过去富庶的饮食生活的追忆中聊求安慰"。③ 但与一般美食家不同的是，青木在享用美食的同时从未中断其学者的思考。爱好与学问的结合成就了《华国风味》《中华饮酒诗选》《中华茶书》等著述，其名物学研究带有极强的近代考证学色彩。名物学的源头在中国，上可溯至汉代训诂学，青木在《名物学序说》中，分四章梳理了这门学问的发展历史：作为训诂学的名物学、名

---

① 《中华名物考》之"自序"，第3页。
② 《序言》，见《中华名物考》，第8—11页。
③ 《中华名物考》之"自序"，第5页。

物学的独立、名物学的展开、作为考证学的名物学。进而得出结论:"名物学发端于名物之训诂,以名物之考证为其终极目的。"①

青木在不同领域的学问是相互促进的,其游记杂感当中渗透着严谨考据,穿插着古诗戏词,他的中国文化研究则具有多面性、综合性的特点,而他广泛的兴趣与戏曲研究中对舞台演出及戏剧生态的重视也互为表里,如:戏曲的舞台布景、勾面着装与绘画艺术内在相通;中国的看戏风俗与吃茶文化紧密相连;戏曲道具及唱词用典又涉及名物之学。青木在译介中国文学和研究中国文化时,选题往往别具一格,如他为日本弘文堂旨在介绍中国文化的《丽泽丛书》选书时,鼓励后学翻译了《考槃余事》《秘传花镜》等,前者是明代概论文房清供之书,出现了大量中国古代器物,后者是清初的种植之书,兼及禽兽鱼虫的饲养,因此有大量动植物出现,对书中名物进行查典考证遂成为青木名物学的具体发端。"青木学问的正业是中国文学的研究,风俗研究是为了支撑其中国文学研究的副业。但是,副业的风俗研究,特别是饮食方面和名物的研究是青木晚年最为悠然自适的工作。"②

从青木的个人生涯来看,游历经验为其人生历程与学术道路增添了一份闲适与潇洒,也催生了许多触类旁通的巧思和智慧。这对于我们今天的青少年书本教育以及成年之后的案头学术和书斋研究,具有启示性意义。从更广泛的学术层面来看,青木的游历也显示了学术研究中跨文化对话和跨语境互动的意义。20世纪50年代,苏联出版大百科全书时,在第21册关于中国的部分介绍了中国戏曲研究的中文书籍,其中就有青木《中国近世戏曲史》的中译本,③足见其影响早已超出东亚。实际上,对某一学科的研究,原本就应当吸纳国际上对该学科的研究成果,同时使之成为该学科学术史表述的组成部分。青木的中国文化研究,在材料与文献上,在知识与方法上,在问题意识上,都促进了中国学者及时关注和吸取国际学术界的相关成果。

---

① [日]青木正儿《名物学序说》,见《中华名物考》,第10页。
② 《序言》,见《中华名物考》,第11页。
③ 王古鲁《译著者叙言》,见《中国近世戏曲史》,第11页。

第二节　竹内好中国情结的原点

一、与中国结缘

1932年8月，一位一脸稚嫩的日本青年初次踏上了中国的土地，虽然这次的中国之行持续了不到两个月，在此期间他也只留下了一篇《游平日记》（「遊平日記」，1932），但这些都没有妨碍到他深深爱上中国，喜欢上北京。也正是从这一时刻起，他开始自觉不自觉地与中国产生千丝万缕的联系。可以说，以初次来华为起点，他便与中国结下了不解之缘，并逐渐走上了中国文学研究的道路。这位青年就是日本著名文学家、思想家竹内好（1910—1977）。这位活跃于20世纪激荡年代的日本思想家、中国文学研究家，一生几乎都在精神层面与中国以及中国文学相伴。

明治四十三年（1910）出生的竹内，恰逢赶上明治末期，1912年9月27日，明治天皇驾崩，太子嘉仁即位，日本进入大正年间。而此时，在邻国中国正发生着一场巨大的革命——令持续两千年之久的王朝体制土崩瓦解的辛亥革命，从此，中国亦步入了动荡的民国岁月。此外，1923年9月，竹内还经历了关东大地震，这场地震几乎将一个现代化大都市东京完全摧毁，这样的体验无疑让竹内体会了人世间的命运多舛，对竹内身心的冲击无疑是巨大的。自己周边的种种实时状况，都影响着日本乃至亚洲甚至世界的发展。如此规模的时代变迁，甚至让竹内无暇去顾及与自己所处时代脱位的陈旧的过去。竹内的早期经历或许已经暗示竹内未来的研究就是与时代同步，并且时刻关注同时代，与自己同时间维度的那些中日间的重大问题。

1931年4月，竹内好高中毕业后进入东京帝国大学（今东京大学，以下简称"东大"）文学部"中国文学科"，名义上正式与中国结缘，但这对当时的竹内来说仅仅是一次偶然的选择。据他本人陈述，当时的想法是为了回到老家东京，并将自己的籍贯放在学校里。因为那时的东大"中国文学科"免试入学，这让竹内觉得非常轻松。① 彼时的竹内"并没有真正想要研究中国文学,对中国也不关心"②。因此可以说,在这一阶段对于学习与研究中国文学竹内是没有做好充分思想准备的。

转折点发生在 1932 年的夏天,如果说之前的早期经历掺杂着无数的偶然,那么 1932 年夏天的初次中国之行则是经过竹内自主选择后的结果。但虽说是自主选择,当时的竹内也仅仅是因为这样的旅行"有旅费的补助,可以利用这个制度来满足自己青年时期特有的放浪癖"③。于是,这一年的 8 月,年仅 23 岁的竹内踏上了中国的土地,作为学生参观旅游团体的一员,竹内享受着日本外务省对中文化事业部的半额补助,经朝鲜来到长春,参观团在大连解散后,竹内选择了自费前往北京留学。由于正值"九一八事变"爆发后的第二个年头,因此竹内在大连与随行同伴们分开之时,大家担心中国国内治安环境比较恶劣,曾劝阻竹内不要独自前往北京,但竹内最终仍旧选择只身前往北京。据竹内事后回忆:"北京一带北方人都非常落落大方,什么恐怖袭击一次都没有过,只有一次被一个穿着类似学生服的家伙跟着,并在我耳边一直发牢骚,但也就仅此而已。之后不论去哪儿都没有遇到过任何危险。"④ 从回忆中不难看出竹内对自己当时做出独自前往北京的决定是满意的。初次来华竹内在中国滞留总共不到两个月,虽然到过长春、大连等地,但在北京待了近一个半月,因此第一次中国之行他的主要活动场所是在北京。据竹内此次中国之行留下的《游平日记》记载:在北京,他学习了中文;参观了各处名胜;购买了大量书籍。在京期间,还跟一位姓杨的中文家庭教师学习现代汉语,还因为学习时的窘态,引得老师不禁失笑。此外,如前所述,竹内参观了大量的名胜古迹,包括故宫博物院、中山公园、景山、万寿山、长城,等等。还参观了梅兰芳戏剧展,在开明戏院看到梅兰芳本人,竹内还感动不已。在商务、北新、世界书局等书店,竹内购买了数量众多的新刊文学书籍,如《创造周报》

---

① 竹内好「わが回想」、『竹内好全集』第十三卷、筑摩書房 1981 年 9 月、第 238 頁。(中文由笔者译出,下同)
② 竹内好「孫文観の問題点」、『竹内好全集』第五卷、筑摩書房、1981 年 3 月、第 25 頁。
③ 「孫文観の問題点」、『竹内好全集』第五卷、第 25 頁。
④ 「わが回想」、『竹内好全集』第十三卷、第 250 頁。

《新闻研究》《小说月刊》《胡适文存》，还买了孙文的《三民主义》。另外，他还特地造访了侨居北京、专门收集中国现代文学资料的池田孝道。同年 10 月 8 日，竹内返回日本。①

这次中国（北京）之行让竹内喜欢上了这个脱离"中国文学科"传统话语叙述、活生生的现实中的中国（北京）。"那儿的风景和人把我迷住了。即便期限已到，我也丝毫没有回日本的意愿。向家里讨要旅费，直到天气渐冷我仍旧独自留在北京。而且还每天漫无目的地在街上闲逛。"② 的确，北京将竹内迷住了，翻阅《游平日记》，可以明显体察到他对同时代中国（北京）的喜爱，日记通篇可见建筑物壮观、风景秀美、食物美味等赞誉之词，也正是基于如此原始的真情实感，竹内才会拥有源源不断的动力将毕生的精力倾注于中国文学研究当中。正如竹内在回忆录中说道："那个三二年夏天的中国之行对我来说是一件非常大的事件。如果没有那回中国之行，我应该也不会研究什么中国文学之类的东西吧。"③ 因此可以说，正是 1932 年的初次中国之行，才使竹内真正意义上与中国结下了不解之缘，并逐渐走上了中国文学研究的道路。也正因如此，1932 年的第一次中国之行才构成了竹内所说的"非常大的事件"。

二、独树一帜的毕业论文《郁达夫研究》

竹内的初次中国之行，首先便是为其本科毕业论文的写作积累了第一手的文献资料，催生出一篇选题独特的毕业论文。

竹内在 1934 年毕业时提交的论文题目为《郁达夫研究》，这篇论文现在收录在筑摩书房 1982 年版《竹内好全集》第 17 卷当中。之所以称其为一篇独特的毕业论文，乃是因为这篇论文的选题，在竹内所处时代的日本，是有悖于中国学研究的历史与传统的。换言之，以郁达夫这样一位同时代的中国作家为研究对象在当时的日本中国学界绝非主流，甚至可以说是独树一帜。下面的事实也证实了这

---

① 竹内好「遊平日記」、『竹内好全集』第十五卷、筑摩書房、1981 年 10 月。
② 「孫文観の問題点」、『竹内好全集』第五卷、第 25 頁。
③ 「わが回想」、『竹内好全集』第十三卷、第 238 頁。

一点，即在当时东大"中国哲学""中国文学科"的34名毕业生中，以中国现代文学而且是同时代的作家作为自己论文题目的，竹内好是唯一的一个。①

事实上，当竹内初入大学课堂之时，便对"中国文学科"所教授的形骸化、体制化，且与实际中国脱节的课程感到幻灭，以至于经常性地无故缺席。当时正值中国学家们的鼎盛时期。他们对中国的研究范式是尊重中国作为研究客体的自立性，以清朝的考证学作为参照，辅以法国"中国学"式的宗教社会学、民俗学，致力于正确客观地理解、研读中国经典文献。竹内中国文学研究的起点正是伴随着中国学的极大繁荣。但不论是较早期的狩野直喜（1868—1947），还是之后的青木正儿（1887—1964）、吉川幸次郎（1904—1980），他们的终极目标均在于以客观的眼光研究中国古典，批判性地解读中国传统文献，在确立主体性的同时，抹去长期以来附着在中国古典及人物上的神秘、权威面纱，还原他们在各自时代的历史本来面貌。尽管也有部分中国学家关注同时代中国的状况，比如青木正儿也撰写过有关文学革命的研究论文，吉川幸次郎翻译过胡适的《四十自述》等等，但总的来说，古代的典籍占据了他们研究的主体位置，同时代的中国却游离在他们研究的对象之外。

在上述形势之下，"当竹内好公然以一个同时代中国作家作为自己毕业论文题目的时候，不管他主观意志的自觉程度如何，在客观上，他已经使自己站在当时中国学研究'学术性'的对立面了。"② 促使客观性结果形成的众多因素当中，初次中国之行无疑具有决定性的影响。

如前所述，1931年竹内入学东大"中国文学科"是因为他想回到老家东京，并将籍贯放在大学里，又由于当时东大的"中国文学科"实行免试入学，这让竹内觉得简单易行，所以他选择了这个专业。但入学后，竹内发现自己"缺乏汉文素养"③，所以在"中国文学科"学习"感到障碍重重"。④ 也正是"从这个时候

---

① 孙歌《竹内好的悖论》，北京大学出版社2005年，第16页。
② 《竹内好的悖论》，第17页。
③ 「わが回想」、『竹内好全集』第十三卷、第238页。
④ 「わが回想」、『竹内好全集』第十三卷、第238页。

开始，竹内的生活方式开始颓废化。甚至可以说竹内的生活是在放荡的日日夜夜中度过的。甚至在公开发表的日记中也能不经意间看见有关酒、麻将和女性的话语"①。颓废生活的转折点即发生在 1932 年初次来华之际，之前因为对"中国学"传统感到幻灭而自暴自弃的竹内，在亲身经历了现实当中的中国，一个与在大学课堂上所完全不同的世界之后，明白了"中国文学科"的授课内容对研究同时代的中国几乎毫无帮助，竹内说：

> 我脑海中应该是有某种既成概念的。这种概念和我亲眼看到的中国民众的生活状态相距甚远，因此我受到了刺激。当时的我还是有记忆的，并非白纸一张，但那些记忆中的（中国）印象丝毫不起作用。因此，我只能打破这最初记忆中的印象。就好比是金字塔的顶点是悬空的，我要将那虚构的印象推翻，并从金字塔的底端开始用砖头重新再垒一回。②

竹内从现实的角度出发，明确否定了传统意义上中国研究所带来的"既成概念"，并决心以同时代的中国、中国文学为研究对象来对抗那些虚无的传统研究。

> 我的目的就是试图以自己的方式理解中国人的内心世界，争取进入那个圈子。迎面而过的男男女女，公寓里早晚都能见到的男孩们，随着他们对我的吸引力越来越大，我就会因为与他们的隔阂而越发感到不安，变得急不可待。确实我也能感受到我与他们之间有某种共通的东西，但我无法将那种东西展现出来。凭借经验，我觉得那种东西只能通过文学表现出来。因此我一个劲地寻找文学书籍。③

的确，他的实际行动也在宣誓着他的决心。在不到两个月的中国之行期间，

---

① 松本健一『竹内好論』、岩波書店 2005 年 6 月、第 30 頁。
② 「孫文観の問題点」、『竹内好全集』第五卷、第 26 頁。
③ 「孫文観の問題点」、『竹内好全集』第五卷、第 26 頁。

他购买了大量新刊的文学书籍而非古籍，学习的也是现代汉语而非古文。《创造周报》《新闻研究》《小说月刊》《胡适文存》等都被竹内一并收罗。此外他还购买了近百余册中国现代文学的新刊物。其中有一半是张资平的小说，其次买的最多的便是郁达夫的作品，排第三的是郭沫若。回到日本后，竹内开始研读这些从中国购得的书籍，并对郁达夫产生了亲近感，于是决定以郁达夫为题材写作毕业论文。①

之后竹内便完成了这篇现在收录在筑摩书房1982年版《竹内好全集》第17卷当中的本科毕业论文《郁达夫研究》，可以说《郁达夫研究》的写作是竹内第一次中国之行所带来的连锁反应，郁达夫也只是竹内对中国现当代文学的最初尝试。"从文学史的角度看问题，那其实是他对中国新文学的第一次研习。对于郁达夫，他是浅尝辄止了，但却成为他后来走向鲁迅的最初的桥梁。"②众所周知，之后的竹内逐渐成了日本鲁迅研究的大家。至今，"竹内鲁迅"依旧是日本鲁迅研究的一座丰碑。

但笔者认为，初次中国之行的意义不仅仅在于催生了一篇独树一帜的毕业论文以及架构了一座通往竹内学术顶峰的桥梁，更重要的是坚定了竹内研究现当代中国文学、同时代中国的决心，这份决心无疑对竹内今后的学术道路具有更重大的意义。

三、中国文学研究会的成立

中国（北京）之行结束后仅隔一年（1934），竹内便与好友武田泰淳、冈崎俊夫等人一同创办了中国文学研究会。在中国获得的实地经验还让竹内知道中国人不喜欢"支那"的称呼，所以特意避开"支那"，使用"中国"的字样。研究会的专门刊物名为《中国文学月报》（后改名为《中国文学》），这部杂志连续出版了8年，竹内既是总主编，亦是发行人，甚至连杂志的办公室都安在自己家中。竹内初期主要的创作活动便是以这份杂志为阵地展开的。

---

① 鹤见俊辅『竹内好　ある方法の伝記』、岩波書店2010年、第50頁。
② 靳丛林《竹内好的鲁迅研究》，北京大学出版社2012年，第31页。

中国文学研究会的成立亦与竹内的第一次中国留学经历紧密相关。竹内在《作为方法的亚洲》(「方法としてのアジア」,1961)当中有过一段自述:

> 刚去北京的时候,怎么说呢,可能是北京唤醒了自己心中的憧憬,或是潜藏于自己内心的一个梦吧。我被北京这个城市的自然风光打动的同时,也对北京的人民产生了亲近感。对发现了与自己抱有类似想法的人而感动。虽然当时我们将自己的学籍安放在大学的中国文学科下,但令人苦恼的是,我们并不知道在中国到底有没有与我们一样的人。后来回想起来才发现,是我们受到的教育让我们产生了上述烦恼。①

通过上述竹内的自述,首先可以体察到的便是初次中国之行让竹内对同时代的中国产生了好感,他不但爱上了北京的自然风光,也对北京当地的民众产生了亲近感。其次,便是竹内对当时东大"中国文学科"的无奈与不满。笔者认为,也正是以上两点构成了竹内创立中国文学研究会的基本动机。

1931年,也就是竹内来华的前一年,日本发动了"九·一八事变"侵占了中国东北,中日两国的历史关系发生了重大变化。当时的中国相对于日本已经处于劣势乃是不争的事实,在日本文人眼中,当时的中国文学也处于落后的地位。这一时期研究中国文学的日本人绝大多数依旧沉溺在中国古典文化的辉煌之中,对现实的中国则是嗤之以鼻、蔑视至极。竹内所在的东大"中国文学科"亦以经典文献的研读为主要的学习方式,"没有人专门研究中国现代文学,也没有老师教授中国现代文学"②,换言之,这一学科对同时代的中国和中国文学采取了一种轻视乃至无视的态度。竹内所说的"我们受到的教育"正是上述与现实中国完全脱节的"传统教育"。实际上,正是以第一次中国之行为契机,在实地经验的影响和启发下,竹内方开始将反抗"传统教育"付诸实践的。

事实上,竹内反抗的"传统"包含了日本旧汉学与中国学两个方面。对于大

---

① 竹内好「方法としてのアジア」、『竹内好全集』第五卷、筑摩書房1981年3月、第92頁。
② 丸川哲史『竹内好―アジアとの出会い』、河出ブックス2010年、第9頁。

一统的旧汉学，可以说它虽然在历史各个阶段具有不同的形态与功能，但它却始终不具备"外国学"的性质，在明治维新之后逐渐被中国学所取代。但新兴的中国学虽然在知识层面革新了旧汉学，为日本中国学研究带去了科学的实证性与体系性，但其研究主体自我意识的缺失与对同时代中国的漠视依旧无法得到对同时代中国抱有亲近感的竹内的认同。

究其原因，与其说是竹内自身缺乏"汉文素养"，毋宁说竹内通过初次中国（北京）之行，已经对现实中的中国产生好感，喜欢上了与自己同处一时代的中国，而非古籍文献中记载的与现实脱节的中国。

第一次中国游历留下的短短 26 页的《游平日记》当中，据笔者统计，出现了将近十次的"気持良し"（中文意思为：心情好），却几乎没有出现过心情不好之类的表述，可见其在中国（北京）时的心情是非常愉悦的。众所周知，只有当一个人在自己喜爱的环境当中，心情才会始终保持愉悦，因此可以推断，竹内在第一次踏上中国土地，在切身感受中国的过程中，逐渐对日本的这个邻国产生了好感。此外，通篇可见的对中国（北京）的赞美之词，也从另一个侧面辅证了上述观点。然而"中国文学科"刻板、教条式的传统是无法让竹内通过自己所想的方式来表述自我内心憧憬的。换言之，传统深厚的东大"中国文学科"对竹内来说不仅不是一笔财富，甚至妨碍了竹内自我憧憬的学术道路的展开。用竹内自己的话来讲：

> 中国文学研究会产生于汉学和中国学的地盘。正如同中国学在否定汉学的意义上确立了自己的学术一样，我们也试图通过否定官僚化了的汉学和中国学，从它的内部谋求自身的学术独立性。汉学和中国学已经丧失了历史性，无力理解现实的中国，因而也无法与现代文化相关联。这个学术上的自我改革欲望，催生了中国文学研究会。时至今日，可以清楚地看到，这个自我改革同时也立志于学术整体的改革，它因而也试图建立对于现代文化整体的批判性立场。①

---

① 竹内好《〈中国文学〉的废刊与我》，载孙歌编《近代的超克》，三联书店 2005 年，第 174 页。

对"无力理解现实的中国"感到无奈,从而催生出"学术上自我改革欲望",对鲜活的现实的中国的喜爱让竹内迫切地希望去感悟与理解中国的现状。因此,可以说正是竹内源自内心的对同时代中国的喜爱与憧憬时刻激励着竹内去反抗漠视现实中国的旧汉学与中国学,继而创办了中国文学研究会,一个以现实中国、同时代中国为研究对象的研究团体。

此外,如前所述,因为中国研究会的成员基本上背离当时日本中国学研究传统,他们不以中国传统的经典文献为研究对象,他们研究的对象是同时代的中国和中国文学。因此,发掘与现代中国文学相关的文献资料就显得尤为重要。竹内第一次北京之行相识的池田孝道便为中国文学会创立阶段的资料供给提供了极大的帮助。

据《游平日记》记载,当竹内拜访池田在北京的家时,除了感慨其纯日本式的生活方式(榻榻米、猫、日本茶)以外,还被池田家中堪比图书馆的数量众多的中国相关书籍杂志(现代文学相关书籍居多)所震惊。① 在研究会创立初期,回到东京的池田租房居住,由于租屋窄小,他便提议将自己在中国的藏书无偿地存放于研究会当中。如此大规模的有关中国现代文学的藏书量不论是在当时的东京大学研究室还是京都大学研究室都未曾达到,据竹内回忆:"当时去东大的研究室或者是图书馆,什么也没有。京都大学虽然有一些学术杂志,但却没有一般杂志和文学杂志。在那样的时代这批藏书在日本是唯一的。这些书存放在了研究会,我们像如获至宝一样开心,想着可以靠它学习好几年的了,喜悦便涌上心头。"② 因为当时研究会成员武田泰淳的家是一座寺庙,面积较大,经过协商,最后决定将池田的藏书放于武田泰淳的家中。之后这些书籍几经辗转,池田去"满铁"③ 就职后将其卖给了"满铁"。但这期间的四五年,竹内及其他中国文学研究

---

① 「遊平日記」、『竹内好全集』第十五卷、第24頁。
② 「わが回想」、『竹内好全集』第十三卷、第243頁。
③ 满铁全名为南满洲铁道株式会社,其为1906—1945年日本在中国东北建立的特殊形式的公司,其实质是以公司的名义实行侵略。

会的成员无疑都充分利用了这笔宝贵的财富。

因此不难看出,中国文学研究会的成立动机、研究理念乃至初期的研究成果都与竹内的第一次中国(北京)游历密不可分。

四、结语

竹内出生于 1910 年,于 1977 年去世。从他的个人生涯来看,其人生最关键的时期都与中国相关,甚至是在中国度过的。任何日本人都无法忘却的那个 1945 年的夏天,竹内便是在中国迎来了自己祖国战败的消息。但一般提及这位日本中国文学研究会创始人的中国经历之时,更多出现的是 1937 年到 1939 年的中国留学经历以及 1945 年在中国实地的战败体验,1932 年的初次中国之行往往没有得到研究者应有的重视。究其原因,除了初次来华时间较短以外,竹内本人留下的相关资料之少恐怕也是主要原因之一。

实际上,竹内在初次来华前,"他对中国并不抱有特别的关心,更进一步说,竹内正是通过初次中国之行才获取了真正意义上的'中国'。"① 正是通过中国的实地体验,竹内才下决心从以往内涵偏见的中国学研究当中脱离出来,甚至不惜口诛笔伐,与"传统教育"宣战,正是在这条思想主线的延长线上,催生出了一篇独树一帜的毕业论文《郁达夫研究》,诞生了可视为近代中国、近代中国文学研究滥觞的中国文学研究会。

此外,在初次游历回国后,拥有了跨语际文化经历的竹内,不但践行了其研究现代中国、现代中国文学的学术理想,还逐渐在研究中形成了主体性突出的跨学科、跨文化的强大思维方式。可以说,贯穿竹内毕生研究的主线便是以上述思维方式去纠正同时代日本知识界对亚洲、对中国的不正确理解,而这条主线的源头即是 1932 年的中国北京之行,也正是这最初的北京之行,让他爱上了中国,由此,开始走上同时代中国、中国文学研究的道路。正如日后竹内本人谈到初次来华时所说:"我的中国情结,就从这时开始。"②

---

① 『竹内好—アジアとの出会い』、第 10 頁。
② 「孫文観の問題点」、『竹内好全集』第五卷、第 25 頁。

第七章　近代日本作家的北京之行与北京认识

第一节　芥川龙之介的北京之行与中国京剧

"这出戏是我迄今看过的六十多出中国戏中最有意思的一出。"① 写下这句话的不是我们想象中的中国退休老人，而是 20 世纪 20 年代造访中国的一位日本作家——芥川龙之介（1892—1927）。尤其值得一提的是，这 60 多出京剧，几乎是在不到一个月的时间之内集中观看的。对于一位初次踏上中国土地而又非戏剧界专门人士的青年作家来说，平均每天超过两出的看戏频率，确实是令人惊异的。那么，究竟是什么缘由使芥川如此热衷于京剧呢？

无论在日本还是在中国，芥川都可谓家喻户晓的著名作家，特别是作为纯文学大奖的"芥川文学奖"的设立，更使他在文学史上芳名永存。直至当今，众多的日本文学新人都是以这一奖项叩开了文学殿堂的大门。因此，对芥川的研究亦可谓硕果累累，其中不乏涉及芥川与中国的成果。这类研究中，大多关注了芥川对中国古典文学的吸收和改写以及芥川的中国之行，但是对于芥川此次中国之行的重要收获之一——观看京剧，研究者所给予的关注尚不足够。恰如日本学者加藤彻在《京剧"政治之国"的俳优群像》一书中的感叹："芥川乃京剧通这一事实，意外地不为人知。"② 值得注意的是，此话出自一本关于京剧的专著，而不是芥川研究的著述。可见，对芥川的研究貌似周全细致，但却较为普遍地忽略了他与中国京剧的关系。

芥川的中国之行是他人生中唯一的一次海外旅行，他作为《大阪每日新闻》的特派员从 1921 年 3 月 30 日抵达上海到 7 月 10 日离开北京，共计三个多月。这期间，患病住院近一个月，南方各地游历一个多月，在北京居住 28 天。也就是

---

① ［日］芥川龙之介《北京日记抄》，芥川龙之介著，秦刚译《中国游记》，中华书局 2007 年，第 153 页。
② 加藤徹『京劇「政治の国」の俳優群像』、中公叢書 2002 年、第 123 頁。

说，全部在华的三个多月中，治病、游历十余个城市和专注于北京一地分别各占约三分之一。可见，北京的魅力足以媲美甚至是超过了南北各个城市之和。

对于抵达中国的第一站——有"魔都"之称的上海，芥川的印象可谓糟糕："上海被称为是中国首屈一指的'罪恶之都'。……单就我的见闻来说，这里的风纪的确不好。"① 他这样记述对上海的第一印象："……中国的车夫，说其不洁本身就毫不夸张，而且放眼望去，无一不长相古怪。"② 如果说"不洁"是客观记录，那么认为"长相古怪"就不能不说是他的主观感受了。芥川在上海寄给友人的信中甚至说："近来一看到中国人的脸就气不打一处来。"③ 这里的"中国人"显然是针对上海人而言。不少学者据此认为芥川真正置身中国后，发现现实的中国与想象的中国存在巨大落差，滋生于传统汉学修养的对中国的憧憬就此飞灰烟灭。但实际上，这并非芥川对中国的整体印象，到了北京，他的态度就发生了彻底的转变。抵达北京的第三天，芥川就在致日本友人的信中说："北京不愧为王城之地。若在此地居住两三年亦好！"④ 10天之后又对另一友人重复了同样的话（6月24日瀧井折柴宛）。在日本岩波书店出版的权威版本《芥川龙之介全集》中，书简部分共收录芥川在京期间发出的书信计八通（包括一封信、七张明信片），其中七通都有对北京的亲近或赞美之词。⑤

芥川完成中国游历回到日本不久，在接受《日华公论》的采访时，回顾整个在华行程，依然十分强调北京的魅力："上海不知为何总是格外地喧闹……可是到

---

① 芥川龍之介「上海游記・十四・罪悪」、『芥川龍之介全集』第五巻、岩波書店1977年、第36頁。
② 芥川龍之介「上海游記・二・第一瞥（上）」、『芥川龍之介全集』第五巻、岩波書店1977年、第6頁。
③ 芥川龍之介『芥川龍之介全集』第十一巻（書簡）、岩波書店1978年、第146頁。
④ 『芥川龍之介全集』第十一巻（書簡）、第160頁。
⑤ 6月14日芥川道章宛：「この頃は支那の夏服を着て歩いてゐます支那の夏服はすつかり揃って二十八圓故、安上りで便利ですしかも洋服より餘程涼しい北京は昼暑くても夜は涼しい所です……」；同日岡荣一郎宛：「北京はさすがに王城の地だ此處なら二三年住んでも好い」；21日室生犀星宛：「北京にある事三日既に北京に惚れこみ候」；24日瀧井折柴宛：「北京は王城の地なり」；同日下島薫宛：「北京なら一二年留学しても好いと云ふ氣がします」；同日中原虎雄宛：「北京はさすがに王城の地です」；27日小穴隆一宛：「……支那を是非一度君に見せたい」。『芥川龍之介全集』第十一巻（書簡）、第159—162頁。

了北方，一般会变得很安静，……我在中国从南到北旅行了一圈，最中意的城市莫过于北京了，因此我在北京停留了大约一个月。那里的确是一个住起来十分舒心的地方。"① 同样是中国的大都市，同样是初次造访，芥川的态度竟至如此天壤之别，这当然有诸多因素，但其中一个很重要的因素就是对京剧魅力的发现。芥川在告知友人（恒藤恭）自己还将继续在北京居住一段时间时说："戏剧、建筑、绘画、书籍、艺者、饮食，北京的一切我都喜欢！" 在芥川列举的事物当中，置于第一位的正是戏剧。

实际上，芥川在江南期间就看过京剧，但那时对京剧的了解只是最表层的浮光掠影，还未及真正京剧的艺术魅力。"在上海的时候，看戏的机会只有过两三次。我成为速成的戏迷，是去北京之后的事情。"② 促使芥川成为"速成的戏迷"，离不开两个人物的影响。其中一位，被芥川盛赞为"戏通中的戏通"："即使是中国的名伶也很多拜先生为父。……身为外国人而在北京称为戏通的，找遍了北京也只有听花散人一人。绝对是前无古人，后无来者。"③ 这里被芥川尊称为先生的听花散人，是在北京担任日本在华报纸《顺天时报》编辑的辻听花（1868—1931）。

正是这位辻听花，成为改变芥川对京剧最初印象的重要人物。就在芥川来到中国的前一年，辻听花出版了一本在京剧研究史上值得一提的著作——《中国剧》，这是最早在中国出版的"戏曲通史"④。该书以中文写作，于1920年4月28日刊出，此后在不到一个半月的时间内，连续出到了第五版⑤。芥川曾为此书日文版的出版而奔走宣传："值我离开北京之际，偶闻先生又有以日文著述的《中国戏

---

① 芥川龍之介「新芸術家の眼に映じた支那の印象」、『芥川龍之介全集』第八卷、岩波书店1996年、第3—5页。
② 芥川龍之介「上海游記・九・戲台（上）」、『芥川龍之介全集』第五卷、岩波书店1978年、第21页。
③ 芥川龍之介「北京日記抄・四・胡蝶夢」、『芥川龍之介全集』第七卷、岩波书店1978年、第320页。
④ 参见么书仪在《清末民初日本的中国戏曲爱好者》中关于"进入20世纪之后不久，署名'戏曲史'或者属于广义的'戏曲史'著作"的梳理，载《文学遗产》2005年第5期，第2页。
⑤ 分别是：5月5日第二版；5月15日第三版；5月30日第四版；6月5日第五版。

剧》，遂从先生处求来原稿，经朝鲜回东京后，向二三家书肆推荐，但书肆皆愚而不容我言。然天公愍其愚，该书现已由中国风物研究会出版。在此顺便广而告之。"① 言辞间充分流露出芥川对辻听花京剧研究的钦佩。

芥川对京剧的深入了解，确实也得益于辻听花的引导。一次，芥川在辻听花的带领下观看《蝴蝶梦》，看到庄妻身着丧服为庄子料理后事、楚公子前来吊丧的场面时，只听身边一声大喝："好！"芥川大为惊诧：

> 发此大声者乃辻听花先生。我当然并非是听不惯这一声"好"，只是我确实还从未曾听到过如先生之"好"这般有特色的叫声。……我吃惊地看着先生，先生指着对面说道："那里挂着'不准怪声叫好'的牌子。怪声是不准叫的，但像我这样的叫好是可以的。"②

从辻听花那里，芥川不仅知道了观看京剧该如何叫好，而且了解到大量的京剧知识。比如关于京剧脸谱，"光曹操一个人物的脸谱就有六十几种之多"③。芥川在后来撰写的《中国游记》中，对于当时受西方文化影响的"新剧"不用脸谱曾经表达过不满。毫无疑问，这类观点的形成与他同辻听花的交往有着密切的关系。

芥川对于"旧剧"（指京剧和昆曲）和"新剧"（即"文明戏"）的态度完全不同。他在上海观看"新剧"之后写道："……新剧到底新到什么程度呢？在上海的亦舞台上演的《卖身投靠》等，在演员拿着没有点燃的蜡烛出场的时候，观众还是得想象着它已经点燃了。也就是说，旧剧的象征主义依然残留在舞台上。"④ 从芥川的评述中不难体会到他对于新剧"半新不旧"状态的失望。芥川很

---

① 「北京日記抄・四・胡蝶夢」、第320頁。据辻听花在《中国剧》凡例中的自述，该书本拟以中、日、英三种语言同时出版，但最终未能如愿。中文版《中国剧》于1920年由顺天时报社在北京刊出；日文版《支那芝居》（即《中国戏剧》）于1924年由北京的支那风物研究会分上下两册出版；1925年该书经过修订更名为《中国戏曲》，由顺天时报社重新出版。
② 「北京日記抄・四・胡蝶夢」、第321—322頁。
③ 芥川龍之介「上海游記・十・戲台（下）」、『芥川龍之介全集』第五卷、岩波書店1978年、第25頁。
④ 「上海游記・十・戲台（下）」、第26頁。

敏锐地捕捉到了京剧的"象征主义",并将其总结为中国传统戏剧的四大特点之一。他在论及中国戏剧舞台极少使用道具时,以演员的"抬足"动作为例进行了分析:"如果演员一抬足,那就表明那里有一道区别屋内和屋外的门槛",他认为这种依靠演员的动作而不是道具来触发观众想象的做法,"有时甚至可以意外地让人发现那一步之隔的虚拟世界中的美"。显然,芥川对于京剧的这一特色是极为赞赏的。他还进一步具体地评价了筱翠花扮演《梅龙镇》酒栈少女时那经典的亮鞋底动作,称其"令我至今难以忘怀":少女每次跨过门槛,"必定会从黄绿色的裤脚下露出小巧玲珑的鞋底来","若是没有那道虚拟的门槛,也就不会有这般惹人怜爱的动作"。① 芥川的分析,道出了京剧艺术表现的虚拟性所营造的美感。

芥川对京剧虚拟艺术和写意风格的赞赏,与辻听花的观点完全一致。辻听花在《中国剧》中就以《空城计》为例,通过与西方戏剧的对比阐述过中国戏剧的这一特色。他指出,《空城计》中司马懿率军攻城仅以手中一鞭表现;联排二三桌案即为城壁楼阁;旗上绘浪以示河水,摇摆黑旗以显风神……其布景戏具"亦极简陋,与外国演剧迥不相同,是亦可谓中国剧之特色欤"②!这也正是后来宗白华所总结的中国戏剧区别于西方艺术的虚实相生的舞台美学:"中国舞台上一般地不设置逼真的布景……留出空虚来让人物充分地表现剧情,剧中人和观众精神交流,深入艺术创作的最深意趣",正所谓"真境逼而神境生","实景清而空景现"。③ 芥川在辻听花的引荐之下频繁出入剧场,边看边听讲解,在这一过程中,也逐渐对京剧不置道具的虚拟写意赞赏有加:

> 中国戏剧原本的舞台道具只有椅子、桌子和幕布。山岳、海洋、宫殿、道路……无论表现什么样的场景,舞台上除了那仅有的几样摆设之外,连一棵树景都没有布置。当演员模仿出拉开沉重的门闩的动作时,观众便不得不

---

① 「上海游記・十・戲台(下)」、第24頁。
② [日] 辻听花《中国剧》之"第二戏剧",顺天时报社1920年,第48页。
③ 宗白华《中国艺术表现里的虚和实》,《宗白华全集》第三卷,安徽教育出版社1994年,第388页。

去想象空间中那个门的存在；而当演员威风凛凛地抡起了手中坠着流苏的鞭子，那么观众就要想象着在演员的胯下，一匹性烈而又不肯前行的紫骝在竭力嘶叫。①

比较芥川与辻听花的记述，可见众多的一致。而且，两人都联系日本的能剧等戏剧形式，指出了中日传统戏剧的相似性以及日本观众理解中国京剧的有利条件。芥川关于"旧戏不必布景"的主张也给著名学者胡适（1891—1962）留下了深刻的印象，胡适在日记中记录了芥川的这一主张并追加道："我也以为然。"②

另一位对芥川了解中国京剧产生过重要影响的人物是同样担任《大阪每日新闻》北京特派员的波多野乾一（1890—1963），他先后出版了几部重要的京剧研究专著：《中国剧及其名优》（中文版《京剧二百年历史》）、《中国剧大观》、《中国剧五百番》等。芥川在北京看戏时"以先生为左（指辻听花——笔者注）、波多野君为右而坐"③，若是没有这两位"剧通"的左右相伴，芥川对京剧的看法恐怕不会发生彻底的逆转。他在上海的观剧体验是极不愉快的，尤其对京剧特有的锣鼓点难以接受："……倘若不用两手捂住耳朵，是无论如何也坐不住的。"甚至对享受这种喧闹的日本友人村田乌江，开始"怀疑他的精神是否还正常"④。而到了北京之后，同样的京剧，同样是武戏，芥川面对演员"将手中棍棒舞得呼呼生风"或"挥舞着三尺余的大蒲扇"的场景，竟然还为自己稍不留意"错过了火焰山下的一场厮杀"而颇感遗憾。⑤

另一方面，之所以能够在短短时日之内对京剧的认识发生如此巨大的变化，也与芥川自身的成长经历和知识阅历相关。芥川对京剧并非只是如普通观光客那

---

① 「上海游記·十·戲台（下）」、第 24 頁。
② 胡适《胡适日记全编》第二册，安徽教育出版社 2001 年，第 109 页。
③ 「北京日記抄·四·胡蝶夢」、第 320 頁。
④ 芥川龍之介「上海游記·十·戲台（上）」、『芥川龍之介全集』第五卷、岩波書店 1978 年、第 23 頁。
⑤ 「北京日記抄·四·胡蝶夢」、第 320—321 頁。

样浮光掠影地观看，而是在拥有较为专业的知识储备的前提下去欣赏和审视的。他批评《梅龙镇》使用的道具不符合剧情的时代，便是依据了多达 40 卷本的《戏考》。《戏考》由王大错编辑，上海中华图书馆从 1915 年开始刊行，历经十年才出完，共收录以京剧为中心的戏曲脚本 600 部。中国作家通读《戏考》者都不多见，而芥川却能够在这套皇皇大著中留意到一折戏的故事年代并发现道具的失误，足见他是用心读过。

芥川之所以会阅读《戏考》，一方面源于他自幼年时代积累起来的深厚的汉学修养和丰富的中国传统文化知识，同时也由于他生活于庶民文化繁荣的江户，从学生时代便对戏剧有着浓厚兴趣。芥川的养父芥川道章学过净琉璃，爱看歌舞伎。受此影响，芥川从东京第一高等学校到东京帝国大学的学生时代，经常与久米正雄等人一起出入于帝国剧院、有乐座、本乡座等剧场看戏。这种对戏剧的兴趣延伸到中国的京剧，自然也是情理之中。1924 年，梅兰芳第二次赴日演出期间曾举办过一次座谈会，芥川也专程参加。这说明在他回国之后，对中国京剧的兴趣依然未减。

在篇幅不长的《中国游记》中，芥川十分详细地记述了一位已经被历史遗忘了的京剧女优——林黛玉。他对这位早期的京剧女演员表现出了极大的兴趣和赞叹，并以其文学家的妙笔对林黛玉进行了一番渲染和烘托。芥川先是借陪同自己的中国人余洵之口对这位尚未露面的女性做了铺垫：她是余洵点名召唤的妓女，但竟然已是 58 岁的年龄，这本已足够令人惊异，而更意外的是，"了解最近二十年政局秘密的，除了大总统徐世昌以外，就只有她一个人了"[①]。余洵特意以芥川的名义填写"局票"召唤林黛玉，要让这位来自日本的名作家"见识见识"，无形中为这个尚未出场的人物增添了一份神秘。但是林黛玉并没有马上应召而来，她的出场可谓"千呼万唤"。芥川详细地描绘了第一位到来的美女，读者的期待在芥川不厌其烦的细致描绘中逐渐强烈，但林黛玉依然没有出现。"饭菜一道一道不断地端上桌子"，"美人也一个一个地纷纷接踵而至"，"这些美人按照局票上填写

---

① 芥川龍之介「上海游記・十五—十七・南国美人（上）（中）（下）」，『芥川龍之介全集』第五卷、岩波書店 1978 年、第 40—44 頁。

的客人的名字依次在我们中间落座。可是以我的名义叫的名震一时的林黛玉却迟迟没有露面"。在继续描绘了其他几个女子之后，林黛玉作为压轴人物"终于出现在席上"。——这简直堪称小说创作的笔法。在细致描写了林黛玉的体态相貌、衣着饰物之后，芥川总结性地加了一句点睛之笔："这本不该是在繁华的路边的餐馆里所能见到的景象，而是应该只出现于交织着罪恶与奢华的，例如谷崎润一郎氏的小说《天鹅绒之梦》中的世界里。"也就是说，眼前的林黛玉不应该属于凡尘俗世，而应该属于艺术世界。芥川眼中的林黛玉就是一个凝聚着艺术的形象，因此她可以超越现实的年龄，从言谈举止中显露出当年的"才艺俱佳"，而当她和着乐器开始演唱时，"同声音一起迸发出的力量的确技压群芳"。

　　加藤彻在《京剧"政治之国"的俳优群像》中说："芥川见到了最晚年的林黛玉，为我们留下了证明她才气与艺术力量的文章，实为益事。"① 除林黛玉之外，芥川在《中国游记》中还记录了其他许多京剧演员，如盖叫天、筱翠花、韩世昌、绿牡丹（即黄玉麟）、马彩凤，等等。然而，无论是岩波书店权威版本的《芥川龙之介全集》还是各文库本的芥川作品，在注释和解说部分几乎无一例外地忽略了芥川的有关京剧的这部分文字。这一缺失，实为芥川研究中的一个遗憾。

　　这里尤其值得注意的是，在为《大阪每日新闻》撰写的纪行当中，芥川如此浓墨重彩地描绘一个已至暮年并且沦为妓女的京剧女优，实际上并不仅仅是为了记录这样一个具体的人物。由于自幼生母疯癫、被过继他人以及常年病弱等原因，芥川的性格始终带有一种忧郁，这种气质渗透于文字当中，往往表现为十分隐晦的文学表达。恰如芥川将自己对日本政府在东北扩张势力的极度不满，仅仅具象化地表现为"南满铁路"标题之下突兀而孤立的一句："匍匐在高粱根上的一只百脚蜈蚣。"② 这类隐喻式的描写，在芥川的《中国游记》中处处可见。他站在永安寺的大殿上，"只感觉紫禁城的黄瓦、天宁寺的宝塔、美国的无线电传送用的电线杆等，都历历然如在触手可及之间"。"刚要走出天坛外的广场时，忽然听到一

---

① 『京劇「政治の国」の俳優群像』、第 115 頁。
② 芥川龍之介「北京日記抄・雜信一束」、『芥川龍之介全集』第七卷、岩波書店 1978 年、第 331 頁。

声枪响。……"① 在这种将极不协调的事物并置一处加以描写的方式当中，正透露着芥川的价值判断。同样，在对林黛玉的描写中，残羹冷炙与她的隆重出场、名妓身份与花甲的年龄、应召妓女的卑下地位与对政局秘密的知晓程度等等，都形成了层叠的反差，而多重反差所映衬的正是她的"才艺俱佳"和"技压群芳"。芥川是将林黛玉作为一个具象化的表征来隐喻在话剧等年轻戏剧形式冲击之下的传统京剧。芥川希望在这样一个时局动荡、新旧更迭的中国，京剧能够"永葆青春"。正因如此，他认真地思考过对京剧的改良。

芥川在北京期间曾与胡适有过几次面谈，除了政治等话题之外，他还坦率地提出了对京剧改良的意见。胡适将几次面谈都记录在了日记里，并且在1921年6月27日的日记中，将芥川针对京剧改良提出的四点建议逐条记录下来："（1）背景宜用素色，不可用红绿色缎。（2）地毯也宜用素色。（3）乐工应坐幕中。（4）台上助手应穿素色一律的衣服，不可乱跑。"② 这说明胡适对芥川的意见十分重视，尽管芥川只是一个年轻的外国作家，而且是初到中国。在芥川遗留下来的藏书中，有两本胡适亲笔题写了"芥川先生"并签名的赠书——胡适翻译的《短篇小说集第一集》（今藏日本近代文学馆）和《尝试集附去国集》（今藏山梨县立文学馆）。一般来说，文人只乐于给内心认可的人赠送自己的著作，更何况胡适这样自恃颇高的大学者，足见他对芥川的肯定。但是实际上，两人对京剧的看法并不完全一致。

一个有趣的现象是，芥川在《中国游记》中并未记录与胡适关于京剧的谈话内容，其原因正在于他对胡适的京剧观并不认同。直到晚年创作《侏儒的话》时，芥川才直接写到胡适的京剧观："胡适先生曾对我这样说：'若是除去《四进士》，全部京剧的价值我都想否定。'但是这些京剧至少都是相当富于哲学性的。哲学家

---

① 芥川龍之介「北京日記抄・五・名勝」、『芥川龍之介全集』第七卷、岩波書店1978年、第325頁。
② 《胡适日记全编》第二册，第108—109页。

胡适先生在这种价值面前，难道不该多少缓和一下他的雷霆之怒吗？"① 在言及胡适对京剧的态度时，芥川使用了一个程度很高的词"雷霆之怒"（雷霆の怒），实际上这并非夸张。众所周知，胡适自1917年1月在《新青年》上发表《文学改良刍议》后，又于1918年10月同刊"戏剧改良专号"发表了《文学进化观念与戏剧改良》，以文学进化理论正式提出向西洋戏剧学习，改良中国旧戏。而且胡适还亲自实践自己的戏剧改良思想，创作了中国新文学史上第一部现代白话剧《终身大事》。芥川所赞赏的京剧中"虚拟的门槛"和跨门槛的"惹人怜爱的动作"，却被胡适看作是可以免去的"遗形物"（Vestiges or Budiments），甚至将其连同脸谱、台步、武把子等统统比作"男子的乳房，形式虽存，作用已失；本可废去，总没废去"。② 而这些要素恰是芥川认为应该保留的，从前文提及的芥川对新旧剧的比较已可一目了然。当时胡适对旧剧的批判可谓猛烈，他写道："这种'遗形物'不扫除干净，中国戏剧演员没有完全革新的希望。""居然竟有人把这些'遗形物'……当作中国戏剧的精华！这真是缺乏文学进化观念的大害了。"所以芥川才称胡适有"雷霆之怒"，并且以不无讽刺意味的反问语气表达了内心的不以为然。

因此，在"京剧改良"的问题上，芥川与胡适的观念是不同的。他所提出的四点改良建议中，三次提到"素色"——背景、地毯、助手的衣服均需素色，剩下的一点是让乐工隐于幕中，由此可以看出芥川式改良的核心是要排除一切干扰因素，也就是要突出京剧艺术本身的特色与价值。

芥川对胡适的反驳虽然表达含蓄但却立场鲜明。对于胡适想要全盘否定的"京剧的价值"，芥川显然是肯定的，尤其是京剧的文学价值和哲学价值。在《侏儒的话》中，芥川将梅兰芳表演的《虹霓关》与爱尔兰剧作家、诺贝尔文学奖得主萧伯纳（1856—1950）的著名哲理剧《人与超人》加以对比："并非男人捕获女人，而是女人捕获男人。——萧伯纳在《人与超人》中将这一事实戏剧化了。

---

① 芥川龍之介「侏儒の話・『虹霓関』を見て」、『芥川龍之介全集』第七卷、岩波書店1978年、第430頁。

② 胡适《文学进化观念与戏剧改良》，原载《新青年》第五卷第四号，1918年10月15日。此段引文均引自《胡适文集》之二《胡适文存》，北京大学出版社2013年，第115—126页。

然而将此戏剧化未必是始自萧伯纳。我看了梅兰芳的《虹霓关》，才知道在中国已经有关注这一事实的戏剧家了。"① 将《虹霓关》同《人与超人》并置比较的做法本身，就已证明芥川眼中的京剧绝非供人消遣的"戏耍"，京剧演员亦非"戏子"。

芥川与胡适除了关于京剧内在价值的观念存在龃龉之外，对于外在形式是否需要"西化"的问题也持不同看法。芥川在上海逗留期间没能对京剧产生好感，实际上也与上海的观剧空间已从传统的茶园式戏院转向现代的西洋式剧场相关。在《上海游记》中，芥川曾记录他去过的一个叫作"天蟾舞台"的剧场："……在二层和三层围着半圆形的黄铜栏杆，这毋庸说是模仿了眼下流行的西式风格。""舞台两侧分别悬挂着一只很大的时钟（只是其中的一只已经停住了），钟表下面的烟草广告铺陈着花哨的色彩。……而且在这里也有西洋式的脚灯装置。"② 芥川从这类出现在传统剧场的西洋要素当中感受到了不协调。同一本《中国游记》中，芥川笔下的北京戏院——同乐茶园则是这样呈现的："走进门口处张贴着红底金字的宣传海报的戏院老式砖瓦建筑的大门……"③ 描绘上海剧场和北京戏院时不同的修饰语形成了鲜明的对照，比如同样是剧场里的广告，上海的"烟草广告铺陈着花哨的色彩"，而北京的则是"贴着红底金字的宣传海报"。显而易见，色彩花哨的烟草广告与传统京剧格格不入，而"红底金字（紅に金文字）"同"老式砖瓦（古き煉瓦造り）"则不仅和谐，还相映成趣。特别是，芥川在描述上海新式剧场时使用的形容词"あくどい"是一个极具贬义色彩的词汇，本意指颜色过于浓艳而令人感到不舒服，引申义则是做法过火、性质恶劣。

开篇已述，芥川对上海全无美好印象，毋宁说极为反感，而这种反感很大程度上就是源于西洋之摩登与商业之繁华对中华传统文明的冲击和吞噬。他初到中国"便觉得要是更早一点来就好了"，其原因便是"中国若是不尽快来，随着时间的流逝，那些古老的东西就被毁掉了。特别是在南方，因为革命继起，很多古

---

① 「侏儒の話・『虹霓関』を見て」、第430頁。
② 「上海游記・十・戯台（下）」、第22頁。
③ 「北京日記抄・四・胡蝶夢」、第319頁。

建筑几乎被损毁殆尽"。① 尽管上海拥有汽车、银行,笙歌艳舞、灯红酒绿,但在芥川眼中不过是一个"蛮市"。而北京作为明清两代的首都,不仅拥有帝王宫殿、皇家园林,更有无形的文化遗产——比上海保留了更多传统因素的京剧。

芥川观看京剧的视角有别于一般百姓的消遣娱乐,他是以文学家的艺术的眼光在审视和品味。这些中国戏曲故事,日后逐渐渗透成为芥川文学创作的养分,被芥川称为"象征主义"的京剧的虚拟性对芥川文学亦有影响。② 芥川在北京发现和感受了京剧的魅力,京剧的魅力又进一步触发了他对北京的钟情与眷恋,而这背后,则是芥川对中国古典传统的憧憬以及他自身艺术至上的理念。

第二节 佐藤春夫的北京之行与《北京》

佐藤春夫(1892—1964)在日本文学史上是与谷崎润一郎、芥川龙之介齐名的著名作家,其文学生涯与中国有密切关系,创作并翻译过很多与中国相关的作品,同鲁迅、郁达夫、田汉等中国现代作家都有过交往。同时,佐藤春夫还是一位创作生涯漫长的作家,横跨日本明治、大正、昭和三个时期,经历了整个日本侵华战争及太平洋战争时期,他在战争期间的文学活动以及表现的姿态,一直是中日两国知识分子关注的焦点。佐藤春夫曾多次前往中国,以文学的形式记录中国之行的见闻感受,在佐藤春夫几次中国之旅中,1938 年的北京之行及其基于此行创作的文学作品,因其背后特殊的时代背景,也具有很多可资挖掘和探讨的空间。

1938 年 5 月 14 日,也就是"七七事变"发生约一年之后,佐藤春夫作为日本著名时论杂志《文艺春秋》的特派员,与日本右翼作家保田与重郎先在神户会合,后经奉天抵达北京,开始了为期三周的北京之旅。佐藤春夫在此期间游览了东岳庙、国子监、孔子庙、雍和宫等北京名胜古迹,参观了卢沟桥,并在当时还在北

---

① 「新芸術家の眼に映じた支那の印象」、第 5 頁。
② 篇幅所限,这一问题将另外撰文论述。

京留学,后成为日本著名学者的竹内好的安排下,会见了周作人、钱稻孙、徐祖正等滞留北京的中国知识分子。作为一直自诩为中国文化最后一位爱好者的佐藤春夫,在这样一个特殊的时点来到北京,其所见所闻无不刺激着他的神经,冲击着他既有的观念。返日后,佐藤春夫创作了《卢沟桥》《从陋巷看北京》《北京杂报》等不少作品,其中也包括一篇名为《北京》(原题《老朋友》)的短篇小说。《北京》收录于1941年日本宝文馆发行的单行本《风云》中,[1] 但却一直为人所忽视,甚至从未被收入《佐藤春夫全集》之中,包括日本临川书店出版的最新38卷《定本佐藤春夫全集》,其背后的原因也值得探究。

  《北京》的主人公是一位被称为蒲先生的40岁左右中国男性,蒲先生在日本学习医学并度过了青年时代的大半,他的日本老师非常看重他,更是在临终前要将自己的女儿嫁给他,蒲先生当时为了照顾即将病逝老师的情绪,暂且同意了这门婚事,但老师去世后,他经慎重考虑最终并未履行承诺,回国娶了一位中国太太。小说结尾,曾被蒲先生拒绝的日本老师的女儿以日本商人之妻身份来到北京并遇到蒲先生,两人之间似有暧昧,却最终依然没有进一步的交集。佐藤春夫自己在《北京》的序言中就写道:"我也干脆写一个战时版的小说吧,反正其他的东西也写不成。"[2] 在1938年这样一个作家几乎失去所有创作自由的特殊年代,佐藤春夫的这篇作品在很大程度上也是急就章,内容与情节都比较简单,甚至某种程度上带有言情小说的色彩,但是,深入挖掘会发现,这篇作品不仅与其北京之行及北京见闻有千丝万缕的关系,同时蕴含着丰富的内涵和阐释空间。

  《北京》的主人公蒲先生作为中华民国的子民,没有选择迎娶日本妻子,回国行医工作并与中国女子结婚,但这并不妨碍他成为一名典型的"亲日派"。他不仅热爱日本文化,返回北京后也结交了很多日本朋友,并在非常时期对他们提供帮助,当时在京的很多日本人都把他视为"老朋友"[3],这也恰恰是这篇小说最初的题目。与蒲先生的亲日色彩相对,他不仅有一个去美国留学的弟弟,他的妹妹更

---

[1] 佐藤春夫「北京」、『風雲』、東京:宝文館1941年、第200—244頁。
[2] 佐藤春夫「北京」、『風雲』、第203頁。
[3] 佐藤春夫「北京」、『風雲』、第224頁。

是热衷于美国文化并且嫁给了美国人。如此，蒲先生的家庭成员被分割为亲日和亲美两派，佐藤春夫还就此写道："蒲先生家族的这种情况可以象征中国知识分子整体的状态。"① 也就是说，佐藤春夫试图通过赋予小说中不同人物形象不同的政治立场，表现当时中国知识分子群体的政治生态。不过，针对妹妹嫁给美国人一事蒲先生这样说道："她嫁给美国人，才会知道美国人根本没什么好的地方。"② 表现出对美国文化的不屑一顾，这则明显是佐藤春夫借人物之口表达自己的观点。

这种对亲日和亲美两种立场对立性的刻意彰显和对亲美立场的有意贬损，一方面在某种程度上还原了那个时代特有的现象，更与佐藤春夫长期以来的文化立场高度吻合。了解佐藤春夫便可知，其很多作品都存在"东洋"与"西洋"二元对立的框架。如孙歌所说，日本对于中国乃至亚洲的思考和认识基本上遵循了以福泽谕吉为代表的"脱亚入欧论"和以冈仓天心为代表的"亚洲一体论"两条线索。在日本近现代思想史上，这是一首挥之不去的二重奏，构成了日本近现代史运动的轨迹，前者立足于进化论文明史观，后者则为了对抗西方物质文明而反身于东方传统寻求超越，建构独特的"东洋美学"。③ 佐藤春夫明显属于后者，他一直鲜明地站在"东洋"与"西洋"二元对立的立场上极力强调"东洋"的优越性，与蒲先生对妹妹嫁给美国人发表看法中所表现的立场一致，在日本战败后，佐藤春夫还曾就美国当时兴起的日本热反问道："文化高的国家向文化低的国家输出文化不是很正常吗？"④

佐藤春夫一方面希望整合"东洋"，用以对抗"西洋"，但在"东洋"内部，却是以日本为中心的。正如学者董炳月指出的，对于佐藤春夫来说，"'亚洲价

---

① 佐藤春夫「北京」、『風雲』、第218頁。
② 佐藤春夫「北京」、『風雲』、第221頁。
③ 参见孙歌《文学的位置》，山东教育出版社2009年，第184页。
④ 大久保房男《戦争責任の追及と佐藤春夫》、《三田文学》、2003年、第82巻、第74号、第230頁。

值'的成立是借助于'中国价值'向'日本价值'的转换完成的"。① 佐藤春夫自己在《大陆和日本人》一文中曾写道:"中国的文化之花在本国已经枯死而在日本却盛开不衰。"②《北京》中蒲先生就对当时的北京文化深表担忧,他说:"北京那些传统的美已经逐渐荒废了。"③ 佐藤春夫还在小说中借蒲先生的日本朋友之口说:"我的伯父还认为中国是大国,日本是小国,还处在这样崇拜中国的迷梦之中没有醒来。"④ 这些观点都与《大陆和日本人》中的观点高度雷同,不仅说明佐藤春夫试图通过蒲先生这一人物形象传递自己的某些观点,也再一次说明,佐藤春夫的"亚洲价值"及他所希望建设的"东洋"和"亚洲共同体",其内部是以日本文化为中心的。而对这一点的清楚认识,应成为进一步探讨佐藤春夫北京之行及《北京》这篇作品的重要前提。

当然,无论是"东洋"与"西洋"的对立,还是构建以日本为中心的"亚洲共同体",都是佐藤春夫业已形成的文化立场,《北京》的特别之处,反而在于其中不仅表现出他的国粹主义思想,同时也流露出对构建以日本为中心的"亚洲共同体"的悲观情绪。如佐藤春夫在小说中写道:"蒲先生一家三代都是亲日家。特别是蒲先生,除中学以外都是在日本接受的教育,已经和日本的知识分子有一样的常识",但"蒲先生直到现在也没有变成日本人",而且"他(蒲先生)已经超过40岁了,……也很难寄希望于在祖国生活的他能真正成为日本人了"。⑤ 然后还直接感慨道:"亚洲共同体的前景看来非常渺茫啊。"⑥ 直接表达对实现这样一种"亚洲共同体"的怀疑态度。佐藤春夫随后赶紧补充道"闲话休提"⑦,便匆匆转换了话题。想必,在1938年这样一个日本对内对外大肆宣扬构建"大东亚共荣

---

① 董炳月《国民作家的立场——中日现代文学关系研究》,生活·读书·新知三联书店2006年,第133页。
② 佐藤春夫「大陸と日本人」、『定本佐藤春夫全集·第22卷』、京都:臨川書店2001年、第187頁。
③ 佐藤春夫「北京」、『風雲』、第228頁。
④ 佐藤春夫「北京」、『風雲』、第213頁。
⑤ 佐藤春夫「北京」、『風雲』、第214頁。
⑥ 佐藤春夫「北京」、『風雲』、第214頁。
⑦ 佐藤春夫「北京」、『風雲』、第214頁。

圈"的时代，佐藤春夫深知自己的这种言论并不合时宜。《北京》一直被有意无意地忽视和遗忘，也可能与其中流露出的这种悲观情绪有关。

佐藤春夫之所以会对实现"亚洲共同体"感到悲观，则很可能与他刚刚结束的北京之行有关。1938年5月20日这天，佐藤春夫等人在竹内好的安排下，与当时滞留北京的周作人、钱稻孙、徐祖正等人进行了一次会面。对于这次会面中讨论的话题，竹内好曾称其有些"老人趣味"，说好听些叫"北京趣味"，并回忆道："保田与重郎似乎对此不满……他所期待的，现在的北京却没有。"① 的确，保田与重郎在《蒙疆》一文中就表示："我对北京文化失望……对北京知识分子更失望。"② 与此相应，佐藤春夫也对这次会面发表了类似的评论："当时的话题始终是关于饮食、拉洋片、文学等无聊的闲谈，虽说未到惨不尽欢的程度，但不知道为什么总觉得笼罩着一层阴影，实在是无可奈何。"③ 这种看法虽然与保田与重郎并不完全一样，但其中表现出的失望情绪是一致的。

其实，"七七事变"后不久，日本政府很快就召集《文艺春秋》等媒体，暗示其要采取战时体制下的宣传方针。④ 如有学者指出的："佐藤春夫及保田与重郎在这次会面中是要努力寻求某种政治意味。"⑤ 的确，作为战时特派记者，佐藤春夫及保田与重郎等人很有可能是带着与中国亲日知识分子寻求"对话"的目的参加此次会面的，其设想中"对话"的内容显然不应仅是饮食等闲谈。虽然难以还原当时会面的场景，但通过上述回忆、评论以及种种相关资料和研究，再结合周作人当时还未附逆的史料进行分析，可知会面与对话的结果显然未如预期所料。怀着与中国亲日知识分子进行"对话"之期许，试图探讨"大东亚共荣"以及如何实现"亚洲共同体"话题的佐藤春夫等人，必然感到了现实与想象之间的巨大

---

① 竹内好「佐藤春夫先生と北京」、『竹内好全集・第14巻』、東京：筑摩書房1981年、第286—292頁。
② 保田重郎「蒙疆」、『保田与重郎全集・第16巻』、東京：講談社1987年、第107頁。
③ 佐藤春夫「蒙疆の話」、『定本佐藤春夫全集・第27巻』、東京：臨川書店1998年、第205—206頁。
④ 参见王向远《"笔部队"和侵华战争：对日本侵华文学的研究与批判》，昆仑出版社2005年。
⑤ 王升远《晚宴的政治与"大东亚的黎明"——1938年佐藤春夫的北京之行》，载《外国文学研究》2014年第6期，第106页。

落差，在这个层面上难免产生失望与挫败之感。

《北京》中对实现"亚洲共同体"的悲观情绪，除了那半遮半掩的"遥遥无期"的感叹之外，还体现在故事主人公拒绝中日联姻这样一个情节中。其实，在《北京》之前，佐藤春夫就曾不止一次在作品中书写过中日男女间联姻的故事。董炳月曾在《婚姻·生殖·亚洲共同体——佐藤春夫〈亚细亚之子〉的周边》一文中，对佐藤春夫的小说作品《亚细亚之子》中隐含的婚姻、生殖与建设"亚洲共同体"的关系进行过精彩论述。① 亦如有学者指出的："在佐藤那里，作为'国家'的象征物，中日男女之间的婚姻、生殖行为产生文化'混血'满足了他对'亚洲共同体'的想象。"② 但《北京》中佐藤春夫笔下的主人公蒲先生却恰恰相反，他拒绝了同日本女性联姻。关于为什么不履行对日本老师的承诺迎娶其女儿，蒲先生这样说道：

> 无论是让我变成日本人，还是让老师的女儿变成中国人，都非常之难。如果现在强行这么做，将来或许会变成灾难。……我没有信心完成老师的心愿，让他的女儿幸福。……这不是我个人的问题，而是国与国之间的问题。靠我一个人的力量什么也改变不了。……我觉得相比于一时的失信，永远的不幸福更可怕。③

其中，中日男女的确再一次作为"国家"的象征而存在，这一点也符合佐藤春夫此前的思维逻辑。但这段不短的独白中却隐含着两个不同以往的认识，首先，蒲先生已经充分认识到，联姻很难改变国家身份认同，不论"让我变成日本人"还是"让老师的女儿变成中国人"都很难。其次，蒲先生也已经认识到，彼此国家身份认同不一致的联姻并不能带来幸福。正因如此，他才理智地选择了拒绝中

---

① 见董炳月《国民作家的立场——中日现代文学关系研究》，生活·读书·新知三联书店 2006 年。

② 王升远《晚宴的政治与"大东亚的黎明"——1938 年佐藤春夫的北京之行》，载《外国文学研究》2014 年第 6 期，第 106 页。

③ 佐藤春夫「北京」、『風雲』、第 215—216 頁。

日间的联姻。小说结尾,蒲先生与曾被他拒绝的老师的女儿在北京相遇,二人间似有暧昧,但蒲先生婉拒陪她游览北京,也让两人再也没有更进一步的交集。佐藤春夫在小说中评论道:"他(蒲先生)深知即便是与恩师的女儿结婚,不同国家的两个人也永远血脉不同,这个男人骨子里依然是中华民国的子民。"① 至此,曾经试图通过中日男女间的婚姻、生殖行为满足对"亚洲共同体"想象的作家笔下,呈现出了一位冷静地拒绝中日联姻,更拒绝通过联姻使自己变成日本人的人物形象。而叙述这样一个故事的佐藤春夫本人显然已经深刻认识到:联姻并不能改变国家身份认同,更不能让一个中国人变成日本人,即便变成了日本人,也是不幸福的,希望通过联姻实现"亚洲共同体"的想法是不可行的。

这种对通过联姻实现"亚洲共同体"的怀疑和否定,同样与其北京之行及会见周作人有关。周作人的妻子是日本人,但两者的婚姻却很难谈得上幸福,周建人就曾经在《鲁迅和周作人》一文中指出:

周作人任他的妻子挥霍,不敢讲半句不是。……平日里,一讲起日本,总是趾高气扬,盛气凌人;讲到中国,都是卑贱低劣。而周作人只求得一席之地,可供他安稳读书写字,对一切都抱着息事宁人的态度,逆来顺受。②

其中足可见周作人日本妻子之跋扈,这样的中日联姻给周作人的生活带来了麻烦,却并没有让他变成日本人。佐藤春夫此次在北京会见周作人,必然对其家庭生活有所耳闻,周作人的经历恐怕也让佐藤春夫看到了中日联姻的另一面,周作人于是就成了一个与日本人结婚却并没有变成日本人的典型案例,这也鲜活地证明联姻并不能改变国家身份认同,也无益于"亚洲共同体"的实现。

《北京》中佐藤春夫对通过中日联姻实现"亚洲共同体"的怀疑情绪,在他北京之行后的其他作品中也可窥见一斑。返日后,他曾以北京之行为题材创作短篇小说《卢沟桥》。小说结尾,包括他在内的一行日本人在北京卢沟桥附近的一家

---

① 佐藤春夫「北京」、『風雲』、第 226 頁。
② 周建人《鲁迅和周作人》,载《新文学史料》1983 年第 4 期。

土产店流连,听说店主女儿曾在东京留学3年后,他们一行人做如下对谈:

> 真想和这样的中国新女性,大谈一番时事啊。
> 谈着时事,日中提携最终还要结出亲善之果吗?
> 不,想让村姑讲讲龙王庙、长辛店之类读报记住的地名,地图上所没有的村巷细处,再说些百姓议论的感想。很遗憾,她今天去北京,不在家!①

这段话的确难免让人联想到佐藤春夫曾经在"生殖"与"亚洲共同体"之间建立关联的思维模式。但若仔细分析,则会发现其中也隐藏着他对这种思维模式的否定。佐藤春夫借人物之口隐晦问道:"谈着时事,日中提携最终还要结出亲善之果吗?"回答却是"不"。简单说,并不是要和中国女性结出"亲善之果",而是"想让村姑讲讲龙王庙、长辛店之类地名,地图上所没有的村巷细处"。这更多的是民情、民俗,与所谓的"生殖"关系并不大。且一个"不"字,凸显前后两种不同的态度,也表现出佐藤春夫的自我否定与新的思考。如果说北京之行前,佐藤春夫对通过中日男女间联姻实现"亚洲共同体"还抱有"浪漫的"幻想,北京之行中与周作人等中国文人的近距离接触及沟通,则对他原有的思想认识形成了冲击,佐藤春夫此时已经明白,想要通过联姻让中国人变成日本人,以此同化中国并实现"亚洲共同体",大概只是他的一厢情愿罢了。

不过,佐藤春夫对构建"亚洲共同体"及重建"东洋"的追求却并未因此而终结,通过这次北京之行及与周作人的会面,佐藤春夫对构建"亚洲共同体"产生了新的思考,这种思想的转变在蒲先生这一人物形象中也有所体现。蒲先生在小说中的另一个突出特点是不想做官,他这样说道:"国内很多人都说我是汉奸,倒是日本方面最近频频要让我做院长之类",但"我觉得我的性格并不合适",因此"我还是做一介野人吧"。② 其中,"野人"一词是日文作品中的原词,该词在

---

① 佐藤春夫「蘆溝橋」、『定本佐藤春夫全集・第27卷』、京都:臨川書店1998年,第128頁。
② 佐藤春夫「北京」、『風雲』、第229—230頁。

佐藤春夫的其他作品中也曾多次出现,他曾宣称自己"具有野人一般的性格"①,又说"我本来就是一介野人,向往归隐田园的生活,不需要妻子儿女,种些用以糊口的粮食,寻一两个知己,说些想说的话,足矣"②。表现自己不慕功名、不与时流为伍的精神追求。同样,《北京》中"野人"也与做官相对出现,佐藤春夫更是明确将蒲先生这种做"一介野人"的选择视为"不与时流为伍,坚持自己信念与志向",并认为这是"可亲可敬的"。③ 不过,佐藤春夫将这种志向和信念称为是"日本式的"④,明显是带有国粹主义性质,需要批判和反思。此处暂时抛开这点不谈,仅在选择做"一介野人",不迎合时事、不屑为官的文人风骨方面,蒲先生的选择恰是佐藤春夫自己追求的境界,他在这一人物形象中寄托了自己的情怀。而在这一点上,蒲先生、佐藤春夫和周作人三者也达到了某种统一,具有上述精神追求的蒲先生形象中也渗透着周作人的影子。

众所周知,周作人的作品向来以"闲适"闻名,从 20 世纪 30 年代起,他更是选择"闭户读书",以隐逸著称。阿英曾对 20 世纪 20 年代末之后的周作人与传统文人隐士的关系有过论述:"读最近出版的周作人短信,宛如置身于深山冰雪之中,大有'无思无为,世缘都尽'之感。"⑤ 学术界一般认为,在 1939 年 1 月枪击事件后,幸存的周作人才接受日伪任命,出任北京大学图书馆馆长一职,而 1938 年上半段,虽然当时有一些人已经开始视其为汉奸,但周作人基本是在家中翻译《希腊神话考证》等,很少出门。佐藤春夫前往北京与周作人会面是在 1938 年 5 月,彼时的周作人应该还未出任伪职,过着所谓"自由"的生活,这一点,与佐藤春夫笔下被嘲为汉奸却不愿为官,宁愿做一介野人的蒲先生形象高度吻合。

佐藤春夫在 1941 年写作的《日华文人的交流——说一说周作人、钱稻孙两位先生》一文中就针对周作人、钱稻孙两位指出:"中国的文人向来不喜欢官员,也

---

① 佐藤春夫「文芸時評」、『定本佐藤春夫全集・第 27 卷』、京都:臨川書店 1998 年,第 376 頁。
② 佐藤春夫「文芸復興の機運」、『定本佐藤春夫全集・第 18 卷』、京都:臨川書店 1998 年,第 350 頁。
③ 佐藤春夫「北京」、『風雲』、第 230 頁。
④ 佐藤春夫「北京」、『風雲』、第 230 頁。
⑤ 阿英《夜航集》,中国文联出版社 2002 年,第 79 頁。

不喜欢为官。"① 这也进一步证明《北京》中蒲先生的文化立场中渗透着周作人的文化姿态。另外，据《周作人致松枝茂夫手札》记载，1938年佐藤春夫回国后不久，周作人在写给村松梢风的信中，提到希望他把自己的新作一并赠送给佐藤春夫和永井荷风，② 证明周作人将佐藤春夫视为可以与之进行文笔交流的朋友，表现出二人在文学甚至精神追求上的惺惺相惜，而这种心灵契合之感应该是相互的。此时再回看佐藤春夫对此前与周作人北京会面的态度，他表现出的更多是一种"无可奈何"的情绪，而并非保田与重郎的"不满"。相比后者，佐藤春夫的无奈中虽然带有失望情绪，但也同时蕴含着某种感同身受的同理心，这种同理心，就源于二人在深层精神追求上的共同旨趣。《北京》中那位自称为"野人"的蒲先生身上，负载的正是佐藤春夫与周作人极为类似的精神追求，二人虽然站在不同的国家立场之上，但对超越时流之上生活与艺术的向往却是共同的。

不过，蒲先生虽然选择不为官、不从政，但却并非没有自己的立场，他说："我一方面要为我的祖国做一些事情，另一方面也要为我深爱的日本做一些事情。"③ 在坚持国家立场的同时，蒲先生一直热情地对待来北京的日本人，在战争爆发后极为恶劣的环境下，仍然不终止与日本普通民众的往来。这种一方面在国家认同的层面上坚持不丧失立场，另一方面也尝试为自己热爱的日本做一些事情的立场选择上，同样隐约可见彼时周作人的影子。周作人曾说过："中国向来讲排日便一味跳骂，说日本好的只一味恭维，我想这都是不对的。我们当立于两者之上，一面礼赞她的精美文化，一面对于她的强暴的言动力加反抗。"④ 这种力求在文化偏好和国家立场间加以区分并折中对待的态度，与小说中的蒲先生是一致的。

在这一点上，蒲先生、周作人和佐藤春夫本人也再一次达到了新的统一。佐藤春夫有着不屑为官的文人风骨，也有着作为知识分子的精神追求，强烈地希望

---

① 佐藤春夫「日華文人の交流——周作人と銭稲孫のこと」、『定本佐藤春夫全集・第22巻』、京都：臨川書店1998年、第159—161頁。
② 小川利康、止庵编《周作人致松枝茂夫手札》，广西师范大学出版社2013年。
③ 佐藤春夫「北京」、『風雲』、第230頁。
④ 周作人《在中国的日本汉文报》，载《世界日报·新年增刊》1926年1月1日。

通过构建"亚洲共同体"重建并振兴亚洲,以此对抗"西洋"。虽然在国家立场上,佐藤春夫坚定地站在日本一方,而与此同时,他又热爱中国古典文学与文化,此前就创作了不少与中国相关的作品。在特殊的时代背景下,如何坚守自己的国家立场,同时为自己热爱的中国文化做一些事情,实现自己追求的"亚洲共同体"理想,是这个阶段佐藤春夫必须面对的问题。1941年,佐藤春夫在《日华文人的交流》一文中指出:

> 好不容易能有机会促进日中的融合,但是因为官员的介入而致使中国文人们非常警戒,很难让他们吐露真情。……在国家多事之日,就算烦劳我们国家的官员,由于他们不懂文学,也没时间去研究文学,完全不懂得中国文人特点的官员们反而会使中国文人产生抵触心理,结果费力不讨好。①

可见,佐藤春夫思考的重点虽然仍在于日中融合以及建设"亚洲共同体",但融合的方式则是通过理解周作人这类中国文人的特点,通过与之探讨文学话题,更有效地进行"对话"。类似的观点还不止一次出现在佐藤春夫的言论中,他在战争期间一篇关于建设东亚文教协会的文章中写道:"周作人和钱稻孙对日本文学的造诣要比很多日本人都高,我们却没有能够和周、钱两位匹敌的、了解中国文学的学者加入东亚文教协会,这是一大缺憾",并指出"周、钱两位在说起日本文学的时候,我们都没有能和他们交流沟通的人"。② 重点依然落在文学的交流与沟通之上。

虽然此前的北京之行没有达到与周作人等人"对话"的目的,但在内心深处,佐藤春夫却很可能与周作人产生了文人之间的惺惺相惜之感,也让佐藤春夫对构建"亚洲共同体"的方式有了新的思考。既然中国的知识分子热衷于文学,既然联姻的方式难以让中国人变成日本人,难以实现"亚洲共同体",莫不如以一种周

---

① 佐藤春夫「日華文人の交流——周作人と銭稲孫のこと」、『定本佐藤春夫全集・第22巻』、第159—161頁。
② 佐藤春夫「無効の危険」、『定本佐藤春夫全集・第22巻』、第46頁。

作人等中国文人乐意接受的方式，也即文学、文化的沟通，更有益于"亚洲共同体"的建设。北京之行结束后，佐藤春夫也确实开始更加积极地向日本民众介绍中国文学、文化，其大部分对中国文学的翻译作品是在这一阶段完成的。

时代更迭，但历史不容遗忘。关于侵华时期日本作家的在华活动、中国题材创作乃至其战争责任，中国学者应拒绝遗忘，并有必要做更为深入、扎实的考证与研究。佐藤春夫作为一个创作过大量中国题材作品，并向来标榜热爱中国古典文学的日本作家，其思想中一直稳定存在整合亚洲，构建"亚洲共同体"的思想，这一思想又与其"东洋"与"西洋"二元对立的思维模式紧密相关。如果说北京之行之前的佐藤春夫还浪漫地渴望通过中日联姻，构建一个以日本为中心的"亚洲共同体"，经过北京之行及此行中与中国文人的近距离接触，则触发了他对构建"亚洲共同体"新的思考。在新的历史条件下，佐藤春夫开始畅想通过文学的沟通与交流构建"亚洲共同体"，也确实为此做了很多工作，在某种程度上表现出一个知识分子的独立思考。但是，因佐藤春夫的思想中早已内化了"东洋"与"西洋"对立这样一种二元对立的思维模式，导致在思考"东洋"内部关系时，也难逃先进与落后、拯救与被拯救等二元对立而非多元平等的思维模式，其畅想的"亚洲共同体"依然是以日本文化为中心的。尽管佐藤春夫自诩热爱中国古典文化，向日本推介大量中国文学作品，尽管他自称"野人"，不求功名，努力强调自己文人的身份，试图与政客相区别，但由于其推动文学、文化交流的实质遵从的仍是某种帝国主义逻辑，便注定其在此基础上幻想的"亚洲共同体"是虚妄的。

第三节　中园英助的北京之伤

日本作家中园英助（1920—2002）晚年在其个人随笔《我的北京留恋记》的序言部分第一句即写道："老舍著名的有关北京情的文章当中有一篇的题目即为《想北平》。"[①] 接着说道："北京就是过去的北平，《想北平》这样的标题，不仅仅

---

① 中薗英助『わが北京留恋の記』、岩波書店1994年、第2頁。（中文由笔者译出，下同）

意味着单纯地想北京，我认为翻译成思念、思慕北京会更好一些。"① 在日文原文当中，中园分别用"思う"与"慕う"两个程度完全不同的动词来表现"想"和"思念、思慕"的区别。纵观中园毕生的作品，"北京"二字出现的频率之高让笔者感到惊讶，甚至觉得有些重复和絮叨。但这无疑体现了"北京"在中园心目中的地位。甚至日本文学家竹内实都说"实际上，我希望制作一张中园英助的北京文学地图"②。

但是，令人费解的是，中园自日本战败被遣返回国后直到 1987 年，在将近半个世纪的时间跨度里，再没有踏上过中国的土地。对于决心重返中国，重回北京，引用中园本人的话来说"这需要 41 年的岁月"③，"需要"一词值得注意。在中园的内心世界里，"中国"和"北京"意味着什么；一位对中国、对北京有如此深厚感情的作家，为何迟迟没有回到这个"埋葬了自己青春时代"④ 的地方；最终又是什么原因促使他再次回到中国，回到北京。本文将以中园的北京经历为切入点，以其随笔著作《我的北京留恋记》为中心进行分析，探讨上述问题。

一、中园英助的北京经历

中园英助 1920 年出生于日本福冈县，中学毕业后就踏上了中国的土地，刚满 17 岁的青年中园在当时的"满洲"、张家口等地短暂停留后，于 1938 年来到了北京。在北京，他一边工作一边学习汉语。1940 年，中园成为《东亚新报》（日军占领时期由日本人在北京创办）的一名记者，同时，由于受到时任北京大学校长钱稻孙的赏识，他得以成为北大文学院的一名旁听生。1941 年，中园加入了由引田春海主办的北京文艺同人⑤杂志《燕京文学》，并于 1944 年⑥在《北支那》杂志

---

① 中薗英助『わが北京留恋の記』、第 2 頁。
② 「対談 われらが中国心象地図」、『世界』623 号、岩波書店 1996 年、第 305 頁。
③ 中薗英助『北京飯店旧館にて』、筑摩書房 1992 年、第 246 頁。
④ 中薗英助『北京飯店旧館にて』、第 247 頁。
⑤ "同人"为日文词汇，意为爱好相同，志同道合之人。
⑥ 批评社版『彷徨のとき』卷末作品年谱记载的 1942 年是有误的，经立石伯教授通过中园本人得到确认的年份是 1944 年。

上发表了一篇题为《第一回公演》的文章，该文获得了"北支那文化奖"。1945年，中园与在北京的日本女孩尾崎氏结婚，同年8月，日本宣布无条件投降，中园亦于次年返回日本东京。

中园从17岁开始到25岁将近八年时光都是在异乡中国北京度过的，况且这八年还是人生最多姿多彩的青春岁月。然而当时的时代背景却让中园早早地结束了青春。当得知中国友人陆柏年死讯之时，年仅25岁的中园切实地感觉到"自己的青春被完全扼杀了，属于自己的青春岁月谢幕了"①。确实，1937年7月7日日本发动了震惊中外的"卢沟桥事变"，抗日战争全面爆发，直到1945年日本宣布无条件投降，中园始终身处于战乱年代的中国，将自己的青春安放在沦陷时代的北京，这样特殊的时代环境必定对日后中园的文学创作产生巨大的影响。

果不其然，中园日后文学创作的原点正是其在战争年代的中国度过的青春岁月②。日本战败回国后不久的中园便改写了自己在北京期间创作的作品《第一回公演》，并于1950年以《烙印》（「烙印」）这一新的标题发表在日本杂志《近代文学》上，《烙印》得到了三岛由纪夫、植谷熊高等文学家的认可，这也标志着年满30岁的中园正式登上日本本土文坛。之后发表的作品当中，以中国相关体验为主要创作题材的有短篇集《彷徨的时候》（『彷徨のとき』，1957），带有自传性质的长篇小说《夜晚了，敲响铜锣吧》（『夜よシンバルをうち鳴らせ』，1978），以及以苏曼殊和辛亥革命为主题的《樱花的桥》（『櫻の橋 詩僧蘇曼殊と辛亥革命』，1977）等等，数量众多。

但是，令人遗憾的是，直到1987年的故地重游，这期间的半个世纪中园都没有再踏上过中国的土地。值得一提的是，年近古稀的中园以1987年和1988年两次来北京故地重游、寻访故人为契机，带着对北京深厚的情感又创作了数部与北京相关的著作。其中仅书名中带有"北京"字眼的著作就多达3部，分别是《在北京饭店旧馆》（『北京飯店旧館にて』，1992）、《北京的贝壳》（『北京の貝殻』，1995）以及《我的北京留恋记》（『わが北京留恋の記』，1994）。前两部按照作者

---

① 中薗英助『わが北京留恋の記』、第87頁。
② 中薗英助『わが北京留恋の記』、第3頁。

本人的话来说是"连作小说集"①，此外，《在北京饭店旧馆》获得了1992年度的"读卖文学奖"②，这也直接给了中园将《我的北京留恋记》这部随笔集公布于世的决心。虽然《我的北京留恋记》是中园的第四部个人随笔集，但这是他一生当中唯一一部仅以"中国"为创作对象的随笔集。因此，这部随笔集对我们了解中园的中国经历与北京情结无疑具有很大的价值。

二、战争之伤

随笔集《我的北京留恋记》序言的标题为《中国 我的痛与爱》（「中国 わが痛みと爱」）。笔者以为，此处的"痛"即是中园的北京之伤所引发的。具体说来，中园的中国友人相继在战争中受害，中园作为侵略国日本的一员，始终觉得自己应该对友人的受害负责，然而最终他却无能为力，只能眼睁睁地凝视着一幕幕惨剧的发生。中园将上述经历称之为"原罪体验"③，正是这样的体验令中园感到受伤与心痛。随笔集的序言部分附有其作品《在北京饭店旧馆》获得第44届"读卖文学奖"时的获奖感言，在感言中中园说道：

> 我的作品中所写的友人之一，就是昭和18年（1943）在这个会场附近的帝国剧场召开的、由日本文学报国会举办的第二届大东亚文学家大会上获得大东亚文学奖的袁犀。
>
> 袁犀笔名李克异，在战后新中国，是一个众所期待的作家，但是，由于获得过大东亚文学奖而被认定为是汉奸，"文革"期间受到长期迫害，恢复名誉后不久后就在1979年病死了。当时他创作的包括获奖作品《贝壳》在内的一系列作品，终于在遗作出版的同时，得以重新出版。

---

① "连作小说集"为日语词汇，相当于中文的"系列小说集"。中园将这两部作品如此定义的出处请参照中薗英助『北京の貝殻・後记』、筑摩书房1995年、第237页。
② "读卖文学奖"是日本的一个文学奖项，1949年由读卖新闻社设置，授奖对象为上一年度发表的各类优秀文学作品，每年年初颁奖。
③ 中薗英助『わが北京留恋の记』、第257页。

……

杜甫有一句名言叫"人生七十古来稀"。杜甫也好,我的朋友也罢,在还未度过年满60的花甲之年就去世了。我接下来想说的就是我的另外一位朋友,演员陆柏年,由于被怀疑参加抗日,被我国家的宪兵队员逮捕了,在战争结束前夕我得知他死于上海监狱之中,当时他也还未满而立之年。对于他的死,我甚至都无法伸出一根手指头去帮助他一下。①

上述引文的字里行间,都明显流露出中园对自己未能挽救友人所抱有的遗憾和对战争的无奈。以至于在时隔近半个世纪后创作的《在北京饭店旧馆》的扉页上都不忘写上"献给亡友L和Y"②。L指演员陆柏年(Lubainian),而Y正是作家袁犀(Yuanxi)。

陆柏年与袁犀生活在当时被称为"沦陷区"(即被占领地区)的北京,政治、经济、文化、治安等社会生活的各个方面均受到日军的残酷统治。即便在那样的时代风潮中,话剧仍如火如荼地上演着。其中有一个名为"南北剧社"的剧团,该剧团的领袖即是陆柏年(1920—1943)。根据中园在《我的北京留恋记》当中的回忆,当时中园本人作为北京当地日本报社的一名"学艺记者"③与"同人杂志"作家,最初就知道该剧团是一个抗日反战运动的小团体,但最终还是和陆柏年成了非常亲密的朋友。④ 不过中园也有自己的顾虑和苦恼,引用他的话来说就是:"在侵略者和被侵略者之间,用当时的话来说就是所谓的民族友好或者所谓的共存,到底有没有可能。"⑤ 将自身定位为侵略者,而对人类普遍的友谊持怀疑态度无疑体现了中园对日本侵略战争的厌恶与自责。

中园与陆柏年初次见面是陆柏年在北京公演话剧《钦差大臣》的时候,《钦差大臣》是根据俄国作家果戈理的作品改编的。陆柏年主演剧中的主角"钦差大

---

① 中薗英助『わが北京留恋の記』、第4—6頁。
② 中薗英助『わが北京留恋の記』第3頁。
③ "学艺记者"为日文词汇,中文意思相当于从事与文艺相关活动的记者。
④ 中薗英助『わが北京留恋の記』、第81頁。
⑤ 中薗英助『わが北京留恋の記』、第81頁。

臣",他坚信自己能够将抗日的声音直接传递给民众,因此借着出演话剧的机会,穿插进一些自己的言论。这在当时没有言论自由的沦陷区北京是非常危险的。虽然舞台表演大获成功,但由于受到日本军宪兵队的注意,最终该剧团被迫解散。但陆柏年没有气馁,马上又成立了一个名叫"新中国剧社"的新剧团,该剧团表面上做着协助日本方面的工作,公演的却是《怒吼吧中国》这样带有浓厚"反动"色彩的话剧。该剧表面上是在反抗欧美的经济侵略和殖民地政策,与当时太平洋战争下的日本国策也非常符合。然而在舞台上折射出来的敌人并不是英美,而是日本的军国主义,并且话剧还充分表现了中国人民的反抗精神。该剧公演后不久,陆柏年就在北京消失了。中园在《我的北京留恋记》当中叙述道,自己也曾数次打听过其消息,但最终都没能见到本人。直到日本战败,中园才从"华北电影公司"的宣传人员处得知陆柏年被上海的日本宪兵队逮捕,没有等到祖国解放就死在监狱中了。①

中园回忆与陆柏年最后的会面是在东安市场二楼一家名叫"吉士林"的咖啡厅。当时一见面,陆柏年就单刀直入地问中园:"你能站在全人类的立场上么?"② 中园当时的回答不得而知,但事后中园回忆道:"如果他是站在人类的立场被杀害了的话,那么我们这些幸存者就没能站在人类的立场上。"③ 此处,中园揭露出日本侵略战争的实质是反人类的野蛮侵略战争,是站在爱好和平的全人类的对立面的。因此,中园将矛头直接指向日本帝国主义,揭露出日本侵略战争实质的同时,站在人道主义的立场对日本的战争恶行进行了赤裸裸的批判,并显露出他作为日本人,战后隐藏在其内心深处挥之不去的罪恶感,这也是令他受伤的根源所在。

半个世纪后的 1987 年,年近古稀的中园回到中国,回到北京,睹物思人,在《我的北京留恋记》中写道:"我的旅行,又触碰到了那样的伤口。"④ 战后将近半

---

① 中薗英助『わが北京留恋の記』、第 86 頁。
② 中薗英助『わが北京留恋の記』、第 86 頁。
③ 中薗英助『わが北京留恋の記』、第 86 頁。
④ 中薗英助『わが北京留恋の記』、第 35 頁。

个世纪的时间跨度里，或许正是中薗对再次唤起深植于内心深处的罪恶感感到不安，对本就难以愈合的伤口再度受伤感到恐惧，才导致他迟迟没有回到中国，回到北京。除此之外，对于陆柏年被日本人逮捕一事，中薗回忆道："即使得知他被逮捕，即使对战争抱有疑惑，但也一点办法都没有。"① 当得知陆柏年死讯之时，年仅25岁的中薗切实地感觉到："自己的青春被完全扼杀了，属于自己的青春岁月谢幕了。"② 可以看出，对自己的好友被自己的同胞逮捕，死在狱中，只能做一个旁观者的中薗背负着罪恶感的同时，更多的是无奈与伤痛。

三、"文革"之伤

除了战争，中薗在《我的北京留恋记》中提到最多的历史事件就是"文革"，战争与"文革"构成了中薗北京之伤的全部内容。实际上，中薗本人并没有置身于"文革"时期的中国，但是中国友人相继落难的消息，让中薗完全无法仅仅站在一个旁观者的角度去对待"文革"。究其原因，除了对中国友人的关心以外，中薗认为在"文革"中受害的友人都与日本有着千丝万缕的联系，中薗的负罪感与对战争的反思，使他再一次陷入伤痛之中。那句"说李克异的死不会与我们日本人没有关系吧"③，即是最好的佐证。

李克异与中薗年龄相仿，在战争年代，他用"袁犀"这一笔名进行小说创作，其作品《贝壳》得到了日本作家横光利一的认可，最终获得了第一届大东亚文学奖④。由于上述原因，在1957年反右派斗争当中，李克异被冠上"汉奸"的名号，"文革"期间又以同样的理由被下放到广州，70年代末"文革"结束，名誉虽得到恢复，但此时的李克异已经疾病缠身。事实上，在日军占领时期，李克异始终与地下党组织保持着联系，因此被定性为"汉奸"不为中薗所接纳，正如事后中薗所言："在与大东亚文学者大会相关的多数文学家已经成为故人的今天，作为战

---

① 中薗英助『わが北京留恋の記』、第86頁。
② 中薗英助『わが北京留恋の記』、第87頁。
③ 中薗英助『わが北京留恋の記』、第33頁。
④ 第二次世界大战时，日本出于对战争协助为目的而设立的奖项。

争时期与他们有过交往的日本人应该会有一些证言吧。但是，在日军占领时期，尽管他（李克异）持续地进行着对日本军国主义侵略的批判，尽管他不仅不是右派和汉奸，而且还是一个用言语和文章来讨伐我们日本人的爱国主义者，但现在我说这些，都已经晚了。"①字里行间都透露着中园的惋惜和无奈。

的确，"文革"的影响和伤害是巨大的。尤其是像李克异这样曾饱受日本侵略战争之苦，正当伤口逐渐愈合，准备再次整装待发之时，又受到新一轮"文革"打击的人，其经历之悲惨，无以言表。以上这些状况，都与日本有着千丝万缕的联系，假设李克异的《贝壳》没有获得大东亚文学奖，那么，他最后未必会是这样的结果。中园深知日本的侵略战争给他们带去的痛苦，以及后续挥之不去的恶劣影响，虽然是侵略国的人，但作为他们的友人，中园无法冷静地凝视这一切的发生，同时又无法替他们辩护，无法解救他们于水火之中，这构成了中园内心深处的"原罪体验"。乃至半个世纪后的1987年，当中园再访中国，再访北京时仍不忘说道："我的旅行，又触碰到了那样的伤口。"②而且，这样的"伤口"往往难以愈合。即便有了愈合的征兆，"在无意识的情况下，刚长好的稚嫩的皮肤又再一次被撕扯下来了"③。

除了友人李克异，在《我的北京留恋记》当中，中园还提到一位与自己没有任何交往的"文革"受害者，他就是上海音乐学院作曲家刘雪庵。虽然素昧平生，但由于刘雪庵的受害与日本发动的侵略战争有着千丝万缕的联系，当得知其受害，中园内心的罪恶感被激发，深陷自责，随之带来的便是阵阵的伤痛。最后，正如中园自己所说："'文革'的伤有多深无法想象，无法言说。"④

20世纪三四十年代，歌手周旋红遍中国大江南北，其成名曲《何日君再来》的作曲者即为刘雪庵。当时，在中国有人认为《何日君再来》是消磨抗日斗志的颓废歌曲，是日本人借用来涣散人心的手段，而一部分日本人则认为该曲不是什

---

① 中薗英助『わが北京留恋の記』、第33頁。
② 中薗英助『わが北京留恋の記』、第35頁。
③ 中薗英助『わが北京留恋の記』、第35頁。
④ 中薗英助『わが北京留恋の記』、第33頁。

么普通的恋爱歌曲，实际上其中包含着抗日意图，歌词中所谓"君"是指迁往重庆陪都的国民政府中央军事委员会委员长蒋介石，主题是盼望国民政府及蒋介石的"再来"。总而言之，《何日君再来》与日本有着千丝万缕的联系。作为《何日君再来》作曲者的刘雪庵因为在一次毕业晚会上，随性作了一曲以"离别"为主题的歌曲，结果被打成音乐界最大的右派，从而葬送了自己的后半生。从反右派运动到"文革"，刘雪庵持续受了20多年的迫害，他与中园的好友李克异一样，在病痛与失意中死去。

事实上，刘雪庵是一位有名的爱国音乐家，他创作了大量抗日题材的音乐作品，其中包括《中国组曲》《长城谣》，等等。对于刘雪庵最后的悲惨境遇，中园在《我的北京留恋记》中说道："刘雪庵作为旧第三方势力的民主同盟文化人，在中华人民共和国成立后艺术百花齐放的年代里，因为反对对音乐一无所知的政治家们对艺术的干扰，而被持续作为受到文化官员镇压的原因的话，那么，这对于我所爱的中国来说是莫大的悲哀。"① 的确，对于憧憬新中国的任何人来说，"文革"所带来的冲击都是巨大的。因为日本的侵略战争，李克异、刘雪庵等人已经满身是伤，在伤口还未愈合的情况下，又遭遇到"文革"的浩劫，让满身是伤的李克异、刘雪庵们最终走向死亡。因此，对于中园来说，"文革"恐怕已经不仅仅是一个独立的概念，在他的内心世界，显然已经将"文革"与日本的侵略战争紧紧地捆绑在一起了。具体说来，"文革"就是"在日本侵略战争所造成的伤口上撒盐，让这种伤害直达骨髓"②。这是一个连续的过程，中园的负罪感时刻提醒着他，日本的侵略战争是导致李克异、刘雪庵们死亡的始作俑者。带着这样的负罪感，中园才迟迟没能回到那个他安放青春的中国。更直接地说，作为日本人的中园害怕触及自己内心久久不能平复的罪恶感，而迟迟不敢回到中国，也没有勇气回到中国。

---

① 中薗英助『わが北京留恋の記』、第39頁。
② 中薗英助『わが北京留恋の記』、第40頁。

四、结语

中园对中国、对北京的感情是复杂的,用留恋、向往、哀伤、无奈、悲痛、罪恶等等众多词汇同时来形容中园的中国情结、北京情结也不为过。但围绕着中园的作品,尤其是随笔《我的北京留恋记》,笔者感受最深的是他那深植于内心的罪恶感所引发的种种伤痛。

在日本侵略中国的年代里,中园看着中国友人因为抗日而深处险境,却无力相助,最终眼睁睁地看着友人死去。这样的经历无疑让作为日本人的中园产生了巨大的罪恶感,并且随着时间的推移,这样的罪恶感逐渐演变成为一种"原罪体验"深植于中园的内心深处。"文革"期间的中园身处日本,却对中国友人格外关注,当得知友人被害身亡时,那深植于内心深处的负罪感再一次被激发,再一次陷入了深深的自责与无奈之中。上述种种原因,导致了中园战后将近半个世纪都没有回到中国,也没能回到北京。

晚年的中园说道:"因战败而被遣返回国的文学青年,在内心深处仍然无法切断对北京的爱与痛。"① 最终他选择了回到中国,回到北京。隐藏在其背后的原因,我们可以从第44届"读卖文学奖"颁奖仪式上,中园的发言当中窥见一二,"无论如何,我都渴望听见安部公房先生对我作品的评价。战后,当我将战争年代在中国度过的青春岁月作为自己文学的原点开始创作小说时,安部批评我没有从中国方面抵抗侵略的立场来创作,而只是从加害者的立场进行创作。"② 对于中园如此渴望听见安部的评价,笔者以为,首先因为安部也是同样有过中国体验的作家,并且整个少年时代几乎都是在中国度过的,对中国的了解程度不逊于中园本人。再者,作为读卖文学奖评审委员会的委员,安部在日本文学界的地位毋庸置疑,要不是因为癌症突然离开人世,安部或许已经获得了诺贝尔文学奖③。因此,渴望得到安部的评价也在情理之中。最重要的是,到了古稀之年的中园,已经从

---

① 中薗英助『わが北京留恋の記』、第7頁。
② 中薗英助『わが北京留恋の記』、第3頁。
③ 『読売新聞』2012年3月23日刊、「安部公房は受賞寸前だった……ノーベル委員長語る」。

当初那个仅仅站在加害者立场来创作作品的模式中脱离出来,随着时间的推移,伤痛渐渐得到平复,也使得中园敢于再次直面中国,直面北京,并且站在了新的高度创作出一系列与中国题材相关的作品。因此,他拥有了更多的信心,渴望得到当初那个对他创作进行批判的安部的肯定。完成这一蜕变的代价或许就是中园自己所说的"需要41年的岁月"[①] 吧。最终,作品《在北京饭店旧馆》获得了1992年度"读卖文学奖"即是对中园蜕变的最好证明。

---

① 中薗英助『北京飯店旧館にて』、第246頁。

参考文献

一、中文文献

1. 书籍

丁韪良《花甲忆记——一位美国传教士眼中的晚清帝国》,广西师范大学出版社2004年。

董炳月《国民作家的立场——中日现代文学关系研究》,生活·读书·新知三联书店2006年。

范存忠《中国文化在启蒙时期的英国》,上海外语教育出版社1991年。

方豪《中西交通史》下册,岳麓书社1987年。

冯友兰《三松堂自序》,生活·读书·新知三联书店1984年。

冯友兰《中国哲学史·上》,生活·读书·新知三联书店2009年。

《顾颉刚日记》卷一、二、三,中华书局2011年。

顾颉刚《当代中国史学》,上海世纪出版集团2006年。

顾颉刚《古史辨》第一、二册,北平朴社1930年。

顾颉刚《古史辨》第一册,北平朴社1926年。

胡适著,曹伯言编《胡适日记全编》第二册,安徽教育出版社2001年。

靳丛林《竹内好的鲁迅研究》,北京大学出版社2012年。

梁实秋《梁实秋文集》第四卷,鹭江出版社2002年。

吕思勉《中国通史》,中华书局2019年。

潘荣陛、富察敦崇《帝京岁时纪胜·燕京岁时记》,北京出版社1961年。

(清)乾隆官修《清朝文献通考》,浙江古籍出版社2000年。

钱穆《八十忆双亲·师友杂忆》,生活·读书·新知三联书店2005年。

孙歌、陈燕谷、李逸津《国外中国古典戏曲研究》，江苏教育出版社 2000 年。

孙歌《文学的位置》，山东教育出版社 2009 年。

孙歌《竹内好的悖论》，北京大学出版社 2005 年。

王东原《浮生简述》，台北：传记文学出版社 1987 年。

王建朗、栾景河《近代中国：政治与外交》上卷，社会科学文献出版社 2010 年。

王晓平《日本中国学述闻》，中华书局 2008 年。

吴效群《妙峰山：北京民间社会的历史变迁》，人民出版社 2006 年。

夏康达、王晓平《二十世纪国外中国文学研究》，天津人民出版社 2000 年。

肖平《近代中国佛教的复兴与日本佛教界的交往录》，广东人民出版社 2003 年。

谢清高口述，杨炳南笔录，安京校释《海录校释》，商务印书馆 2002 年。

严绍璗《日本中国学史》第一卷，江西人民出版社 1991 年。

严绍璗《日本中国学史稿》，学苑出版社 2009 年。

余英时《十字路口的中国史学》，上海古籍出版社 2004 年。

赵毅衡《对岸的诱惑——中西文化交流人物》，知识出版社 2003 年。

中国第一历史档案馆《英使马戛尔尼访华使团档案历料汇编》，国际文化出版公司 1996 年。

周作人《谈虎集》上卷，北新书局 1929 年。

周作人《周作人散文全集》第八卷，广西师范大学出版社 2009 年。

宗白华《宗白华全集》第三卷，安徽教育出版社 1994 年。

［德］傅吾康著，欧阳甦译《为中国着迷——一位汉学家的自传》，社会科学文献出版社 2013 年。

［美］海伦·斯诺《旅华岁月》，世界知识出版社 1985 年。

［日］道端良秀著，徐明、何燕生译《日中佛教友好二千年史》，商务印书馆 1992 年。

［日］吉川幸次郎著，钱婉约译《我的留学记》，中华书局 2008 年。

［日］芥川龙之介著，秦刚译《中国游记》，中华书局 2007 年。

［日］内藤湖南、［日］青木正儿著，王青译《两个日本汉学家的中国纪行》，光明日报出版社 1999 年。

［日］青木正儿著，范建明译《中华名物考》，中华书局 2005 年。

［日］青木正儿著，王古鲁译著《中国近世戏曲史》，作家出版社 1958 年。

［日］青木正儿著，王晓平主编，卢燕平译注《琴棋书画》，中华书局 2008 年。

［日］辻听花《中国剧》，顺天时报社 1920 年。

［日］小栗栖香顶著，陈继东、陈力卫整理《北京纪事·北京纪游》，中华书局 2008 年。

［日］竹内好著，李冬木等译《近代的超克》，生活·读书·新知三联书店 2005 年。

2. 报刊论文

陈平原《中国戏剧研究的三种路向》，载《中山大学学报》（社会科学版）2010 年第 3 期。

陈述《回忆陈援庵老师的治学和教学》，载陈智超编《励耘书屋问学记：史学家陈垣的治学》，生活·读书·新知三联书店 2006 年。

邓子美《杨文会与中日净土信仰比较》，载《浙江学刊》1998 年第 4 期。

《法文图书馆》，载《益事报》1923 年 10 月 10 日。

傅谨《中国对于日本的意义》，载《人民政协报》2011 年 8 月 29 日。

葛桂录《论哈罗德·艾可敦小说里的中国题材》，载《外国文学研究》2006 年第 1 期。

顾钧《第一批美国留学生在北京》，载《读书》2010 年第 4 期。

郭延礼《19 世纪末 20 世纪初东西洋〈中国文学史〉的撰写》，载《中华读书报》2001 年 9 月 19 日。

黄丽娟《文化异位空间中的心灵顿悟——哈罗德·艾克敦的中国叙事研究》，载《外国文学》2012 年第 6 期。

黄伟宏《投身革命走四海、桃李芬芳满天下——记音乐教育家赵沨》，载《新文化史料》1996年第6期。

李丹阳《马克思学说研究会与中国共产主义组织的起源》，载《史学月刊》2004年第6期。

么书仪《清末民初日本的中国戏曲爱好者》，载《文学遗产》2005年第5期。

齐思和《评〈班昭传〉》，载《燕京学报》1937年第22期。

王晓平《久远的老北京情结》，载《中华读书报》2007年7月18日。

《西土沉沦论英文译本下卷到津》，载《大公报·文学副刊》1929年1月21日。

严绍璗《日本近代中国学中的实证论与经院派学者》，载《岱宗学刊》1997年第2期。

杨曾文《杨文会的日本真宗观——纪念金陵刻经处成立130周年》，载《世界宗教研究》1997年第4期。

杨福绵《罗明坚、利玛窦的葡汉辞典所记录的明代官话》，载《中国语文学报》1995年第5期。

杨周翰《饮水思源——我学习外语和外国文学的经历》，载《外语教育往事谈——教授们的回忆》，上海外语教育出版社1988年。

于炳熙《关于法文图书馆的回忆》，载《文史资料选编》第十三辑，北京出版社1982年。

郑天挺《回忆陈援庵先生四事》，载北京师范大学编《陈垣校长诞生百年纪念文集》，北京师范大学出版社1980年。

［法］那世宝《热河观战记》，载《热河失陷目击记》，上海中外出版公司1933年。

［美］卜德《左传与国语》，载《燕京学报》1934年第16期。

［美］顾立雅《释天》，载《燕京学报》1935年第18期。

［日］辻听花《兰花记》，载《顺天时报》第3243、3244期，1912年11月26、27日。

3. 档案

北平外侨事务处，《函介绍法商魏智代表办理进出口登记及公和洋行审核结果一并告知》，天津市档案馆，档号 401206800-X0091-Y-000020-027。

《法文图书馆与华北水利委员会关于代售该会地形图的来往函件》，北京市档案馆，档号 J007-001-00217。

《法公使馆关于罗觉始等盗法人那世宝铅字卖于协华印刷材料厂请严惩逃犯的函》，北京市档案馆，档号 J181-019-38115。

二、外文文献

1. 英文文献

①英文书籍

Alain Peyrefitte, *The Collision of Two Civilizations*: *The British Expedition to China in 1792-4*, Jon Rothschild, trans., Harvill: An Imprint of Harper Collins Publishers, 1993.

Alexander Ramsay, *The Peking Who's Who*. Peking: Tientsin Press, 1922.

Arthur W. Hummel, *The Autobiography of a Chinese Historian*: *Being the Preface to a Symposium on Ancient Chinese History*, Leiden: E. J. Brill, 1931.

Derk Bodde, *Annual Customs and Festivals in Peking*, Peiping: Henri Vetch, 1936.

Derk Bodde, *Festivals in Classical China*, Princeton: Princeton University Press, 1975.

Derk Bodde, trans., *A History of Chinese Philosophy*, vol. 1, Peiping: Henri Vetch, 1937.

Earl H. Pritchard, "The Crucial Years of Early Anglo-Chinese Relations, 1750—1800", *Britain and the China Trade*, vol. 6, selected by Patrick Tuck, London and New York: Rouotledge, 2000.

Edward Chaney & Neil Ritchie, eds., *Oxford, China and Italy*: *Writings in Honor of Sir Harold Acton*, London: Thames & Hudson, 1985.

H. B. Morse, "The Chronicles of the East India Company Trading to China 1635-1934, vol. 2", *Britain and the China Trade*, vol. 2, London and New York: Routledge, 2000.

Harold Acton, *Memoirs of an Aesthete*, London: Faber Finds, 2008.

Harold Acton, *Peonies and Ponies*, Hong Kong: Oxford University Press, 1984.

Hsia, Adrian, ed., *The Vision of China*, Hong Kong: The Chinese University Press, 1998.

J. L. Cranmer-Byng, "An Embassy to China: Lord Macartney's Journal, 1793—1794", *Britain and the China Trade*, vol. 8, selected by Patrick Tuck, London and New York: Routledge, 2000.

James L. Hevia, *Cherishing Men from Afar: Qing Guest Ritual and the Macartney Embassy of 1793*, Durham and London: Duke University Press, 1995.

James Legge, trans., *The Chinese Classics*, vol. 2, second edition, London: N. Trubner & Co., 1869.

L. C. Arlington, *Famous Chinese Plays*, Peking: Henri Vetch, 1937.

L. C. Arlington, *The Chinese Drama from the Earliest Times until Today*, Shanghai: Kelly and Walsh, 1930.

Pierre Teilhard de Chardin & Lucile Swan, *The Letters of Teilhard de Chardin and Lucile Swan*, Washington, D. C.: Georgetown University Press, 1993.

Robert A. Bickers, ed., *Ritual & Diplomacy: the Marcartney Mission to China 1792-1794*, Wellsweep: The British Association for Chinese Studies, 1993.

Samuel Wells Williams, *A Syllabic Dictionary of the Chinese Language*, Shanghai: American Presbyterian Mission Press, 1874.

Samuel Wells Williams, *A Syllabic Dictionary of the Chinese Language*, Peking: The North China Union College, 1909.

Samuel Wells Williams, *A Tonic Dictionary of the Chinese Language in the Canton*

Dialect, Canton: Printed at the Office of the Chinese Repository, 1856.

Samuel Wells Williams, *The Middle Kingdom*, vol. 1, New York: Charles Scribner's Sons, 1883.

Samuel Wells Williams, *The Middle Kingdom*, vol. 1, New York: Wiley & Putnam, 1848.

Sir George Staunton, *An Authentic Account of an Embassy from the King of Great Britain to the Emperor of China*, London: W. Bulmer and Co., 1797.

Ssu-yu Teng & Knight Biggerstaff, *An Annotated Bibliography of Selected Chinese Reference Works*, Peiping: The Harvard-Yenching Institute, Yenching University, 1936.

The China Hong List, Shanghai: Offices of the North-China Daily News & Herald, 1939.

②英文报刊论文

Arthur W. Hummel, "Ku Shih Pien (Discussions in Ancient Chinese History) vol 1", *China Journal of Science and Arts*, vol. 4, no. 5 (1926).

Arthur W. Hummel, "Some Thoughts on the Literary Revolution", *The New Mandarin*, vol. 1, no. 3 (1926).

Arthur W. Hummel, "What Chinese Historians are Doing in Their Own History", *The American Historical Review*, vol. 34, no. 4 (1929).

Frederick W. Williams, ed., "The Journal of S. Wells Williams, LL. D.", *Journal of the North China Branch of the Royal Asiatic Society*, vol. 42 (1911).

H. G. Creel, "On the Birth of *The Birth of China*", *Early China*, no. 12 (1987).

"In Memory of Sir Harold Acton: The Passing of an Aesthete", 载萧乾著, 文洁若编选《萧乾英文作品选》, 北京语言文化大学出版社 2001 年。

J. L. Cranmer-Byng, "Lord Macartney's Embassy to Peking in 1793, from Official Chinese Documents", *Journal of Oriental Studies*, vol 4, no. 1 & 2 (1957—1958).

John K. Fairbank, "The Legalization of the Opium Trade before the Treaties of 1858", *Chinese Social and Political Science Review*, no. 7 (1933—1934).

John. C. Ferguson, "Reviews of *The Chinese Drama*", *China Journal*, vol. 12 (1930).

K. Shryock, "Review of *The Autobiography of a Chinese Historian*", *Journal of the American Oriental Society*, vol. 52, no. 1 (1932).

Keith Stevens, "Henri Vetch (1898—1978) Soldier, Bookseller and Publisher", *Journal of the Hong Kong Branch of the Royal Asiatic Society*, vol. 46 (2006).

"Obituary: M. Albert Nachbaur", *The North-China Herald and Supreme Court & Consular Gazette*, Mar. 29, 1933.

"Orders for the latest issue or Yearly Subscriptions to the Weekly Review of the Far East may be placed with the following Book Stores and New Agencies in the Far East", *The Weekly Review*, Jan. 27, 1923.

W. S. H., "Eastern Correspondent", *The Saturday Review*, Dec. 12, 1936.

2. 日文文献

①日文书籍

保田与重郎『佐藤春夫』、弘文堂 1958 年。

波多野乾一『支那劇五百番』、支那問題社昭和二年（1927）。

古城貞吉『支那文学史』、経済雑誌社明治三十年（1897）。

鶴見俊輔『竹内好：ある方法の伝記』、岩波書店 2010 年。

加藤徹『京劇「政治の国」の俳優群像』、中公叢書 2002 年。

芥川龍之介『芥川龍之介全集』第八巻、岩波書店 1996 年。

芥川龍之介『芥川龍之介全集』第五、七、十一巻、岩波書店 1978 年。

立石伯『北京の光芒・中薗英助の世界』、オリジン出版センター 1998 年。

青木正児『青木正児全集』第二巻、春秋社 1970 年。

青木正児編、内田道夫解説『北京風俗図譜 1』、平凡社 1964 年。

松本健一『竹内好論』、岩波書店 1994 年。

丸川哲史『竹内好：アジアとの出会い』、河出ブックス 2010 年。

小栗栖香頂『北京護法論』（自刊本）、小栗栖香頂明治三十六年（1903）。

小栗栖香頂著、石川舜台校『真宗教旨』、真宗東派本願寺教育課明治九年（1876）。

中薗英助『わが北京留恋の記』、岩波書店 1994 年。

中薗英助『北京の貝殻』、筑摩書房 1995 年。

中薗英助『北京飯店旧館にて』、筑摩書房 1992 年。

竹内好『竹内好全集』第五、十三、十五巻、筑摩書房 1981 年。

佐藤春夫著、中村真一郎［ほか］監修、『定本佐藤春夫全集』、臨川書店 1999—2001 年。

②日文论文

陳継東「小栗栖香頂と本然—日中仏教者の対話—」、『印度學佛教學研究』第 49 巻第 2 号、2001 年 3 月。

江島尚俊「近代日本仏教におけるアジア布教の一考察—小栗栖香頂を通して—」、『仏教文化学会紀要』、2005 年第 14 期。

黒根祥作「思い出の戯迷先達」、中国戯劇研究会『新中国』第 3 号、1957 年 2 月。

青木正児「聴花語るに足らず」、中国戯劇研究会『新中国』第 2 号、1956 年 2 月。

辻聴花「支那劇及び脚本」、『歌舞伎』第 123 号、明治四十三年（1919）9 月。

中村忠行「中国劇評家としての辻聴花」、『アジア学叢書 77 支那芝居』、2000 年 4 月。

3. 法文文献

Joseph Van den Brandt，*Catalogue des principauxouvragessortis des presses des Lazaristes a Pékin de 1864 a 1930*，Pékin：Henri Vetch，1933.

后　记

　　文化内涵是世界城市建设的核心要素之一。北京，作为明清两朝的首都，拥有丰厚的历史文化积淀。近代以降，北京不仅是中国内部文化交流的核心，而且随着历史的发展，也日益成为中外文化交流的重镇，拥有了世界性的文化资产。同时，北京集传统与现代、中华与海外于一身的独特的文化魅力，也正是其作为国际性都市长久发展的重要前提。

　　晚清以来，来到北京的外国人无论人数还是活动领域，较之以往都有了大幅增加。他们或来学习中国文化，或在北京旅居经商，或受雇于中国政府，或被本国派驻北京工作，或作为传教士来到异域传播教义……这一群体在不同的领域为中外文化交流付出了或多或少的努力，同时，他们自身也构成了北京历史文化的特殊组成部分，他们与北京城市文化的发展有着不可分割的联系。因此，有必要研究这一群体在北京的经历，研究他们在双边甚或多边文化之间所从事的工作以及他们对北京文化乃至中国文化的认识、评价与传播，并在此基础上揭示近代以后北京文化的国际性因素及其对外传播的多样路径。

　　另一方面，当前中国文化对外传播更多地集中于直接和机械地输出自我认定的传统文化，尤其是有形文化产品，较少从文化传播的接受方进行考察并制定政策。而实际上，文化传播过程中的受众一方，是实现文化传播不可忽视的一个群体，因此，探讨文化输出时，有必要充分把握外国受众对中国文化的兴趣和需求。近代以降来到北京的外国人，在中国文化对外传播中，又是极为特殊的受众，因为他们不是在本土被动地接触到中国文化，而是积极主动地来到北京，通过切身的实地考察以及与本地文化人的直接交往，形成了对北京文化乃至中国文化富于个性的理解和认识，并在他们各自擅长的领域，以独自的风格和方式传播中国文化。

　　此外，目前学界对于中国文化对外传播中自身已经具有的"世界性因素"，尚未形成清晰而充分认识。业已融入自身文化当中的外来因素，与其原有的传统因素一样，在文化的外向感染力和影响力中占据重要分量。实际上，借助异文化融合而形成的特定文化内涵，正是世界城市建设持久动力的一个重要源泉。在当今全球化的时代，北京作为国际性都市，更有必要充分认识其文化中已经包蕴的国际性因素，有必要通过对这些因素的考察和研究，还原文化碰撞、交流与融合的路径和形态。

本书的主要内容即是以近代活跃在北京的外国人为中心，对近代以来在京外国人群体所从事的与中国文化，特别是北京地方文化相关的活动展开研究，分析他们给北京文化带来的影响，探讨他们在中外文化交流以及在中国典籍的外译、中国文化的异域传播等方面所起到的作用。本书力求以跨文化的视野和比较文学的研究方法，在对大量近代以降外国人在京文化活动所遗留的文献资料充分收集和把握的基础上，通过文本细读展开实证研究。

从本质上来看，本书的研究属于"国际中国学研究"的范畴。在当今中国学术界，"国际中国学研究"已成为一门引人注目的显学。这一课题，对于北京文化的全国性以及世界性价值，是一种另辟蹊径的探究与发掘。

本书的缘起，是以主编为首的学术团队所承担的教育部科学研究与研究生培养共建项目"近代外国人与北京文化"（批准号4136A201）。在2017年该项目顺利结项之后，又依托于北京市社会科学基金研究基地项目"比较视阈下北京城市形象与文化研究"（批准号19JDWXA001）以及北京语言大学梧桐创新平台项目（中央高校基本科研业务费专项资金，批准号19PT06），对研究内容进行了扩充和增补，同时对一些内容进行了删减，对全书的整体结构和篇章布局也进行了较大的调整。

本书研究的时间范围大致是从1840年鸦片战争到20世纪前半期。各章分别从近代以降社会大变革时期活跃在北京的外国人当中，选取美、英、法、日等国几位具有影响力的代表性人物，从文学、戏曲、新闻出版等不同领域展开个案研究，以点带面地展现北京作为近代国际中国学研究重镇的历史风貌。

由于本书是在单篇论文的基础上整合而成，部分论文曾经在各类学术刊物上发表，收入本书时进行了一定的修改。本书的各章原则上依据在京外国人的国别加以划分，每章的内部各节原则上按照时间先后安排。具体而言，第一、二章为近代美国人与北京文化；第三章为近代英国人与北京文化；第四章为近代法国人与北京文化；第五、六、七章为近代日本人与北京文化。同时，也正是由于本书各章节的内容最初是前述各项目的阶段性成果，在结集出版时颇费踌躇，结构上未能做到尽如人意。如：日本作为中国的近邻与中国的文化交流历史悠久，尤其近代以降的来京日人以及他们对中国文化的研究数量庞大，因此，这部分内容相较其他部分要丰富很多，难以收束于一章之中。缘此，本书依据研究对象的身份划分为三章：第五章选取了日本佛教界和新闻界的两个代表性人物，通过他们呈现学界之外的人员往来与文化交流；第六章的研究对象是日本的中国学家，选取了两位学术界极为著名的大学者展开个案研究；第七章则以从事文学创作的作家为对象，通过他们展现作家眼中的北京。

关于本书的作者，序章、第一章以及第二章的第一、三节由顾钧执笔；第二章第二节由许路执笔；第三章由叶向阳执笔；第四章由雷强执笔；第五章第一节由吴丹执笔；第五章第二节以及第六章第一节、第七章第一节由周阅执笔；第六章第二节和第七章第三节由朱捷执笔；第七章第二节由杨威威执笔。成书时本着尊重作者、文责自负的原则，尽量不对原作内容进行改动，只统一格式体例。为便于阅读，参考文献统一列在全部正文的后边。书稿的整理工作得到了许砚辉、赵雁风、陈莹、代乌日瀚、陆思琪、祝佳明、张碧璇、栾绍森、高佳楠的帮助，全书的编辑出版得到学苑出版社的支持，在此一并致以诚挚的感谢！

本书还存在种种缺憾，在此恳请各位方家指正。同时，也期待本书在上述各国与中国文化的双边和多边文化关系的研究领域，在北京的海外形象历史和北京城市文化的研究领域，能够产生一定的后续影响，能够为今后更加细致、深入和开阔的独立性和系统性的研究提供一些线索和启发。

周　阅

2020 年 2 月 20 日于北京